内蒙古医科大学所藏中医古籍提要

李　林　张明锐◎主编

中医古籍出版社

图书在版编目（CIP）数据

内蒙古医科大学所藏中医古籍提要 / 李林等主编.
-- 北京：中医古籍出版社, 2016.1
ISBN 978-7-5152-0691-2

Ⅰ.①内… Ⅱ.①李… Ⅲ.①院校图书馆-善本-图书目录-内蒙古 Ⅳ.①Z838

中国版本图书馆CIP数据核字(2014)第240307号

内蒙古医科大学所藏中医古籍提要

李 林　张明锐 主编

责任编辑	郑蓉
封面设计	映象视觉
出版发行	中医古籍出版社
社　　址	北京市东直门内南小街16号（100700）
经　　销	全国各地新华书店
印　　刷	廊坊市三友印刷装订有限公司
开　　本	889×1194　　1/16
印　　张	12.875
字　　数	300千字
版　　次	2016年1月第1版　2016年1月第1次印刷
书　　号	ISBN 978-7-5152-0691-2
定　　价	198.00元

编委会

主　　编：李　林　张明锐

副 主 编：张立东　李紫慕　杨景月

编　　委：高斐宏　卢　炀　王　敏　李小薇　张亚军　仲玉霞　张东宇　董秋梅　师建平　浩必斯嘎拉图　花　拉　王慧颖

主　　审：阿古拉

编写人员：阿古拉　李　林　张明锐　张立东　李紫慕　杨景月　高斐宏　卢　炀　王　敏　张亚军　仲玉霞　张东宇　李小薇　董秋梅　师建平　浩必斯嘎拉图　花　拉　王慧颖

序　言

中华医药，博大精深，岐黄经典，源远流长，自上古至今，护佑神州大地无数苍生，使其生息繁衍，文明传承。中医药经典是中华民族数千年防治疾病的经验总结和智慧所在，也是中国优秀传统文化的载体，在当今世界卫生事业中发挥着不可替代的重要作用，恩泽所被，海外咸及。此中蕴含的对于生命、疾病、健康之思考与理念，随着时代的发展逐渐受到世界各国人士的共同关注。

中医古籍是历代先贤智慧的结晶，读书与临证是中医永恒不变的主题，纵观古今医家不难发现，对古代经典医籍的研读是成就名医的必由之路，舍此别无旁道。中华医药绵延数千年之久的发展历程中，历代医家将自己的医药理论和实践心得书记成文，薪火相传，日积月累使得中医古籍由涓涓细流汇成浩瀚江河，汗牛充栋，蔚为大观。其间历经风雨，几多坎坷，流传至今的中医古籍尚存 13 000 余种。这是历代中医先贤留下的珍贵的文化遗产，也是留给当代中医药人继承和发展的历史责任，对于这些珍贵古籍的保护和继承，着实是当代中医学术传承之大计。

中医药是中华优秀文化中一朵绚烂的奇葩，历代中医先贤不断传承岐黄中医文化，融会新知，渐成巨著。纵观数千年的中医药文明发展之历程，浩瀚的中医古籍就是中医药文化的重要载体，仅《中国中医古籍总目》收录的中医古籍近万种之多。先秦两汉时期中医学经典之作《黄帝内经》、汉代张仲景的《伤寒杂病论》奠基了中医学基础理论和中医六经辨证临证基础。此后有第一部针灸学专著《针灸甲乙经》，第一部病候学专著《诸病源候论》，唐代孙思邈汇总唐代以前的中医药成就所著的《备急千金要方》《千金翼方》以及宋代官府大规模组织太医院御医人员编写的《太平惠民和剂局方》《圣济总录》《证类本草》等官修医药著作，这些古籍成为中医临床系统的理论源泉。而中医学派门户在金元时期的形成，是中医理论争鸣的重要标志，金元四大家以其鲜明的学术风格和大量系统的具有鲜明学派特色的著作在中医学术发展史上独树一帜。明清时期在医学理论和实践方面的百花齐放，成就了中医的繁荣鼎盛时期。明清两代出现大量医家和中医药著作，如明代李时珍所著、所载药物在古代本草著作中最多的鸿篇巨制《本草纲目》所确立的纲目分类体系前所未闻，令世界瞩目，且影响深远，甚至波及海外。自汉唐至今，中华医药一直影响和惠及周边国家，如日本、朝鲜、泰国等国均曾遣派专人来我国学习，并结合自身国家之情形，形成了以中医药为基础的汉方医学、韩医等，其中不乏经典著作，如《东医宝鉴》等。

中医药文化博大精深，源远流长，中医古籍代有佳作，汗牛充栋，全国各地图书馆多有收藏，内蒙古医科大学图书馆所藏中医古籍是 1958 年中医专业建系时，学院来自全国各地的支边中医教师、当地中医世家无私捐献，近两年时间就汇集成为具有 1 700 多部，近 16 000 卷的中医古籍图书馆，为当时的中医专业人才和师资的培养做出了不可磨灭的贡献，也是我校第一套中医自编教材的理论源泉。后因“文革”时期的历史原因，中蒙医院从学院教学临床划出，并由内蒙古卫生厅管理，而图书馆的中医古籍也一分为二，我校图书馆现藏中医古籍 828 部，共 7 000 余卷。为更好地保护和继承现存的中医古籍文献，我校成立了中医古籍工作室。在一年时间内，中医古籍工作室成员们已对图书馆所藏古籍进行了认真细致的整理。此次编写的《内蒙古医科大学所藏中医古籍提要》精选其中部分古籍进行整理、扫描、注录，希冀充分反映历代中医古籍的内涵和特色。

静观历经风雨的中医古籍善本，历史与现实

交织在这一个点上，千百年的中华文明汇集在青灯之下，黄卷之中，不由得肃然起敬。中华医药具有极强的吸引力和影响力，昭示着人类健康保健和卫生医疗正在迎来一个崭新的时代。我们希望以此为契机，促进中医药文化的普及与传播，唤起全人类对于中医古籍的关注，为中华医药文明的传承贡献一份力量。

癸巳年初冬于呼和浩特

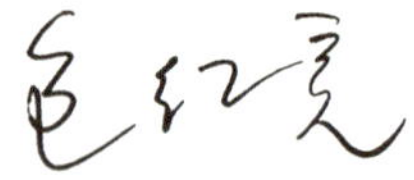

目　录

重广补注黄帝内经素问

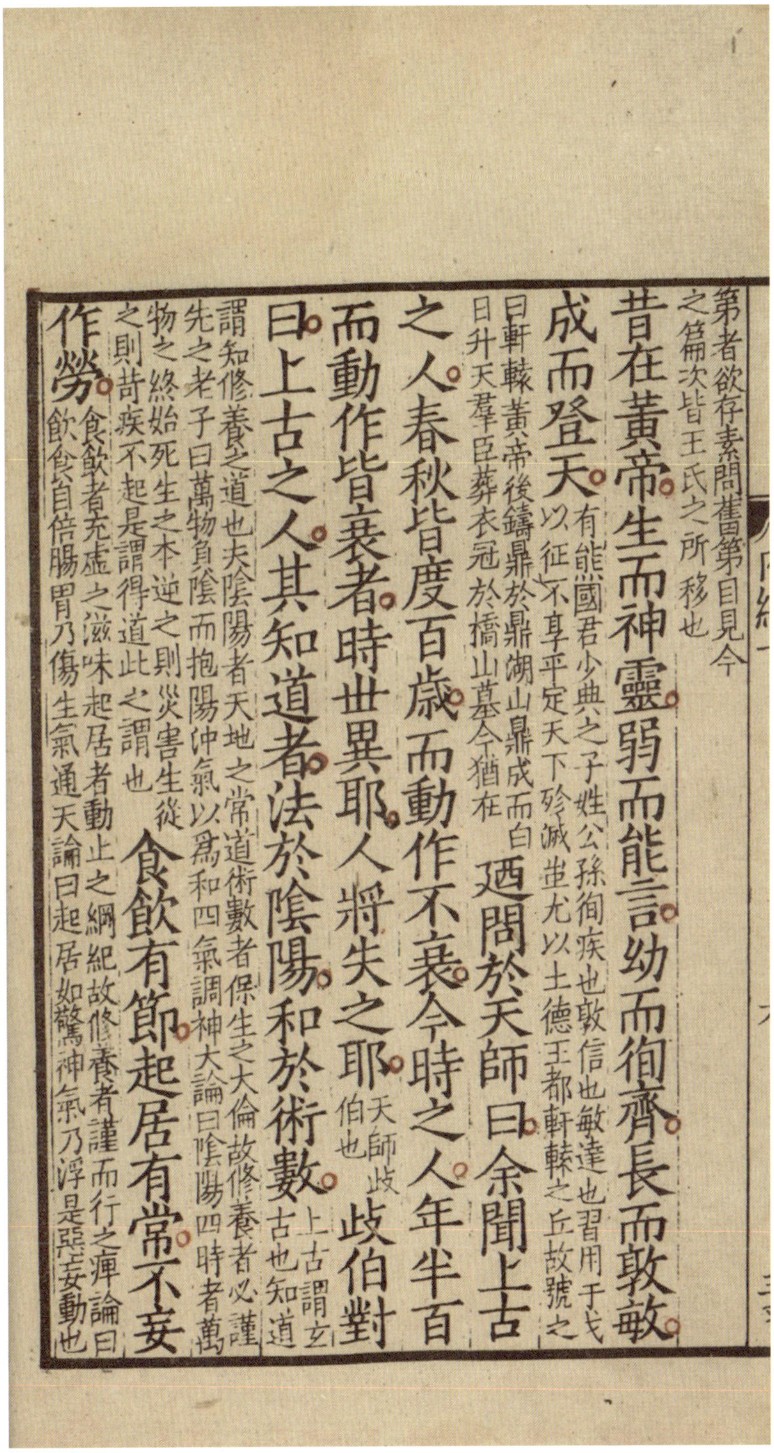
第者欲存素問舊第目見今之篇次皆王氏之所移也
昔在黃帝生而神靈弱而能言幼而徇齊長而敦敏成而登天有熊國君少典之子姓公孫徇疾也敦信也敏達也習用干戈以征不享平定天下殄滅蚩尤以土德王都軒轅之丘故號之曰軒轅黃帝後鑄鼎於鼎湖山鼎成而白日升天羣臣葬衣冠於橋山墓今猶在迺問於天師曰余聞上古之人春秋皆度百歲而動作不衰今時之人年半百而動作皆衰者時世異耶人將失之耶天師岐伯也岐伯對曰上古之人其知道者法於陰陽和於術數上古謂玄古也知道謂知修養之道也夫陰陽者天地之常道術數者保生之大倫故修養者必謹先之老子曰萬物負陰而抱陽沖氣以為和四氣調神大論曰陰陽四時者萬物之終始死生之本逆之則災害生從之則苛疾不起是謂得道此之謂也食飲有節起居有常不妄作勞食飲者充虛之滋味起居者動止之綱紀故修養者謹而行之痺論曰飲食自倍腸胃乃傷生氣通天論曰起居如驚神氣乃浮是恐妄動也

《重广补注黄帝内经素问》24卷，清光绪年影宋本。

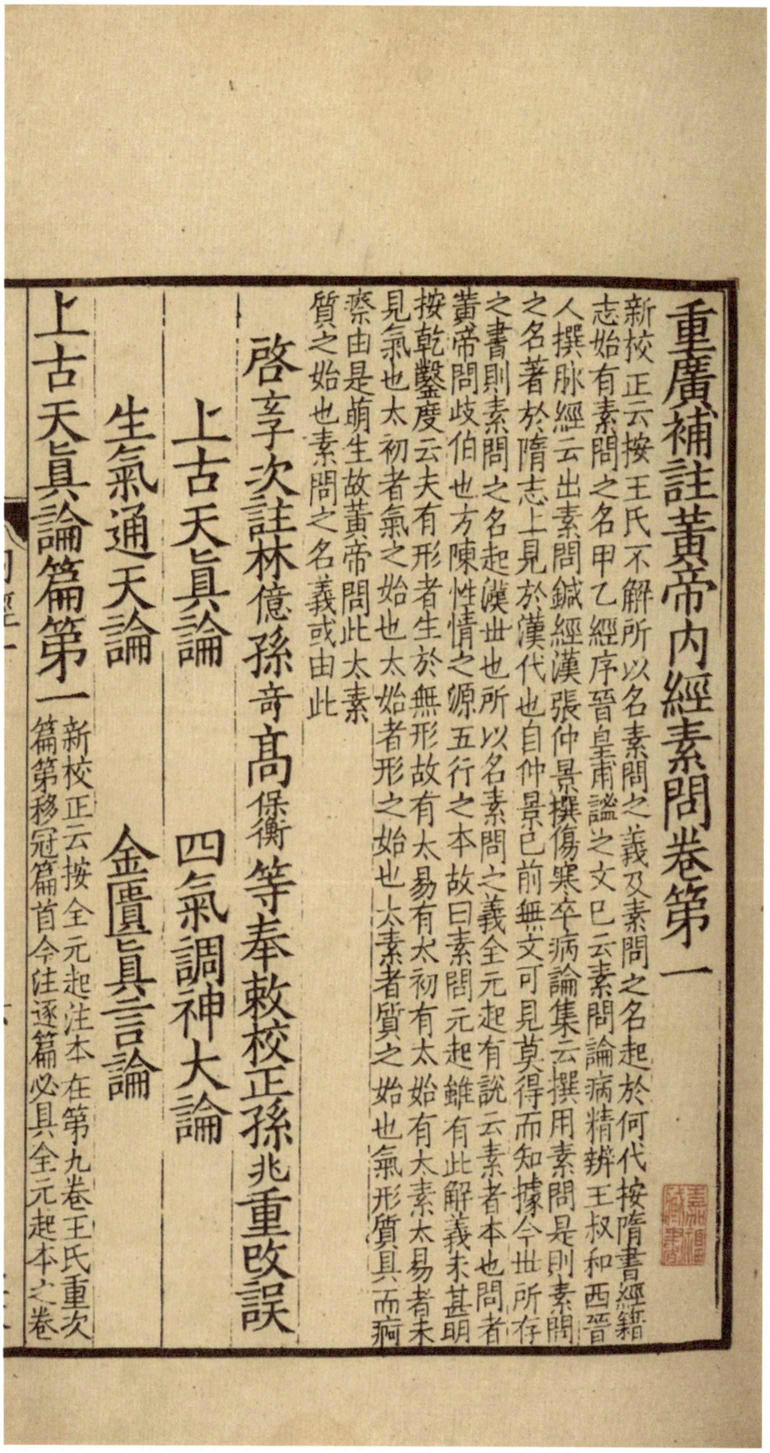
重廣補註黄帝内經素問卷第一

新校正云按王氏不解所以名素問之義及素問之名起於何代按隋書經籍志始有素問之名甲乙經序晉皇甫謐之文已云素問論病精辨王叔和西晉人撰脉經云出素問鍼經漢張仲景撰傷寒卒病論集云撰用素問是則素問之名著於隋志上見於漢代也自仲景已前無文可見莫得而知據今世所存之書則素問之名起漢世也所以名素問之義全元起有說云素者本也問者黄帝問岐伯也方陳性情之源五行之本故曰素問元起雖有此解義未甚明按乾鑿度云夫有形者生於無形故有太易有太初有太始有太素太易者未見氣也太初者氣之始也太始者形之始也太素者質之始也氣形質具而痾瘵由是萌生故黄帝問此太素質之始也素問之名義或由此

啓玄子次註林億孫奇高保衡等奉敕校正孫兆重改誤

上古天眞論　四氣調神大論

生氣通天論　金匱眞言論

上古天眞論篇第一　新校正云按全元起注本在第九卷王氏重次篇第移冠篇首今注逐篇必具全元起本之卷

知大聖之慈惠無窮時大唐寶應元年歲次壬寅序

將仕郎守殿中丞孫兆重改誤

朝奉郎守國子博士同校正醫書上騎都尉賜緋魚袋高保衡

朝奉郎守尚書屯田郎中同校正醫書騎都尉賜緋魚袋孫奇

朝散大夫守光祿卿直秘閣判登聞檢院上護軍林億

《重广补注黄帝内经素问》是北宋嘉祐二年宋仁宗下旨命林亿等人对唐代中期医家王冰之《黄帝内经素问》一书的重新修订校勘版本。北宋时已残缺不全，后南宋史崧重加校订家藏的旧本《灵枢》9卷，扩为24卷，共81篇，正式刊行。后世流传均为南宋刻本之再传，乃现存众多版本《黄帝内经素问》之祖本。

《黄帝内经》包括《素问》9卷，《灵枢》9卷，共18卷，是现存的早期中医基础理论经典著作之一。《黄帝内经》成书于战国时期，此中收集此前不同时期诸多医家篇论，在此后的流传过程中，又经过众多医家之手补撰修改而成。

汉代刘向首次对《黄帝内经》进行了系统的整理，当时召集众多医家历经数年完成，在汉以前，虽有《黄帝外经》《扁鹊内经》《扁鹊外经》《白氏内经》《白氏外经》《白氏旁经》存世，但此后仅有《黄帝内经》得以流传，所以《内经》在汉唐之后即为《黄帝内经》专属称谓。

《内经》是在整体观念和辨证论治的前提下构建了中医学基础理论体系，内容广泛，不但包括了摄生、阴阳、五行、脏象、经络、病因、病机、诊法、治法治则、针灸导引、五运六气、传承和医德等方面内容，也涉及天文、历法、气象物候、地理方域、人文哲学等多种中华文明发展的优秀成果，是古代多学科优秀经典的总汇。《内经》被历代医家奉为医道之宗，其理论体系已经成为深受世界瞩目的传统医学的基石，千百年来有效地指导中医临床实践和发展，具有极高的科学价值，奠立了中医学基础理论体系。

自古至今，众多中医学家对《内经》潜心研究，校勘训诂，每有发挥，国内现存著作多达200余种。形成了校刊文本、注释章句、分类研究和专题发挥四种研究模式所构成的诠释学系统。虽在历代传抄中衍化佚失，数历校编和补充，卷数、篇名、序目亦有改变。但《素问》和《灵枢》两个传本，在汉代以后仍有所沿革。六朝全元起著《素问训解》时《素问》存有69篇。唐代王冰注释时将《素问训解》加以改编，将原文的次序重加调整，同时参考了多种古书对原文的注释，并对个别文字予以增删，称其为《黄帝内经素问》。全书改编后共24卷，81篇，并补入“运气七篇大论”，只是“刺法”和“本病”两篇仅存篇目，未有原文。北宋林亿、孙奇、高保衡对王冰注本重新进行校勘、注释，命名为《重广补注黄帝内经素问》，又称“新校正”本，后世流传较广，篇次与王冰注本相同。宋以后虽有十二卷本和五十卷本，只是篇次变化，就其内容而言基本不变。

此书在清代同治九年曾经手御医薛福辰，薛氏本为习儒，仕途为官，但因其精通医道，光绪辛巳年（1881），经大臣李鸿章、曾国荃推荐，为慈禧太后诊病，切脉审症，精确无误，处方立论，洞烛病理，震惊朝野，深得慈禧太后赏识，此后朝中王公大臣无不求之。丙戌年薛氏官升顺天府尹，光绪皇帝召其咨询国事，问对之间，颇符圣意，光绪大为赞赏：“卿非特能医病，实医国材也”，后官至左都御史。究其原委，与其精研《内经》分不开，早年其已将明清两代名家《内经》注释、解析了然于胸。同治九年，薛氏得宋本《重广补注黄帝内经素问》一书，如获至宝，一字一句，揣摩品味，批校句读，获益良多，从而成就了他一代大医的美名。

《内经》在古代就被日本、朝鲜、越南等国作为中医重要的经典著作广泛刊印。《黄帝内经》现存最早且最完好的版本，是元后至元五年（1339）胡氏古林书堂刻本，今藏国家图书馆。内蒙古医科大学图书馆所藏版本为同治九年无锡御医薛福辰校阅点句，共8册，24卷，为光绪年影宋本。因晚清国手御医薛福辰的精心批校，更显弥足珍贵，书中薛批、印章皆套印朱红。

参考文献

1. 龙伯坚. 黄帝内经概论[M]. 上海：上海科学技术出版社，1983年.

2. 张灿玾. 黄帝内经文献研究[M]. 上海：上海中医药大学出版社，2005年.

3. 钱超尘，温长路.《黄帝内经》研究大成[J]. 北京：中医古籍出版社，2010年.

（张明锐）

增补内经拾遗方论

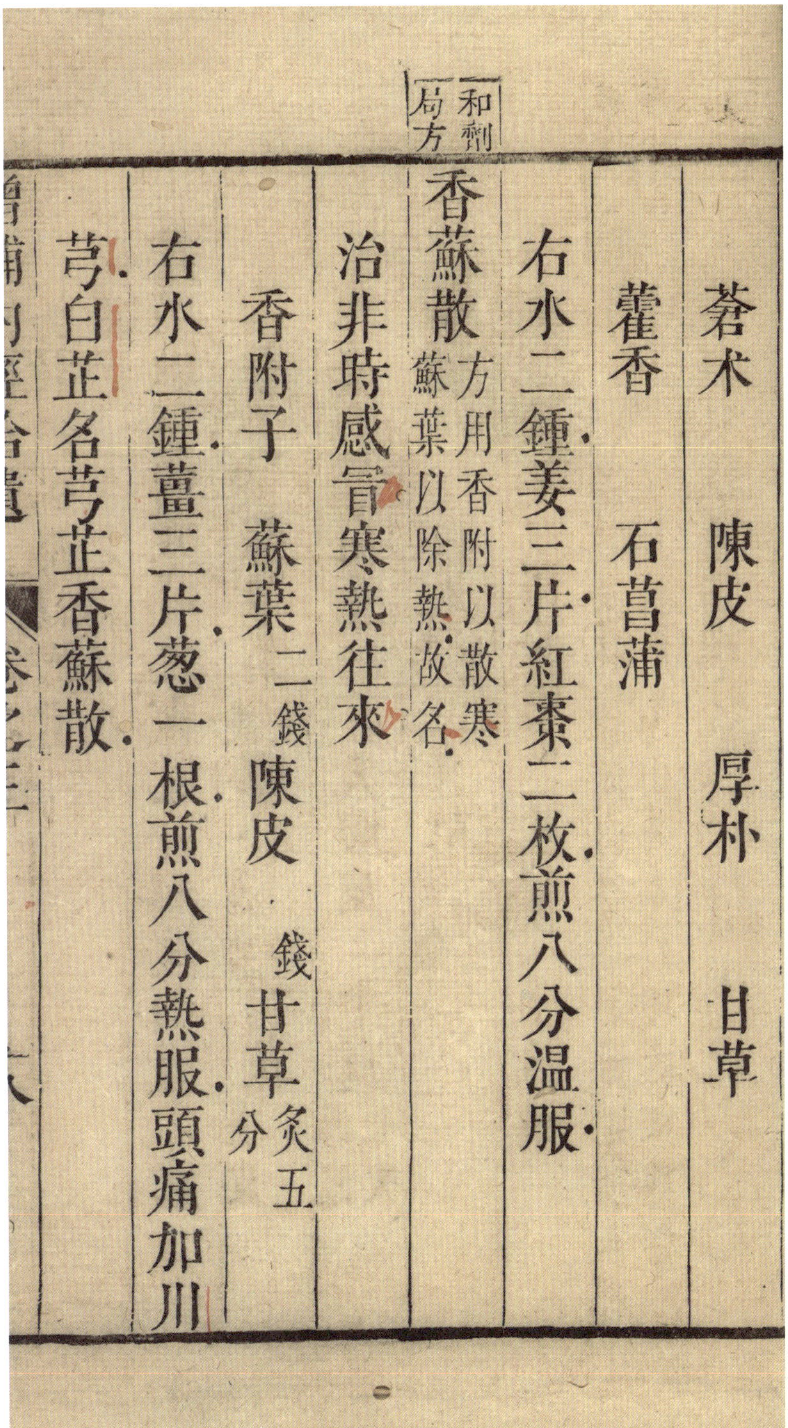
蒼朮　陳皮　厚朴　甘草

藿香　石菖蒲

右水二鍾姜三片紅棗二枚煎八分温服

和劑局方

香蘇散　方用香附以散寒蘇葉以除熱故名

治非時感冒寒熱往來

香附子　蘇葉二錢　陳皮錢　甘草炙五分

右水二鍾薑三片葱一根煎八分熱服頭痛加川

芎白芷名芎芷香蘇散

增補內經拾遺　卷之三

《增补内经拾遗方论》4卷，清乾隆丙申年（1776）新镌，武林大成斋藏版。

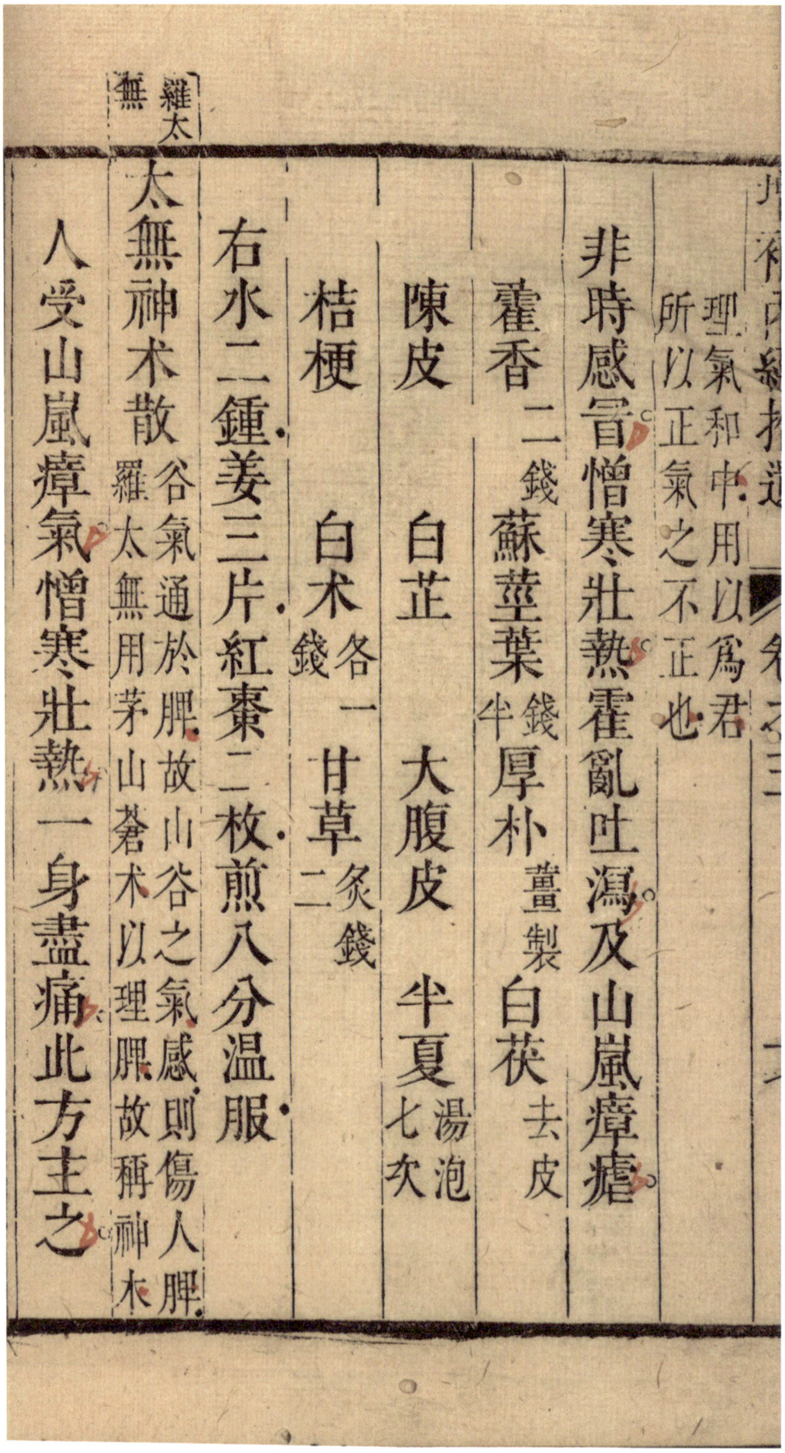
羅太無

增補內經拾遺　卷之三

理氣和中用以爲君所以正氣之不正也

非時感冒憎寒壯熱霍亂吐瀉及山嵐瘴瘧

藿香二錢　蘇莖葉錢半　厚朴薑製　白茯去皮

陳皮　白芷　大腹皮　半夏湯泡七次

桔梗　白术各一錢　甘草炙二錢

右水二鍾姜三片紅棗二枚煎八分温服

太無神术散　谷氣通於脾故山谷之氣感則傷人脾羅太無用茅山蒼术以理脾故稱神术

人受山嵐瘴氣憎寒壯熱一身盡痛此方主之

《增补内经拾遗方论》，1册4卷，宋·骆龙吉原编，明·刘浴德、朱练增订，清代秣陵后学林儒校正。

骆龙吉，宋代医家，具体生卒年不详。《增补内经拾遗方论》朱序中阐述："骆先生学古之道，深究于天人阴阳五事之理，洞见五脏症结，肉白骨而生死人，功补造化，名于当时，所著拾遗书六十二条，皆可传习，其功非浅鲜矣"。

刘浴德，明代医家，字肖斋、子新，号壶隐子，江苏淮阴县人，著有《壶隐子应手录》《壶隐子医谭一得》《内经拾遗方论》《脉赋训解》《脉诀正伪》等多种，并有刻本行世。朱练，明代医家，字明羽，棠邑（今南京六合）人。《内经拾遗方论》朱序中阐述："明之肖斋刘公与明羽朱公，好学深思，心知其意，搜集《内经》，殚心参究，增续病症治方，共八十二条。则二公之继志于骆先生者，心亦良苦"。

林儒，字宗汉，是清代医家，康熙庚寅年（1710）为《内经拾遗》做跋，校正，跋中自述"予奉遗训，持是书及参会群书以济世，大都符其症者，靡不符其法焉……以阐骆刘两先生辑学之苦"。

《增补内经拾遗方论》是一部逐渐完善的书，凝聚了几代人的探索和努力。骆氏原编名《内经拾遗》，或名《内经拾遗方论》。内容论述病证方治，以《内经》篇目为次序，先引病证原文，其次释方并补订其治疗方剂，其后列举了《内经》中的62个病证的原文、解释及拟用方剂。明代医家刘浴德、朱练鉴于《内经》中未经收入的病证颇多，遂以病证为次序，增订方论，补充了不少有关病证的效方，又遵从骆龙吉体例，增加了88个病证，共计150条，分4卷。第一、二卷为骆龙吉原著，第三、四卷为增补部分，后附有"种子论"。清朝医家林儒又对全书进行了重新校刊。

该书选取《内经》中的病证，附其原文，逐一解释，配上方剂，并详解方义。通过医理分析和方药的呈现，有助于读者对《内经》中所列病证有更切实的理解，也有助于理解古人处方用药之妙，并将中医的精微用经、论、方、法四者层层展现出来，历历在目，累累入心。学者如融入其中，细细品味，自可得其真趣。

该书版本有清康熙四十九年庚寅（1710）刻本（附《种子论》）、清乾隆四十一年丙申（1776）武林大成斋刻本（卷端题《重订骆龙吉内经拾遗方论》）。现代版本主要有1957年上海卫生出版社铅印本、1958年上海科技卫生出版社铅印本、1959年上海科学技术出版社铅印本等（均题作《增补内经拾遗方论》）。本书所选版本为内蒙古医科大学图书馆所藏武林大成斋刻本。

参考文献

1. 宋·骆龙吉.增补内经拾遗方论[M].北京：学苑出版社，2011年.

2. 宋·骆龙吉.增补内经拾遗方论[M].上海：上海卫生出版社，1957年.

3. 宋·骆龙吉.重订内经拾遗方论[M].上海：上海科学技术出版社，2000年.

4. 王瑞祥.中国古医籍书目提要[M].北京：中医古籍出版社，2009年.

5. 中国中医研究院图书馆.全国中医图书联合目录[M]. 北京：中医古籍出版社，1991年.

（李紫慕）

类　经

張景岳類註 附圖翼說
類經
黄帝素問 靈樞合集
天德 尚賢 堂梓行

《类经》32卷，清乾隆天德尚贤堂刻本。

類經六卷

張介賓類註

脉色類

藏脉六變病刺不同 靈樞邪氣藏府病形篇〇十九

黃帝曰。請問脉之緩急小大滑濇之病形何如。岐伯曰。臣請言五藏之病變也。六者為脉之提綱，故帝特舉而問之。〇心脉急甚者為瘛瘲，微急為心痛引背，食不下。急者弦之類。急主風寒，心主血脉，故心脉急甚則為瘛瘲。筋脉引急曰瘛，弛長曰瘲。

《类经》是温补学派医家张景岳的代表作之一，集前人注释之精要，加之自己精彩深刻的见解，发隐就明，转难为易，议论宏富，理法精要，无论从理论创新，还是临证发挥，都有重要的学术应用价值，达到研究《内经》真正熟悉本原之境界。

张介宾（1563-1640），字会卿，号景岳，别号通一子，祖籍四川绵竹，因先祖在明朝初期以军功授以绍兴卫指挥使，遂举家迁往浙江会稽（今浙江绍兴）。张氏出生于生活优越的官僚世家，自幼聪颖好学，博览经史百家，凡天文、音律、兵法、象数等无不通晓。其父张寿峰先教他读《黄帝内经》，14岁带他进京拜名医金英（字梦石）为师，尽得金氏所传。壮年时从戎幕府，57岁时归乡业医，专心从事临床诊疗，著书立说。他以渊博宏阔的知识和阅历，将经史、天文、术数、堪舆、律吕、兵法等多学科理论运用到医学之中，不仅在中医理论方面很有研究，而且在临床治疗方面亦颇有造诣，成为明代具有代表性的著名医家。《四库全书总目提要》认为："其持论则谓金、元以来河间刘守真立诸病皆属于火之论，丹溪朱震亨立阳有余阴不足及阴虚火动之论，后人拘守成方，不能审求虚实，寒凉攻伐，动辄贻害，是以力救其偏，……因专以温补为宗"。张氏在学术思想上主张温补，善用熟地和温补方药，故后世又有"张熟地"之雅号。

景岳中年著书立说，首推《类经》，其编撰"凡历岁者三旬，易稿者数四，方就其业"。研习《内经》近三十载，天启四年（1624）成书。张氏倡导《内经》是中医学至高经典，批驳"医为小道"之说，在《类经》自序指出忽视经典的学习势必导致盛盛虚虚，而遗人夭殃，致邪失正，而绝人长命。但因《内经》的文字深奥，内容庞杂，阅读绝非易事，当有必要注释。《内经》自唐以来注述甚丰，尤以王冰所著《黄帝内经素问注》为最，但是王氏所著亦有遗漏。且有避难不注者，有注释与原义不符者，有注释不便检阅者，有尚未注释（如《灵枢》），而后世医家注本颇多阐发未尽之处，注释《内经》往往顺文敷衍，隐晦处难以明断，精要之处少有阐发。所以张景岳潜心研究《素问》《灵枢》，摘录重要章句，久而积累，句句珠玑，深感《内经》中所言字字金石，即决心整理、注释《内经》，发隐就明，转难为易，尽启其秘，使学者了然得趣，从而真正熟悉《内经》本原，达到最完美的研究境界。《类经》集前人注释之精要，加之张氏精彩深刻的见解，破前人之说，创理论新见，注释观点鲜明，编次更具特色，直至今日，仍是学习《黄帝内经》的重要参考书籍。张景岳重新按性质将经文分类，然后加以注解。每每"以《灵枢》启《素问》之微；以《素问》发《灵枢》之秘"，互通精义，隐明相照，综核百家，剖析幽隐，将经文分成摄生、阴阳、藏象、脉色、经络、标本、气味、论治、疾病、针刺、运气、会通十二类，共三百九十条，汇分三十二卷。此书由于把《素问》和《灵枢》两经"合而为一"，并分类编注，故名《类经》。凡有读者，往往有一展卷而重门洞开，秋毫在目之感。

内蒙古医科大学图书馆藏本为清乾隆天德尚贤堂刻本，共10册，32卷。

参考文献

1. 王志坦等. 景岳全书译注[M]. 哈尔滨：黑龙江人民出版社，2008年.

2. 王少华. 简述《景岳全书》的概貌及其主要学术思想[J]. 中医杂志，1983年.

3. 陈永灿. 张景岳对中医学术的继承和创新[J]. 中华中医药杂志，2011年.

（张明锐）

素问玄机原病式

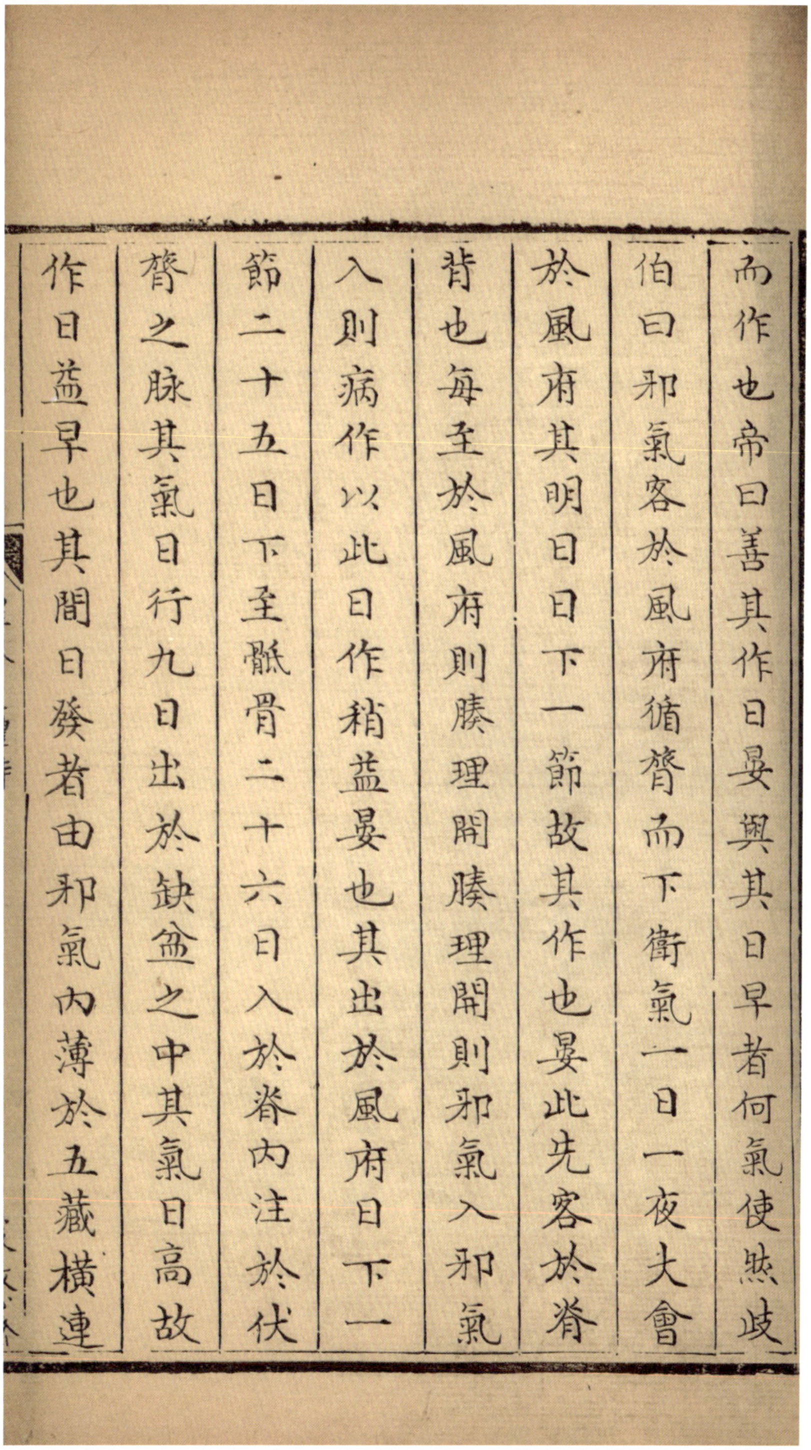
而作也帝曰善其作日晏與其日早者何氣使然歧
伯曰邪氣客於風府循膂而下衛氣一日一夜大會
於風府其明日日下一節故其作也晏此先客於脊
背也每至於風府則腠理開腠理開則邪氣入邪氣
入則病作以此日作稍益晏也其出於風府日下一
節二十五日下至骶骨二十六日入於脊內注於伏
膂之脉其氣日行九日出於缺盆之中其氣日高故
作日益早也其間日發者由邪氣內薄於五藏橫連

《素问玄机原病式》2 卷，清宣统元年千顷堂印本。

寒陽勝則外熱陰虛則內熱外內皆熱則喘而渴故
欲冷飲也此皆得之夏傷於暑熱氣盛藏於肌膚之
內腸胃之外此榮氣之所舍也此令人汗空踈腠理
開因得秋氣汗出遇風及得之以浴水氣舍於皮膚
之內與衛氣并居衛氣者晝日行於陽夜行於夜此
氣得陽而外出得陰而內薄內外相薄是以日作帝
曰其間日而作者何也岐伯曰其氣之舍深內薄於
陰陽氣獨發陰邪內著陰與陽爭不得出是以間日

《素问玄机原病式》由金元医家刘完素撰写，是一部阐发《素问·至真要大论》“病机十九条”的重要文献，为寒凉派的代表之作。该书丰富并发展了中医病因病机理论，开启了“金元四大家”学术争鸣的序幕，为后世攻邪学派、丹溪学派的形成奠定了坚实的基础。

刘完素（约1110–1200），字守真，自号玄通处士，“金元四大家”之一，金代著名医学家，河间（今河北河间）人。幼年丧父，家境贫寒，天资聪慧，耽嗜医书，因母病，三次延医不至而病逝，遂立志学医。刘完素生于洋边村（今肃宁县师素村），北宋政和七年（1117），因水灾随母逃难，定居今河间县十八里营村（今刘守村），世人称其为刘河间。刘完素生逢乱世，行医于民间，深受百姓爱戴。金章宗曾三次聘他出仕，他都坚辞不就，赐号“高尚先生”。

刘完素辞世后，保定、河间十八里营、肃宁洋边村都建庙纪念。明正德二年（1507）敕封其为“刘守真君”，以扬圣名。明万历年间，刘守真庙扩为“刘守真君庙”。保定市、肃宁县师素村分别于1984年和1993年重修了“刘守真纪念堂”和“刘守真君庙”。

刘完素对《内经》有其独到的体会和见解，提出人身之气皆随五运六气而有所兴衰变化，指出运气常变均有规律可循。他反对套用古方，针砭滥用宋代官修《太平惠民和剂局方》所致燥热之弊。因其善用寒凉，后世称其为寒凉派。《素问玄机原病式》《黄帝素问宣明论方》《素问病机气宜保命集》等为其代表作。其弟子甚多，荆山浮屠、马宗素、穆子昭均传其学。

《素问玄机原病式》又名《素问玄机》，该书以《素问·至真要大论》中的“病机十九条”及刘氏补叙的“诸涩枯涸，干劲皴揭，皆属于燥”为纲，反复辨难发微，以申己说，并分析、整理、发挥、归纳为“五运主病”和“六气为病”等11条病机。将《素问·至真要大论》中的原病机19条176字，演为277字，逐条逐证进行注释阐发，并提出相应治疗原则。刘河间认为火热是导致多种病症的原因，强调六气皆能化火。在治法上，提出阳热在表，应以石膏、滑石、甘草、葱、豉等发其郁结；对表证兼有里热，提出以双解散、防风通圣散、天水凉膈各半等方剂散风壅、开郁结，使郁热自除；若里热独盛，以大承气汤、黄连解毒汤攻下其热。还提出“阳气怫郁说”，认为六气、五志化火，阳气怫郁，导致气机升降出入道路闭塞，气机阻滞，从而引发诸多病症，并提出阳气怫郁的主要治法在于宣清通三法和辛苦寒药；力倡辛凉解表，祛热育阴理论，形成刘氏学术观点的精髓，为后世温病学说的创立和发展提供了重要思路。

书中首载《内经》所记61方证，每证各增主治之方；次列诸风、热、伤寒、积聚、水湿、痰饮、劳、燥、泻利、妇人、补养、诸痛、痔漏、眼目、小儿及杂病等17门。每门各有总论，亦发挥运气之理，兼及诸家方论。

本书约成书于金大定二十一年（1181），明嘉靖元年（1522）留克全刻本为现存此书早期版本。除此之外，有明嘉靖七年刻本，明万历年间吴继宗刻本，内蒙古医科大学图书馆所藏为清宣统元年（1909）千顷堂印本。

参考文献

1. 孙洽熙等. 河间医籍[M]. 北京：人民卫生出版社，1998年.

2. 李斯炽.《素问玄机原病式》的探讨[J]. 成都中医药大学学报，1958年.

3. 周国琪，李海峰. 试论《素问玄机原病式》的辨证特点及贡献[J]. 中国中医基础医学杂志，2009年.

（张明锐）

内经知要

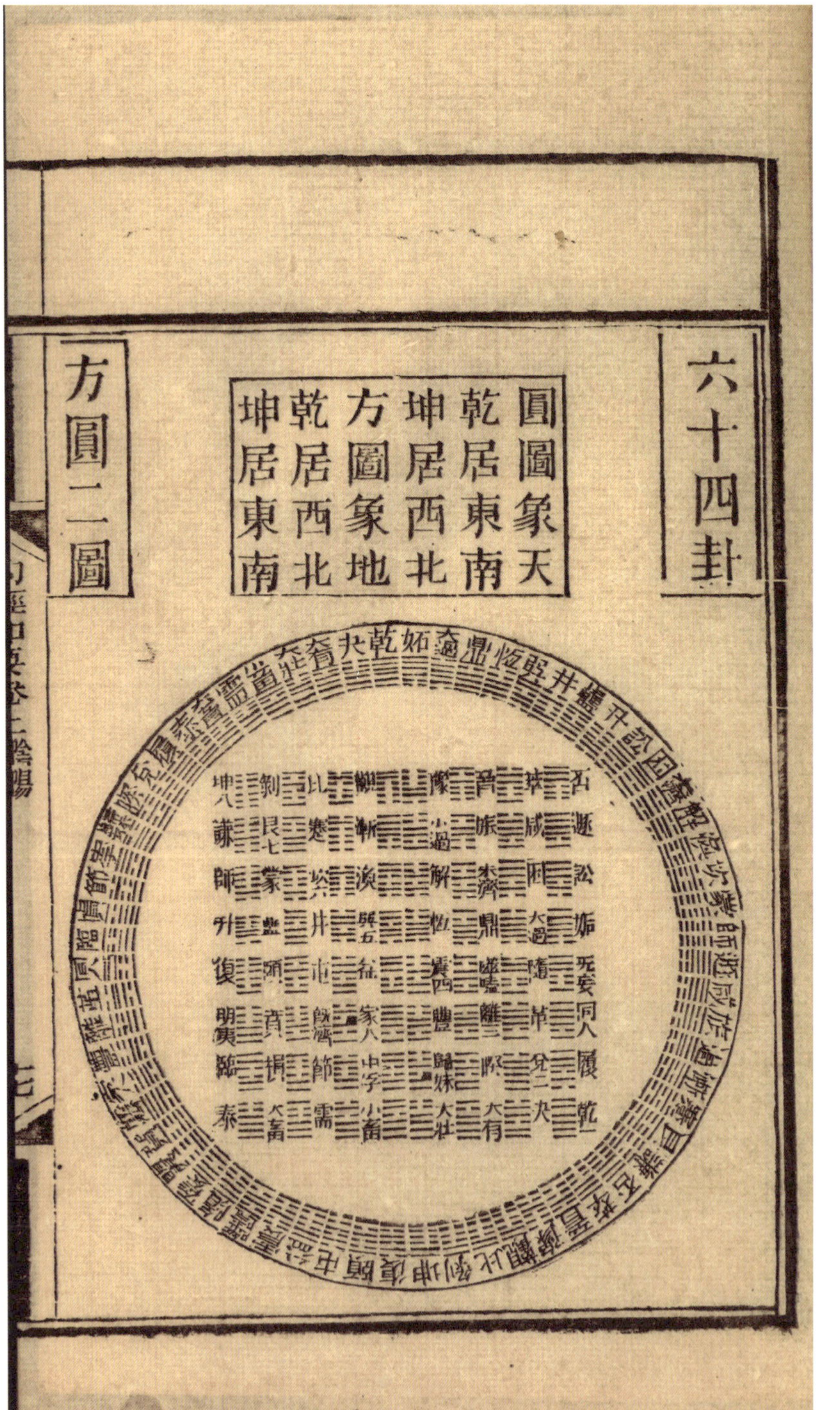

《内经知要》2 卷，民国辛酉年刊印本。

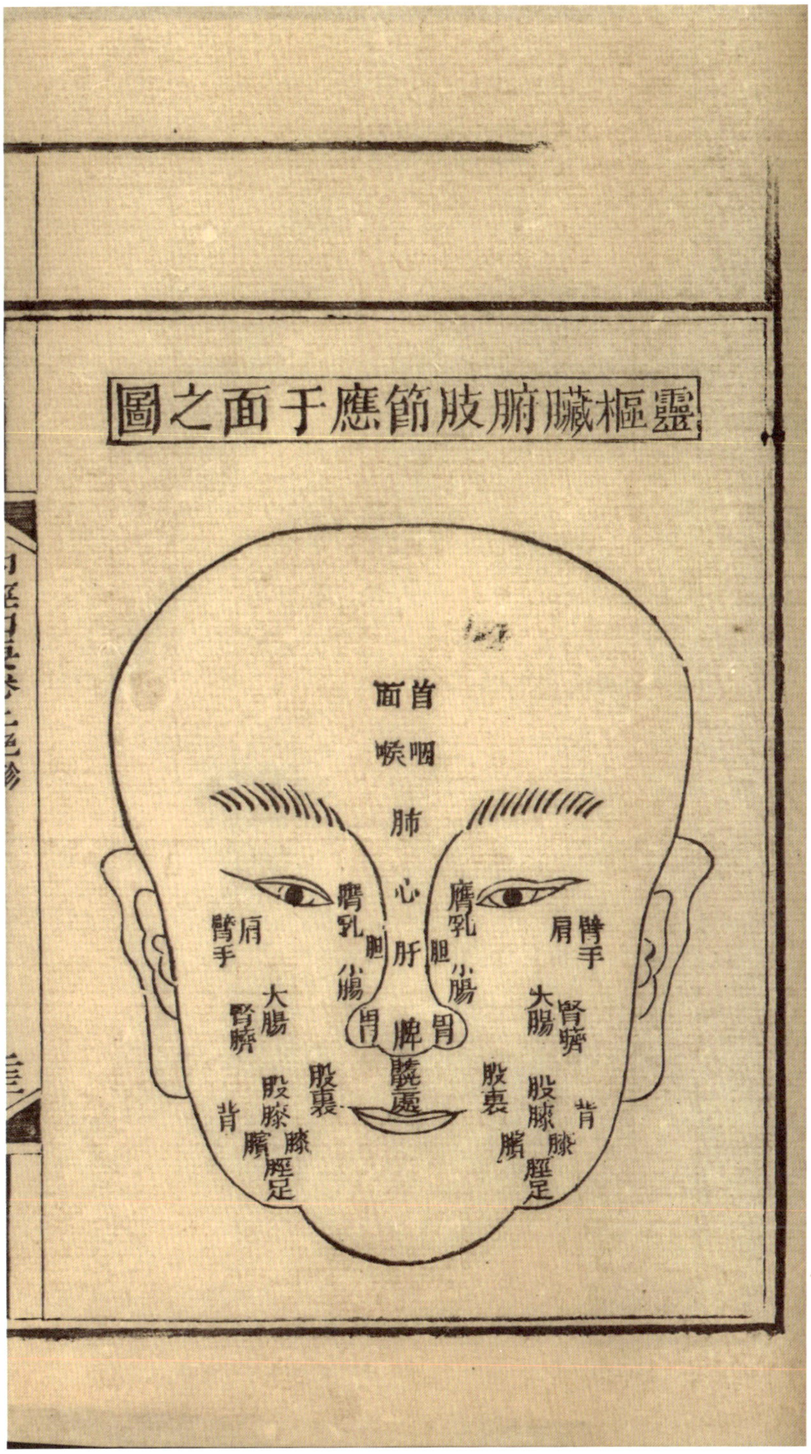

靈樞臟腑肢節應于面之圖
首面
咽喉
肺
心
肝
脾
膺乳
胆
小腸
胃
肩
臂
手
大腸
腎
臍
股裏
膀胱子處
股
膝
背
臏
脛
足

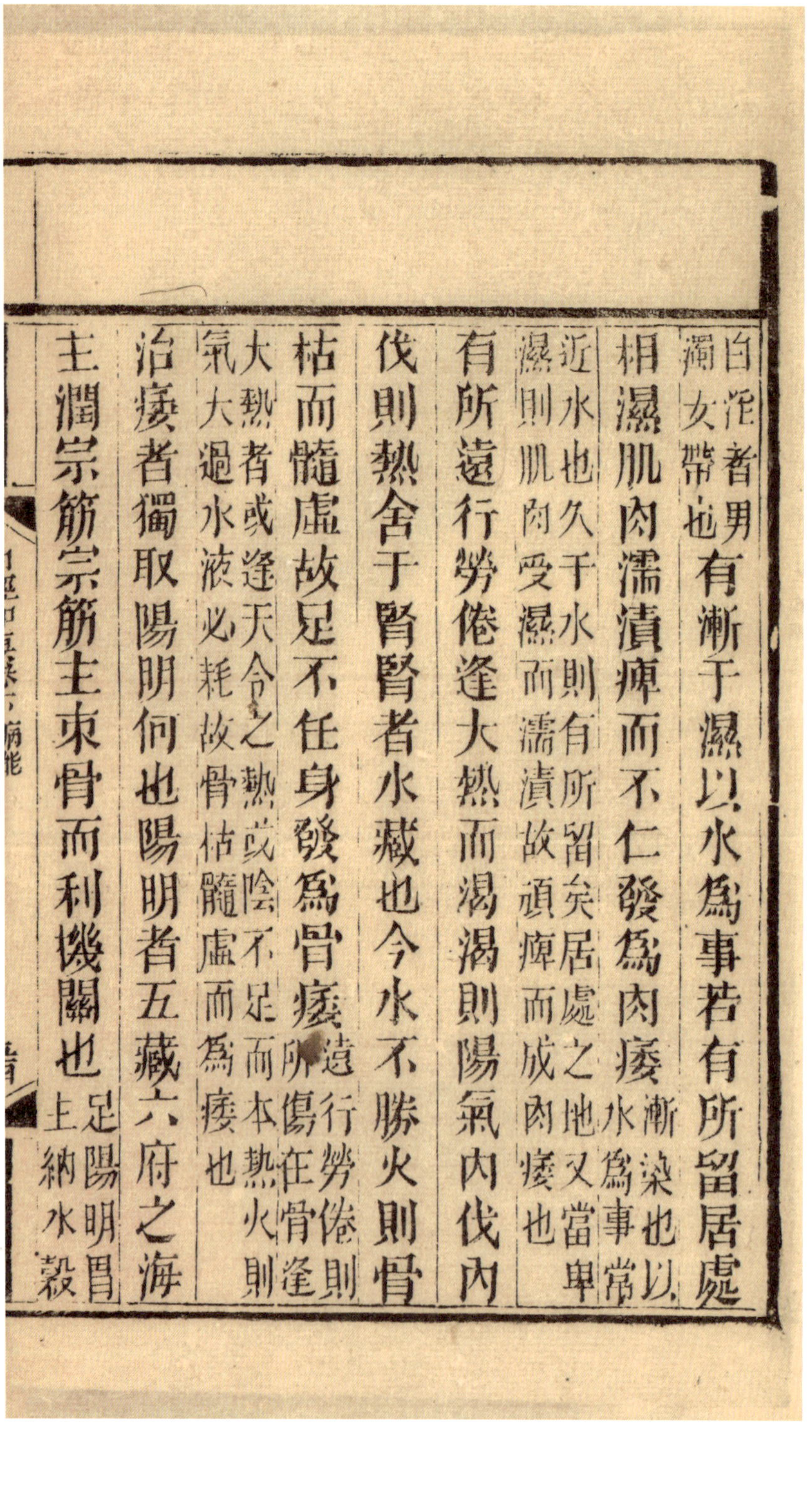
白淫者男濁女帶也有漸于濕以水為事若有所留居處相濕肌肉濡漬痺而不仁發為肉痿漸染也以水為事常近水也久于水則有所留矣居處之地又當卑濕則肌肉受濕而濡漬故頑痺而成肉痿也有所遠行勞倦逢大熱而渴渴則陽氣內伐內伐則熱舍于腎腎者水藏也今水不勝火則骨枯而髓虛故足不任身發為骨痿遠行勞倦則所傷在骨逢大熱者或逢天令之熱或陰不足而本熱火則氣大過水液必耗故骨枯髓虛而為痿也治痿者獨取陽明何也陽明者五藏六府之海主潤宗筋宗筋主束骨而利機關也足陽明胃上納水穀

《内经知要》是医经著作，明代李中梓编撰，清代薛雪重校加按，现有清乾隆二十九年甲申扫叶山房刻本。

李中梓（1588–1655），字士材，号念莪，又号尽凡居士，出身官宦之家，明朝名医。幼年时擅长文学、兵法，因屡试不第，加之体弱多病，乃弃仕途而学医。他悉心钻研医学名家的著作，深得其中精要，对中草药物的药性进行反复研究，并用于临床实践，在实践中创立了自己的医学理论，成为一代名医。李中梓一生对中医理论研究十分重视，兼取众家之长。其论述医理，颇能深入浅出。著有《内经知要》《药性解》《医宗必读》《伤寒括要》《本草通玄》《病机沙篆》《诊家正眼》《删补颐生微论》《李中梓医案》等。所著诸书，通俗易懂，最为初学者登堂入室之捷径，这在当时可称为是一套最完整的中医教材，因而在吴中医界广为传诵。李氏遂成为明清间江南一大医家与宗师，在中医学的普及方面做出较大贡献。

《内经知要》全书2卷，上卷有道生、阴阳、色诊、脉诊、藏象5篇；下卷有经络、治则、病能3篇。上卷首列道生类，说明人类的有机体与自然界环境存在着复杂的适应关系，体现了《内经》人与自然的统一观及未病先防的思想，并在最后告诉人们修养葆生的道理和某些有效的方法；次列阴阳类，把阴阳对立统一的道理应用到一切客观事物上面，并指出太过不及是一切疾病的根源；色诊、脉诊介绍观色、察目、脉诊在诊治中的重要性；脏象则主要阐明五脏六腑的生理病理。下卷主要反映辨证论治的内容：经络类说明十二经脉和奇经八脉的起迄点；治则类说明阴阳和调是治病之根本，另附有方剂的配制形式和制度，以及使用规矩；最后病能类介绍阴阳虚实，脏腑失调的病理及症状。虽仅八类，然而生理、病理、诊断、治疗无所不包，体现了中医理论体系的概况，深得《内经》之旨。作者认为人先天之本在于肾，肾为脏腑、三焦、十二经脉之根本，而后天之本则在于脾胃，人出生之后全赖脾胃的荣养，人有胃气则生，无胃气则死，倘若胃气一败，百药难施，必死无疑。他还认为人体和自然界一样，只有水升火降，阴阳相交，才能维持人体的生长与健康。他说“无阳则阴无以生，无阴则阳无以化”，强调人体阴阳平衡与相互转化，而其中他更注重阳气对人体的影响。

此书为《黄帝内经》的节注本，作者将《黄帝内经》重要原文节录归类，加以注释，并结合基础、临床理论加注阐析，遂成此书。本书所选内容少而精，可概括中医学的基础理论，又内容简要，条理清晰，选录切要，讲解明白，且注经自成特点，颇受初学者欢迎，流行广泛，多为学习《黄帝内经》之普及本或启蒙读物。其立论审慎平正，说理透彻，阐发已见处，亦言简意赅，每能由博返约，提要钩玄，非深得岐黄三昧者莫能为，适为研究《内经》各家所推崇。

参考文献

1. 林刘洲. 注释《内经》的医家及著作简介[J]. 陕西中医函授，1982年.

2. 陈清. 浅谈《内经知要》治病求本的临床体会[J]. 按摩与导引，2003年.

3. 陈志杰. 李中梓的医学学术思想研究[D]. 河北医科大学，2007年.

（张立东、李林）

医经原旨

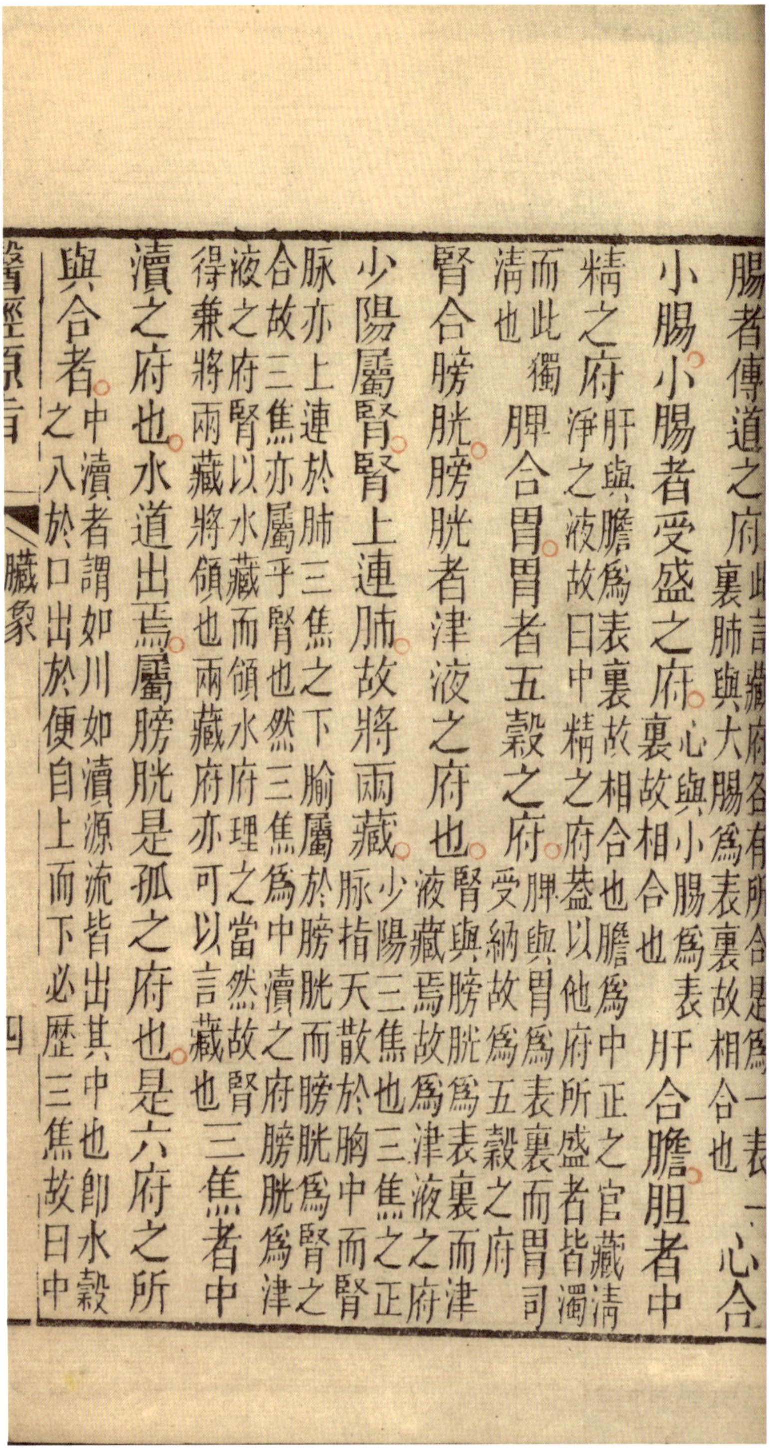
腸者傳道之府此言藏府各有所合是爲一表一裏肺與大腸爲表裏故相合也心合
小腸○小腸者受盛之府○心與小腸爲表裏故相合也肝合膽○膽者中
精之府肝與膽爲表裏故相合也膽爲中正之官藏清淨之液故曰中精之府蓋以他府所盛者皆濁而此獨清也脾合胃○胃者五穀之府○脾與胃爲表裏而胃司受納故爲五穀之府
腎合膀胱○膀胱者津液之府也○腎與膀胱爲表裏而津液藏焉故爲津液之府
少陽屬腎○腎上連肺○故將兩藏○少陽三焦也三焦之正脉指天散於胸中而腎脉亦上連於肺三焦之下腧屬於膀胱而膀胱爲腎之合故三焦亦屬乎腎也然三焦爲中瀆之府膀胱爲津液之府腎以水藏而領水府理之當然故腎得兼將兩藏將領也兩藏府亦可以言藏也三焦者中
瀆之府也○水道出焉○屬膀胱是孤之府也○是六府之所
與合者○中瀆者謂如川如瀆源流皆出其中也卽水穀之入於口出於便自上而下必歷三焦故曰中
醫經原旨　卷一　藏象　四

《医经原旨》6 卷，清乾隆十九年刻本。

脾胃大腸小腸三焦膀胱者倉廩之本營之居也名曰器能化糟粕轉味而入出者也此六者皆主盛受水穀故同稱倉廩之本營者水穀之精氣也水穀貯於六府故爲營之所居而皆名曰器凡所以化糟粕轉五味者皆由乎此也○粕音朴其華在脣四白其充在肌此至陰之類通於土氣四白脣之四際白肉也脣者脾之榮肌肉者脾之合脾以陰中之至陰而分王四季故通於土氣此雖若指脾爲言而實總結六府者皆倉廩之本無非統於脾氣也故曰此至陰之類凡十一藏取決於膽也五藏六府共爲十一禀賦不同情志亦異必資膽氣庶得各成其用故皆取決於膽也五藏者主藏精而不寫故五藏皆內實六府者主化物而不藏故六府皆中虛惟膽以中虛故屬於府然藏而不寫又類乎藏故足少陽爲半表半裏之經亦曰中正之官又曰奇恒之府所以能通達陰陽而十一藏皆取決乎此也然膽者少陽春升之氣春氣升則萬化安故膽氣春升則餘藏從之所以十一藏皆取決於膽肺合大腸大

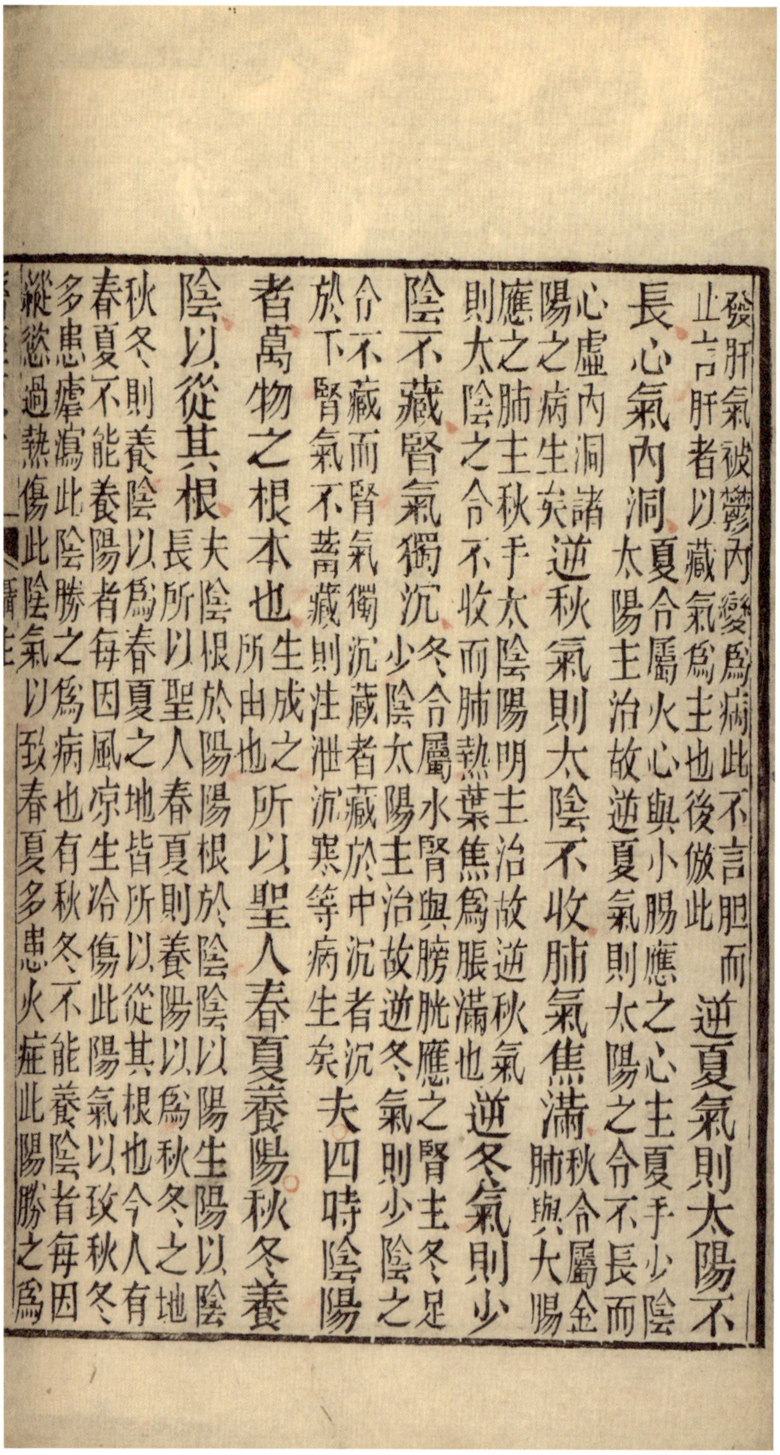

發肝氣被鬱內變爲病此不言胆而
止言肝者以藏氣爲主也後倣此逆夏氣則太陽不
長心氣內洞夏令屬火心與小腸應之心主夏手少陰
太陽主治故逆夏氣則太陽之令不長而
心虛內洞諸
陽之病生矣逆秋氣則太陰不收肺氣焦滿秋令屬金
肺與大腸
應之肺主秋手太陰陽明主治故逆秋氣
則太陰之令不收而肺熱葉焦爲脹滿也逆冬氣則少
陰不藏腎氣獨沉冬令屬水腎與膀胱應之腎主冬足
少陰太陽主治故逆冬氣則少陰之
令不藏而腎氣獨沉藏者藏於中沉者沉
於下腎氣不蓄藏則注泄沉寒等病生矣夫四時陰陽
者萬物之根本也生成之
所由也所以聖人春夏養陽秋冬養
陰以從其根夫陰根於陽陽根於陰陰以陽生陽以陰
長所以聖人春夏則養陽以爲秋冬之地
秋冬則養陰以爲春夏之地皆所以從其根也今人有
春夏不能養陽者每因風凉生冷傷此陽氣以致秋冬
多患瘧瀉此陰勝之爲病也有秋冬不能養陰者每因
縱慾過熱傷此陰氣以致春夏多患火症此陽勝之爲

肺冬爲飧泄奉藏者少肺屬金王於秋秋失所養故傷肺肺傷則腎水失其所生當冬
令而爲腎虛飧泄飧泄者水穀不分而爲寒泄也秋收既逆承收氣而冬藏者少矣○飧音孫冬三月
此謂閉藏陽氣藏伏閉塞成冬也水冰地坼無擾乎陽坼裂也天地閉塞故
不可煩擾以泄陽氣○坼音策蚤臥晚起必待日光所以避寒也使志若伏
若匿若有私意若已有得皆所以法冬令欲其自重無妄動也去寒就温
無泄皮膚使氣亟奪去寒就温所以養陽無使泄奪所以養氣亟數也○亟棘器二音
此冬氣之應養藏之道也應冬氣者養藏氣也逆之則傷腎春爲
痿厥奉生者少腎屬水王於冬冬失所養故傷腎腎傷則肝木失其所生肝主筋當春令而筋
病爲痿陽欲藏故冬不能藏則陽虛爲厥冬藏既逆承藏氣而春生者少矣逆春氣則少陽
不生肝氣內變春令屬木肝胆應之肝主春足厥陰少陽主治故逆春氣則少陽之令不能生

《医经原旨》由薛雪撰，刊于1754年。

薛雪（1681–1770），字生白，号一瓢、槐云道人、磨剑道人、牧牛老朽、扫叶老人，江苏吴县（今苏州）人，为清代医家，与叶桂齐名。薛氏学识渊博，工诗善画，尤精于医，性孤傲，不求闻达，曾举鸿博不就。其在医学方面颇具独见，时母多病，究心医学，遂研读《内经》，认为《内经》一书已非原貌，乃重为编述，著有《医经原旨》。薛雪著作甚丰，精于湿热证。著作还有《湿热条辨》《扫叶庄医案》《温疟论》及《日讲杂记》等。《清史稿》称其"于医，时有独见，断人生死不爽，疗治多异迹"。

《医经原旨》属医经著作，共6卷。书中分摄生、阴阳、藏象、脉色、经络、标本、气味、论治和疾病等类，共14篇，注文简要，但全书略于针灸的记述。卷一包括摄生、阴阳、藏象上、藏象下四篇。摄生篇与阴阳篇讲养生者应注意食饮有节，起居有常，劳逸结合，和于阴阳，调于四时，顺应万物生长规律，因治病必求于本，故施治时应遵循以阴阳、表里、内外、雌雄应天之阴阳；藏象篇讲人之心、肝、脾、肺等器官，各司其职，又相生相克，因此藏象是血气之所在，若血气明，宜补宜泻，自可勿失常经。卷二包括脉色上、脉色下、经络上三篇，介绍十二经脉以肺经为首循序相传，尽于足厥阴肝经，而又传于肺，终而复始，医者凭切脉动静可视精明，察五色，观五脏，有余不足，六腑强弱，形之盛衰，故经脉能决死生虚实百病。卷三包括经络下、标本、气味、论治四篇。经络下篇除讲十二经络外，还有任、督二络，及脾之大络，因此共为十五络，入经不同，络脉亦有所别，因此施治时应区别对待。标本篇讲风、寒、暑、湿、火、燥六气标本，所从不同，百病之起，有生于本者，有生于标者，病发而有余，是本而标之，应先治其本，后治其标；病发而不足，乃标而本之，应先治其标，后治其本。气味篇讲五气乃燥气、焦气、香气、腥气、腐气，五味乃酸、辛、甘、苦、咸，五气入鼻，藏于心肺，以达五脏，五味入胃，因五脏嗜欲不同，各有所喜，故五味所到之处，有所不同。论治篇讲病因千奇，治病不可贸然，应知其本而后治，故医者须知天地阴阳，四时经纪，五脏六腑，雌雄表里，刺灸砭石，毒药所主。卷四到卷六介绍疾病四十余种，并分析致病原因及治愈方法。

《医经原旨》选录《内经》中的重要内容加以注释。因作者十分推崇张景岳，故主要参酌《类经》中的注释，也吸收了其他各家学说。在书中，薛氏对于世传之《黄帝内经》表示出信古、疑古的态度。一方面，他认为"黄帝作《内经》，史册载之"，并且《黄帝内经》中包含了大量古圣时人类对疾病认识的精华和思想；另一方面，薛生白根据其内容，认为世传之《内经》，非黄帝原作，是经后人纂辑的，具体表现在薛生白对《内经》中"甲子纪年""干支占侯""旨撒溺生""十二经配十二支"等问题提出了质疑。薛氏大胆地提出："既非圣传贤作，何妨割裂？于是鸡窗灯火，数更寒暑，彻底掀翻，重为删述，望闻问切之功备矣"。这也是他作《医经原旨》的动机所在。

该书现存多种清刻本及石印本，如乾隆十九年（1754）薛氏扫叶庄刻本等。本版本为内蒙古医科大学馆藏的乾隆十九年刻本。

参考文献

1. 徐荣斋.《吴医汇讲》一二[J]. 江苏中医杂志，1981年.

2. 刘祖贻，孙光荣主编. 中国历代名医名术[M]. 北京：中医古籍出版社，2002年.

3. 林刘洲. 注释《内经》的医家及著作简介[J]. 陕西中医函授，1982年.

（张立东、李林）

中藏经

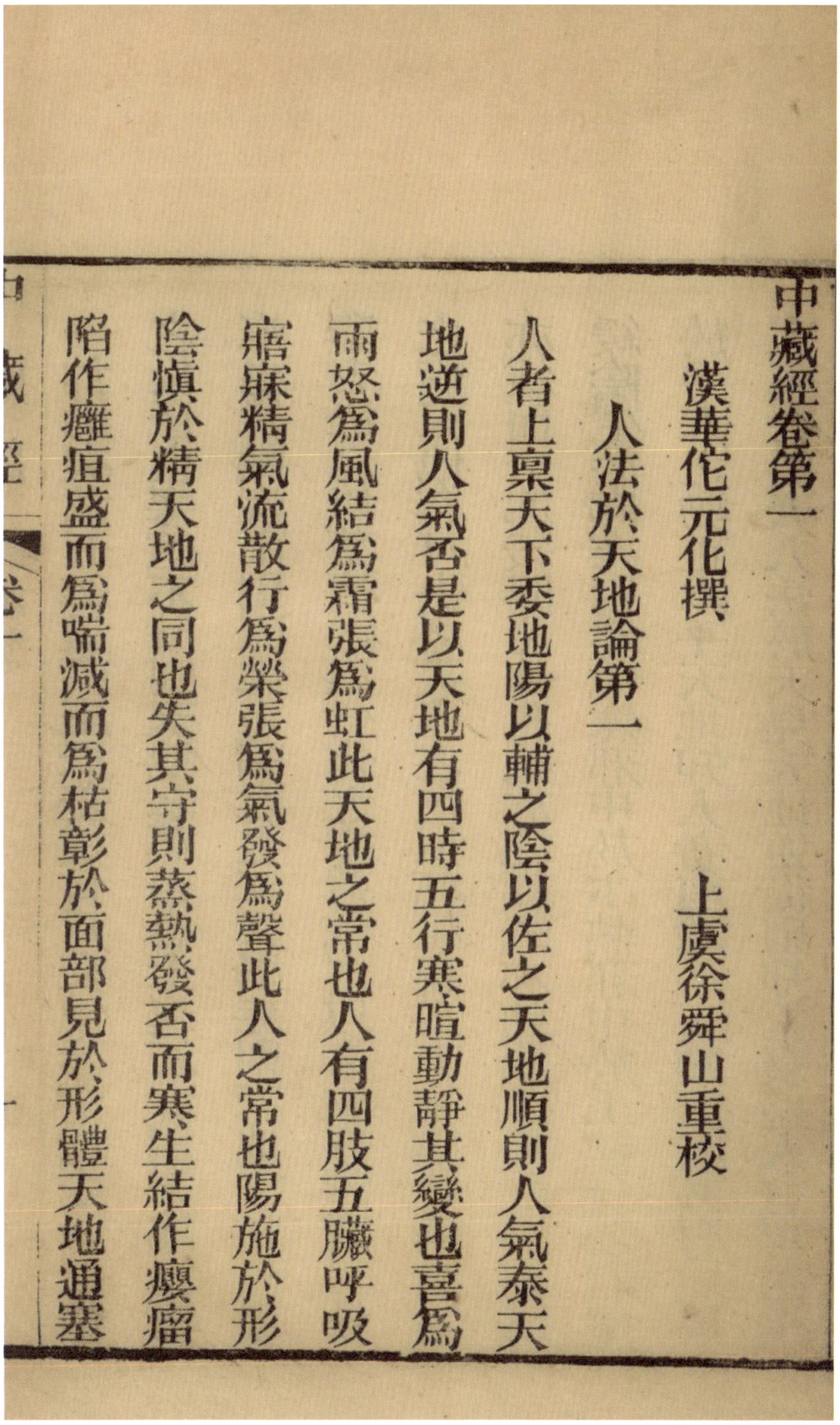
中藏經卷第一

漢華佗元化撰　上虞徐舜山重校

人法於天地論第一

人者上稟天下委地陽以輔之陰以佐之天地順則人氣泰天地逆則人氣否是以天地有四時五行寒暄動靜其變也喜為雨怒為風結為霜張為虹此天地之常也人有四肢五臟呼吸寤寐精氣流散行為榮張為氣發為聲此人之常也陽施於形陰慎於精天地之同也失其守則蒸熱發否而寒生結作癭瘤陷作癰疽盛而為喘減而為枯彰於面部見於形體天地通塞

中藏經　卷一　一

《中藏经》8 卷，清光绪六年刻本。

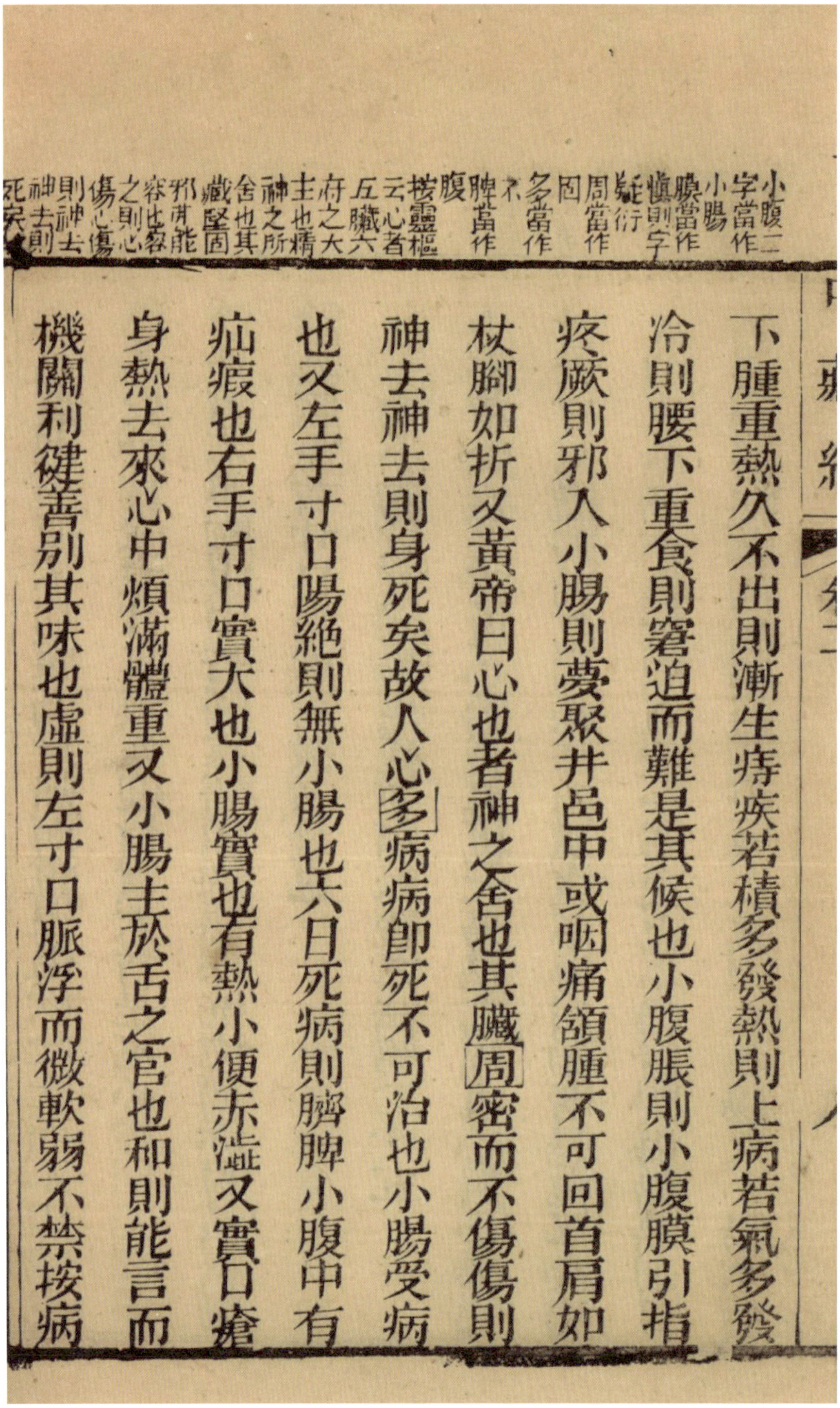
小腹二字當作小腸 膜當作膜則字疑衍 周當作固 多當作不 脾當作腹 按靈樞云心者五臟六府之大主也精神之所舍也其藏堅固邪弗能容也容之則心傷心傷則神去神去則死矣

下腫重熱久不出則漸生痔疾若積多發熱則上病若氣多發冷則腰下重食則窘迫而難是其候也小腹脹則小腹膜引指疼厥則邪入小腸則蔓聚井邑中或咽痛頷腫不可回首肩如杖腳如折又黃帝曰心也者神之舍也其臟周密而不傷傷則神去神去則身死矣故人心多病病即死不可治也小腸受病也又左手寸口陽絕則無小腸也六日死病則臍脾小腹中有疝瘕也右手寸口實大也小腸實也有熱小便赤澁又實口瘡身熱去來心中煩滿體重又小腸主於舌之官也和則能言而機關利健善別其味也虛則左寸口脈浮而微軟弱不禁按病

諸邪之在於心者皆在於心之包絡

足太陰下疑脫陽明二字

元氣之下疑有缺文太過在外素問作曰太過病在外

舉足素問作雜

驚狂無所守下空空然不能語者是也

論脾虛實寒熱生死逆順之法第二十六

脾者土也諫議之官主意與智消磨五穀寄在其中養於四旁王於四季正王長夏與胃爲表裏足太陰是其經也扁鵲云其病則面色痿黃實則舌强直不嗜食嘔逆四肢緩虛則多癖喜吞酸痢不已脾虛則精不勝元氣之失溺不能自持其脈來似水流太過在外如鳥之距曰不及病在內太過則令人四肢沈重語言蹇澁不及則令人中滿不食乏力手足緩弱不遂涎引口中四肢腫脹溏泄不時夢中飲食脾脈來而緩柔去似鳥距

《中藏经》又名《华氏中藏经》，相传为东汉医家华佗的著作，为综合性临床医著，具体成书年代不详。有名曰“邓处中”者尝为该书作序，言此书系从华氏寝室遗藏中获得，然言语多怪诞，颇不足信，且《隋书》及新旧《唐书》均未记录，疑为六朝或宋人所作，特假托华佗之名而已；或疑华佗弟子吴普、樊阿依华氏遗意辑录。但本书有较高的学术价值，则是国内外学术界公认的。

华佗（约145–208），东汉末年著名医学家，字元化，一名旉，沛国谯（今安徽亳州）人，与董奉、张仲景被并称为“建安三神医”。华佗少时曾在外游学，钻研医术而不求仕途，精通内、外、妇、儿、针灸各科，尤为擅长外科，行医足迹遍及河南、安徽、山东、江苏等地。他曾用“麻沸散”使病人全身麻醉后施行剖腹手术，是世界医学史上应用全身麻醉进行手术治疗的最早记载；又模仿虎、鹿、熊、猿、鸟等禽兽的动态创作名为“五禽戏”的体操，教导人们强身健体。后因不服曹操征召被杀，所著医书《青囊书》已佚。据《隋书·经籍志》记有《华佗枕中灸刺经》一卷，已佚。《医心方》所引《华佗针灸经》可能是该书的佚文，《太平圣惠方》引有“华佗明堂”之文。从现存佚文看，《华佗针灸经》所载腧穴名称及定位均与《黄帝明堂经》有较大不同。华佗医术精良，疗疾处方用药不过数种，针灸取穴不过数处，沿用至今的还有其所创沿脊柱两旁夹骨施针之穴，现名为“华佗夹脊穴”。

从内容分析，《中藏经》可能成书于北宋。该书载述之地黄煎丸，内有山药（旧名薯蓣，为避宋英宗名讳而改此名），故知此书当成书于英宗后（1064年以后）。而《中藏经》的书名首见于《宋志》。但清代藏书家孙星衍《重校华氏中藏经序》中认为“此书文义古奥，似是六朝人所撰”。亦有人主张，医论与附方部分成书于不同年代。黄作阵所著《中藏经校注》得出如下结论：“其祖本可能为华佗所撰，至少可认为存有华佗遗作片段；其书经后人整理、增附，且非出自一时一人之手。今之传本所据者，大约成书于六朝时期，始传于世之际，即北宋末、南宋初，又再次有所增附，遂成是书”。

《中藏经》共8卷，分两部，前半部主要属于中医基础理论范畴，实为《黄帝内经》的羽翼，医论有49篇，秉承天人相应，顺应自然，有人法于天地论、阴阳大要调神论、生成论、阳厥论、阴厥论、阴阳否格论（气机阴阳升降失常）、寒热论、虚实大要论、上下不宁论（脏腑上下传变）、脉要论、五色脉论、脉病外内证决论、生死要论、病有灾怪论、水法、火法、风中生死论等。后半部多属于临床病症范围，介绍各科治疗方药及主治病证，有积聚、癥瘕、杂虫论、劳伤论、传尸论、论五脏六腑虚实寒热生死逆顺之法（有肝脏、胆、心脏、小肠、脾脏、胃、肺脏、大肠、肾脏、膀胱、三焦等脏腑）、论痹证（有气痹、血痹、肉痹、筋痹、骨痹等）、论五疔状候、论痈疽疮肿、论脚弱等，还有外科常见的疔疮、痈疽等病，书中对一度盛行之“服饵”有较为中肯之评析。后篇为疗诸病药方六十道，多为后人增补之奇方稀药，涉及内、外、妇、儿、五官各科，有万应圆、六神丹、明月丹、扁鹊玉壶丹、葛玄真人百补构精圆、千金地黄煎、通气阿魏圆、安息香丸、涩精金锁丹、三黄圆、治妇人血崩方、槐子散、千金膏等60首方。所列诸方大多配伍严密，服法论述清楚，不少方剂类似经方，方论亦有精义，为后世临床家所珍视。

《中藏经》概括地叙述了中医学天人相应的哲学基础，确立了脏腑辨证论治体系，以阴阳为总纲的思想，发展了阴阳学说，倡导重阳论。《中藏经》较早地将“脏腑学说”的理论系统化，提出了以“脉证为中心，形色脉证相结合，分述五脏六腑寒热虚实”的辨证方法，开创了“虚、实、寒、热、生、死、顺、逆”的有别于《黄帝内经》《伤寒论》八纲辨证之先河，总结了各种疑难杂病论治大法，从理论到临床，形成了一套完整的体系，起到了执简驭繁的作用，在中医学史上，有着独特的理论和临床价值。

《中藏经》最早传本乃南宋楼钥校本，而楼钥校本又以闽中仓司本参校陆从老家藏本而成。《中藏经校注》的世传版本系统有一卷本、两卷本、三卷本、八卷本四种。虽分卷有别，内容亦有增删，但全书篇次则一致。流传至今之古本，当首推元代赵孟頫手写本，通行本为吴勉学《医统正脉》系统的八卷本和孙星衍刊本系统的三卷本，其次为两卷本，系自三卷本衍化而出（《经典医籍版本考》）。现存《中藏经》版本大约有20余种（见《中国图书联合目录》1961年9月版），基本皆出自三类刊本系统。本书为清江左书林校刻版本，为内蒙古地区八卷本。

参考文献

1. 谭春雨整理. 中藏经[M]. 北京：人民卫生出版社，2007年.

2. 古求之校注. 华氏中藏经[M]. 北京：中国医药科技出版社，2011年.

3. 李聪甫. 中藏经语释[M]. 北京：人民卫生出版社，2013年.

4. 于晓，武冰，严季澜. 简述《华氏中藏经》之学术价值及影响[J]. 北京中医药，2008年.

5. 谭春雨.《中藏经》理论传承及成书时间探考[J]. 中医文献杂志，2009年.

6. 孙光荣，李彦知，韩世辉等. 华佗《中藏经》校注后记[J]. 中国中医药现代远程教育，2012年.

7. 张鸣钟. 中医名著书名选释—《中藏经》[J]. 中医研究，2010年.

8. 李聪甫，刘祖贻，孙光荣. 中藏经校注[M]. 北京: 人民卫生出版社，1990年.

（李紫慕）

高注金匮要略

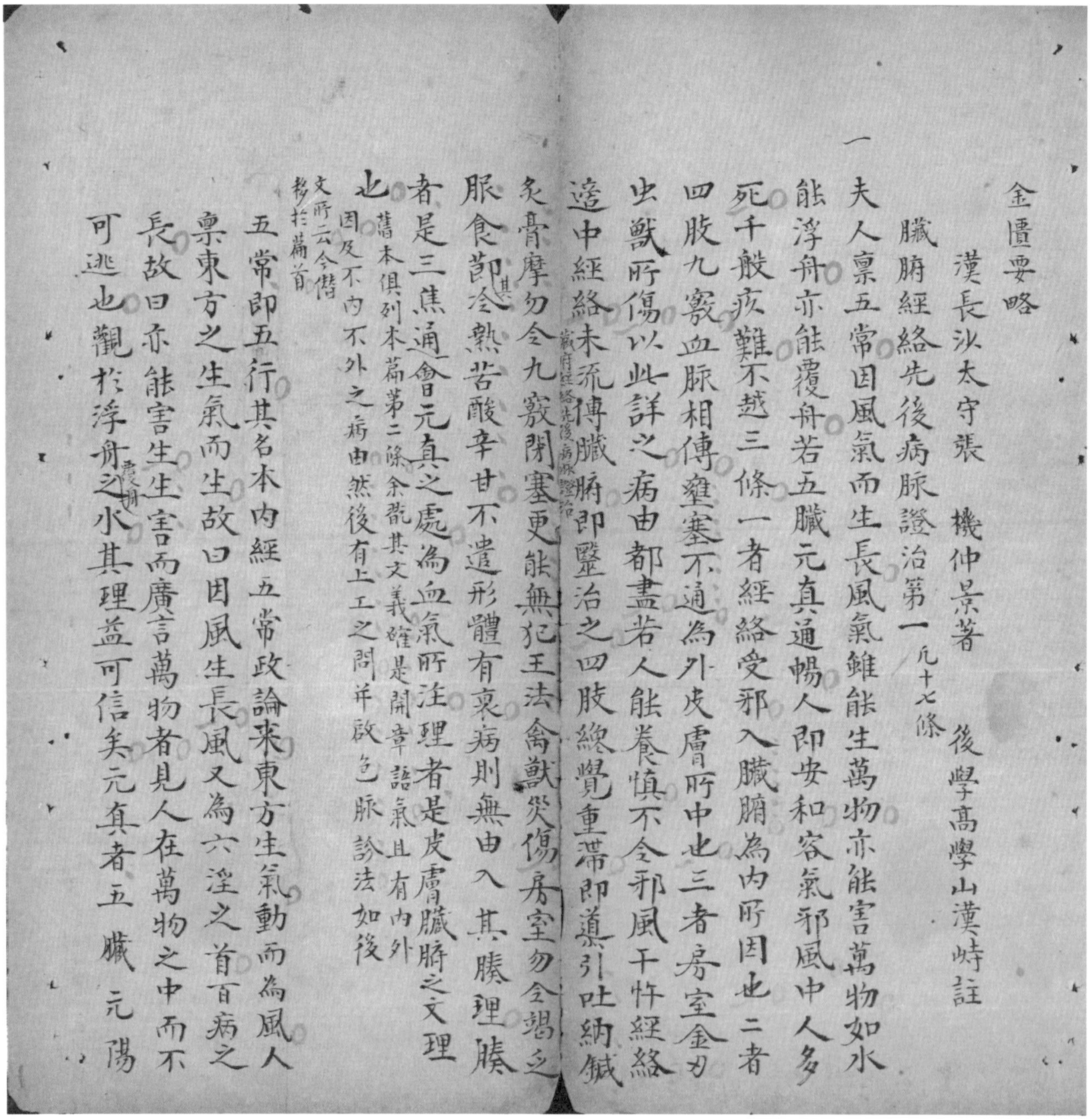
金匱要略
漢長沙太守張　機仲景著　後學高學山漢峙註
臟腑經絡先後病脉證治第一　凡十七條
一
夫人稟五常因風氣而生長風氣雖能生萬物亦能害萬物如水能浮舟亦能覆舟若五臟元真通暢人即安和客氣邪風中人多死千般疢難不越三條一者經絡受邪入臟腑為内所因也二者四肢九竅血脉相傳壅塞不通為外皮膚所中也三者房室金刃虫獸所傷以此詳之病由都盡若人能養慎不令邪風干忤經絡適中經絡未流傳臟腑即醫治之四肢纔覺重滯即導引吐納鍼灸膏摩勿令九竅閉塞更能無犯王法禽獸災傷房室勿令竭之服食節其冷熱苦酸辛甘不遺形體有衰病則無由入其腠理腠者是三焦通會元真之處為血氣所注理者是皮膚臟腑之文理也　舊本俱列本篇第二條余觀其文義確是開章語氣且有内外因及不内不外之病由然後有上工之問并啟色脉診法如後文所云今僭移於篇首
五常即五行其名本内經五常政論來東方生氣動而為風人稟東方之生氣而生故曰因風生長風又為六淫之首百病之長故曰亦能害生生害而廣言萬物者見人在萬物之中而不可逃也觀於浮舟覆舟之水其理益可信矣元真者五臟元陽

《高注金匮要略》8 卷，清孤本抄本。

云何師曰此結為癥瘕名曰瘧毋急治之宜鱉甲煎丸

鼠婦色如蠶背白足俗呼為濕虫北地坑蓆下常有之蓋亦土隙縫之陰類也

鱉甲煎丸方

鱉甲一十分炙 柴胡六分 人蔘一分 半夏一分 黃芩三分 桂枝三分 芍藥五分

乾姜三分 阿膠三分炙 丹皮五分去心 桃仁二分 厚朴三分 赤硝十五分

葶藶一分熬 瞿麥二分 大黃二分 烏扇三分燒 蜣螂六分熬 蜂窠四分炙

紫葳三分 鼠婦三分熬 䗪虫五分熬 石葦三分去毛

䗪虫北方未見江浙陰濕灰土中最多

右二十三味為末取煅灶下灰一斗清酒一斛五斗浸灰候

酒盡一半著鱉甲於中煮令泛爛如膠漆絞取汁內諸藥煎

為丸如梧子大空心服七丸日三服清酒一斛五斗猶云以五斗斛一斛之謂

瘧

四叁

大者徑寸粟殼色形如鮮虱而大亦隱縫絡中之陰虫也

鱉甲煎丸

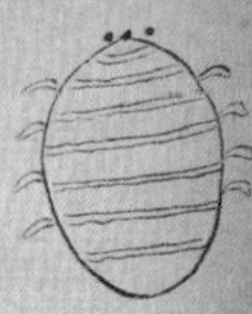

此言瘧邪之在下焦血分者也病瘧之人假如以月之初一日發月之初一為逐漸生明之候是其邪在陽分也至十五則將生魄而屬陰矣陽分之病氣滿而將移則陰分之平氣更而用事此二十四氣中之一氣為病氣盡則邪無所憑而所承之治氣又格而驅之故當愈設此期不差則又以瘧為陰邪月屬陰象故瘧邪當依月之明晦以為聚散且十二經與月各有所屬此月既盡則次經之治氣代之故當月盡解是十五日愈者則云一經中之氣分為病月盡解者則云一經中之陰陽俱病如其再不差當云此邪在何地乎癥者徵也如往迹未化而可徵

高学山，清代“绍派伤寒”著名医家，具体生卒不详，字汉峙，会稽（今浙江绍兴）人。通医术，擅长伤寒杂病，于仲景之学颇多发明。研究并注解《伤寒论》《金匮要略》，撰有《伤寒尚论辨似》《金匮要略注》（后改名为《高注金匮要略》）等书。

汉代张机所著《金匮要略》是一部总结东汉以前医家以及作者本人的临证经验，同时也是一部开创内伤杂病辨证论治体系的传世医著，被后世公认为“方书之祖”和中医四部经典之一。由于该书的发现晚于《伤寒论》，两书虽均由晋代王叔和整理编次，但一直到明代才有赵良仁为该书作注。与历代诸多医家研究和注解《伤寒论》相比，注解《金匮要略》之书着实了了。唐代医家孙思邈的《千金方》、王焘的《外台秘要》以及其后宋、金、元等时期的医著都先后引入该书的方论。而且朱肱、陈无择、刘完素、李东垣、张洁古、王海藏、朱丹溪等医家在其著作中均论及了《金匮要略方论》的理、法、方、药，并对书中张仲景关于杂病的辨证理论体系多加推崇。但是直至清代，随着临证各科普及发展，众多医家才逐渐认识到该书在杂病临床治疗实践中的重要价值，故开《金匮要略》注释诠解之风。

纵观清代《金匮要略》注本，除久负盛名的周杨俊、魏荔彤、尤怡、黄元御、徐彬、陈念祖、唐容川、程林、沈明宗、吴谦等医家外，还有一些心得独具的注本。它们或者成书后未曾刊刻，或者刊刻后传本稀少，或仅有抄本存世，以至于藏在深闺，少有人识。随着中国中医科学院薛清录教授组织的全国中医药古籍普查和整理工作的不断进展，如朱光被所著《金匮要略正义》、叶霖所著《金匮要略阙疑》、张志聪所著《金匮要略注》都陆续出版，尤其引人注目的清代医家高学山所著《高注金匮要略》罕有抄本，屡濒失传之厄，几经辗转，浙江医学家王邈达曾得该书残本。反复研读盛赞该书“各注至百数十家之多，而从未见有若此本之详尽者也”。笔者反复阅读此本《高注金匮要略》后，认为王氏盛赞之词并非过誉，高学山对于阐扬《金匮要略》之学，并其在杂病辨治中的指导意义，功不可没。

作者将《金匮要略》25篇逐一注释，词尽其意，文尽其理，每以《黄帝内经》《难经》等中医经典的理论结合其本人精湛的中医经验体会详细注释，多有妙语连珠，不乏精辟论断，其对《金匮要略》这部杂病辨治经典的注释特色有以下几个方面。

首先，高氏精研全书数载，大胆提出调整条文次序，将引领之文移至卷首。其在研究《金匮要略·脏腑经络先后病脉证治第一》时，明确提出旧本将“夫人禀五常，因风气而生长……”一段文字列为该篇第二条，经反复研读此段文义，确是开章语气，且有内外因及不内外因之病由，然后方接“上工之问”，并启脉色诊法，如后文所云。故将此段文字移至卷首，使得全篇医理流畅，病因阐述、未病之治、治未病治法依次贯穿全篇。

其次，高氏深得《内经》要旨，注释观点精辟，多有独到见解。如对“上工之问”一段中“夫肝之病，补用酸，助用焦苦，益用甘味之药调之”之语，高氏注释为：“《素问》五味之与五脏，顺之者为泻，逆之者为补。仲景以酸补肝，以苦助心，以甘益脾，是以顺之者为补，而与经旨相背矣。不知《内经》以逆为补，补其脏中之神志，仲景以顺为补，补其脏中之气血也。即以木论，木性之所喜者，阳和雨露耳。投其所喜则气畅津荣，然而花叶外蕃，精华之内蕴者鲜矣。又木之所畏者，阴寒霜雪耳，克以所畏，则枝柯虽暂为凋谢，而根株之神自全，此大圣大贤之妙用”。关于五脏五味苦欲补泻之争论历代未休，后世注解《内经》“苦”“欲”条文时多闪烁其词，所言龃龉。而高氏之论，真高屋建瓴之语，读之有所疑冰释之感。如此之精妙注释，书中比比皆是、妙语连珠。

再次，高氏通篇详注此书，结合其丰富的临证经验和体会诠释仲景杂病精微，于细微处常有精妙论述，见解使人耳目一新。如《金匮要略·水气病》篇中之“寸口脉沉滑者，中有水气，面目肿大，有热，名曰风水。视人之目窠上微拥，如蚕新卧起状，其颈脉动，时时咳，按其手足上陷而不起者，风水”一句，众多医家对此段中“如蚕新卧起状”一句之“蚕”字有不同见解，或随文注解，不作阐发，或据《脉经》《千金方》《外台秘要》诸书中无“蚕”字，即言此处“蚕”字当为衍文。有的医家注释中避而不谈。而高氏对此处依旧详细注解。指出“目窠上，即上眼胞也，蚕之渐长，凡三次脱皮者曰卧，卧起，则弯腰上扬如乙字，而光亮有水色，目窠上为善动之地，阳气之所聚也，微微拥起，其光亮之状如新卧起之蚕，若非风贼阳微，而水气安能乘善动之地乎？”如此精当之解释，必来自于长期的临床实践观察和思考。

《金匮要略》正文后所附杂疗方等内容，历代医者多认为是后人所续，故每多予删之不使朱紫之混。高氏详细注释杂疗方第二十三至二十五篇，并认为，杂疗方所对之症，多为九死一生，即非常有之病，其药险峻冷异，皆非和易之材。虽至十年或不可用，而却为一时之所急，无处收受，而又不忍弃绝者，仲景故以杂疗统之。“夫伤寒六经之专方，金匮各门之要药，譬之太平取士已登选造之名，而世之奇功伟绩往往收之雄强英俊及幽隐孤高之辈，此边才国士之科，亦不容尽废之道也。”故执意留此三篇，并详加注释，以留后人备选。

《高注金匮要略》抄本湮没已久，向为罕覯。且屡濒失传之厄，本世纪初几经辗转，浙江医学家王邈达曾得该书残本。后与另一抄本对照、勘校，于1956年排印出版，但其完整抄本实属罕见。该书注释精妙翔实，旁征博引，于经典中解析《金匮》显微，从临证处阐发《玉函》至理，处处珠玑，尽显注者高超的临证经验和广博的医学素养。多所独见，已足征其学术精良，渊源有自。高氏融合前人学说，取众家之精要，结合个人学习心得和临床实践将《金匮要略》予以全面注释。对杂病的病机、诊断、方义等阐析较详，是清代注释《金匮要略》诸多书籍中的精品。内蒙古医科大学图书馆所藏为清代所抄录的存世孤本。

参考文献

1. 郭霭春，王玉兴编著.金匮要略校注语译[M]. 北京：中国中医药出版社，1999 年.

2. 刘敏，王庆国.《金匮要略》注释发展刍议——仲景学术研究[M]. 北京：学苑出版社，2003 年.

（张明锐）

增注类证活人书

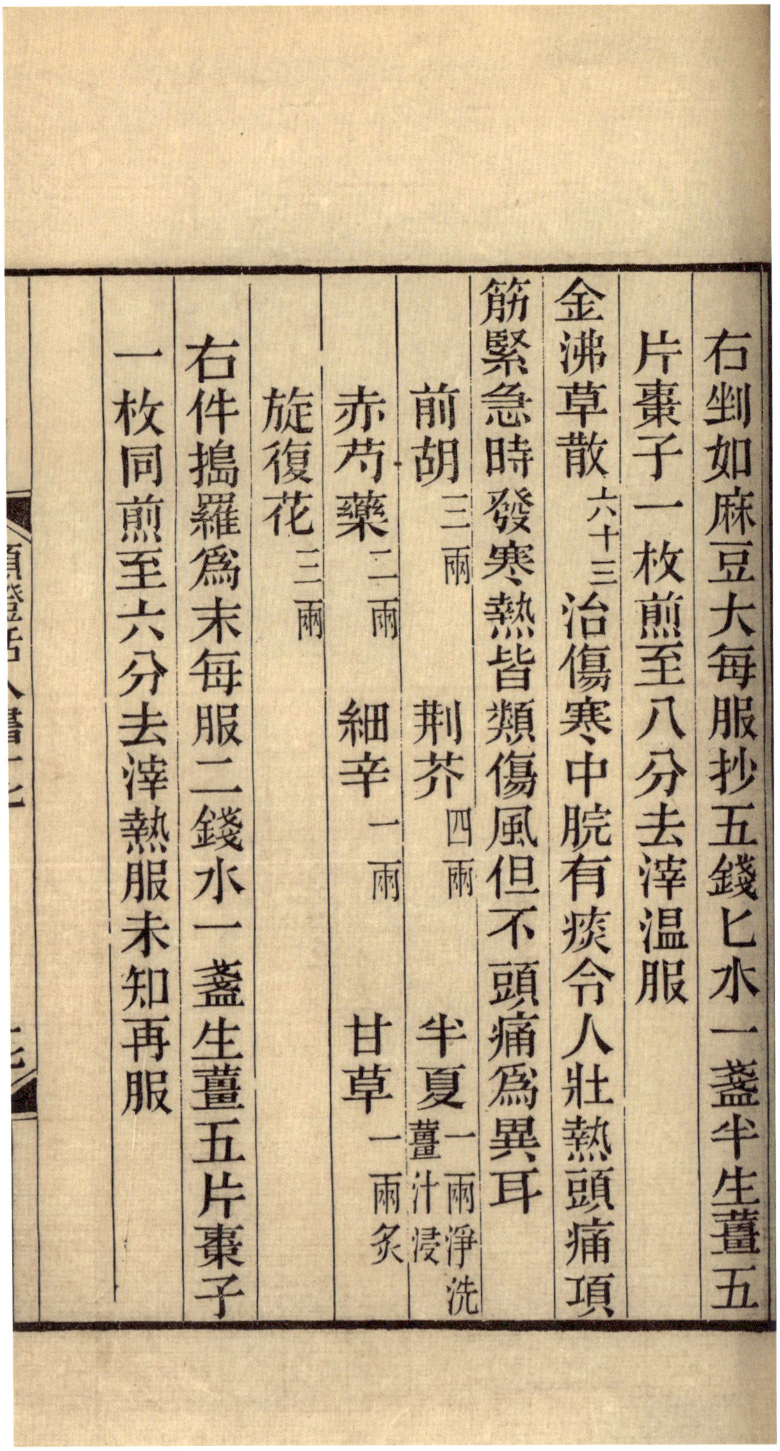

右剉如麻豆大每服抄五錢匕水一盞半生薑五
片棗子一枚煎至八分去滓温服
金沸草散 六十三 治傷寒中脘有痰令人壯熱頭痛項
筋緊急時發寒熱皆類傷風但不頭痛爲異耳
前胡 三兩　荆芥 四兩　半夏 一兩淨洗薑汁浸
赤芍藥 二兩　細辛 一兩　甘草 一兩炙
旋復花 三兩
右件擣羅爲末每服二錢水一盞生薑五片棗子
一枚同煎至六分去滓熱服未知再服

《增注类证活人书》22 卷，清光绪十二年刻本。

五味子半兩　桂心三分　高良薑一分

羌活半兩　附子三分炮裂去皮臍

右件藥擣篩粗散每服四錢以水一大盞入生薑四片煎至五分去滓不計時候温服

柴胡半夏湯六十二　治痰熱頭疼利膈除煩悶手足煩熱榮衛不調肢節拘倦身體疼痛嗜卧少力飲食無味兼治五飲消痰癖

柴胡八兩　人參三兩　半夏二兩半洗

甘草三兩炙　黄芩三兩　白术二兩

麥門冬三兩去心

《增注类证活人书》由朱肱编撰，初为《南阳活人书》，后改为《类证活人书》，成书于1108年。

朱肱（1050–1125），字翼中，号无求子，晚号大隐翁。吴兴（今浙江湖州）人，元祐三年（1088）进士，历任雄州（今属河北）防御推官、知邓州（今河南邓县）录事、奉议郎，故后人亦称朱奉议，但其无意为官，退而酿酒著书，其间对《伤寒论》深有研究。值朝廷重视医学，遍求精于医术之人，朱肱遂被征为医学博士，后因书苏东坡诗获罪，被贬于达州（今四川达县），次年还为朝奉郎提点洞霄宫。著有《伤寒百问》，后经增补改称《南阳活人书》或《类证活人书》。另著有《酒经》，还辑有《内外二景图》（系有关经络脏腑之著作）。

《类证活人书》，共22卷，书作于1089年，成于1108年。初名《无求子伤寒百问》，1118年重刻时改称《南阳活人书》，再后改为《类证活人书》。全书分四部分，对伤寒各证和其他一些杂病予以详细的论述。卷一至卷十一，以问答为体例，论述经络、切脉、表里、阴阳，剖析伤寒的各种相类证候，畅发仲景之奥义；卷十二至卷十五，以方类证辨析《伤寒论》112方；卷十六至卷十八，采撷各家方论126首；卷十九至卷二十一，介绍妇人和小儿伤寒及治疗方药，并论小儿疮疹；书末补列“伤寒十劝”等。全书对仲景学术颇多发明，是全面系统研究《伤寒论》较早的一部著作。朱肱为宋代以经络论伤寒的突出代表，认为研究伤寒最重经络，如果不识经络，则犹触途冥行，不知邪气所在。他将《素问·热论篇》三阴三阳热实病症与《伤寒论》条文所载证候研究后，总结出六经病的证候指征，开篇即以经络立论，用“经络学说”来阐发伤寒病的病因病机、主症以及《伤寒论》中三阴三阳与六经的关系。在辨证中以经络作为类证的依据，在临证时又以经论治，这对中医经络学说的发展产生了较大的影响。朱氏在伤寒辨证中，注重以表里阴阳为辨证大纲，认为识证辨脉、脉证合参才是伤寒辨证的依据，并强调遣方用药的原则是必须方证相合，并且应根据四时季节、地域性、因人而异灵活加减，不可执方疗病。朱肱对外感热病分类命名，施以不同方药，在鉴别诊断和治疗方面具有独到见解，强调正病名以辨病证，辨病与辨证相结合施治，在此基础上又提倡因名识病，抓疾病的本质，以病统证，将《伤寒论》中所有病理本质有共同性的条文类列在一起，如伤寒病名下有《伤寒论》条文证治4条，其病理本质均为“寒闭肌表”，但又各自不同。

朱肱“以方类证”的分类方法研究《伤寒论》对后世影响亦颇深，不但在祖国医学《伤寒论》的理论方面有所造诣，在临床技术上也有卓越成就。本书禀承仲景学术之旨，海纳后世各家方论，在发展外感病的理论体系和阴证论治方面，做出一定贡献。朱肱辨病时倡导从经络循行部位释解六经病证，论治侧重表里阴阳辨证，并在病因、病机、诊断和治疗上有独到见地，尤其对《伤寒论》整理和阐释贡献颇大。徐灵胎曾赞誉道：“宋人之书，能发明《伤寒论》，使人有所执持而易晓，大有功于仲景者，《活人书》为第一。”本书实为中医临证和基础研究的必备参考之书，现存初刻本等多种清刻本。

参考文献

1. 王大鹏.《南阳活人书》的学术特点[J]. 浙江中医学院学报，1986年.

2. 金丽. 试论《南阳活人书》对伤寒学术的贡献[J]. 中医文献杂志，1998年.

3. 李旭. 朱肱对《伤寒论》学术思想之继承与发展[D]. 北京中医药大学，2011年.

（张立东、李林）

伤寒论条辨

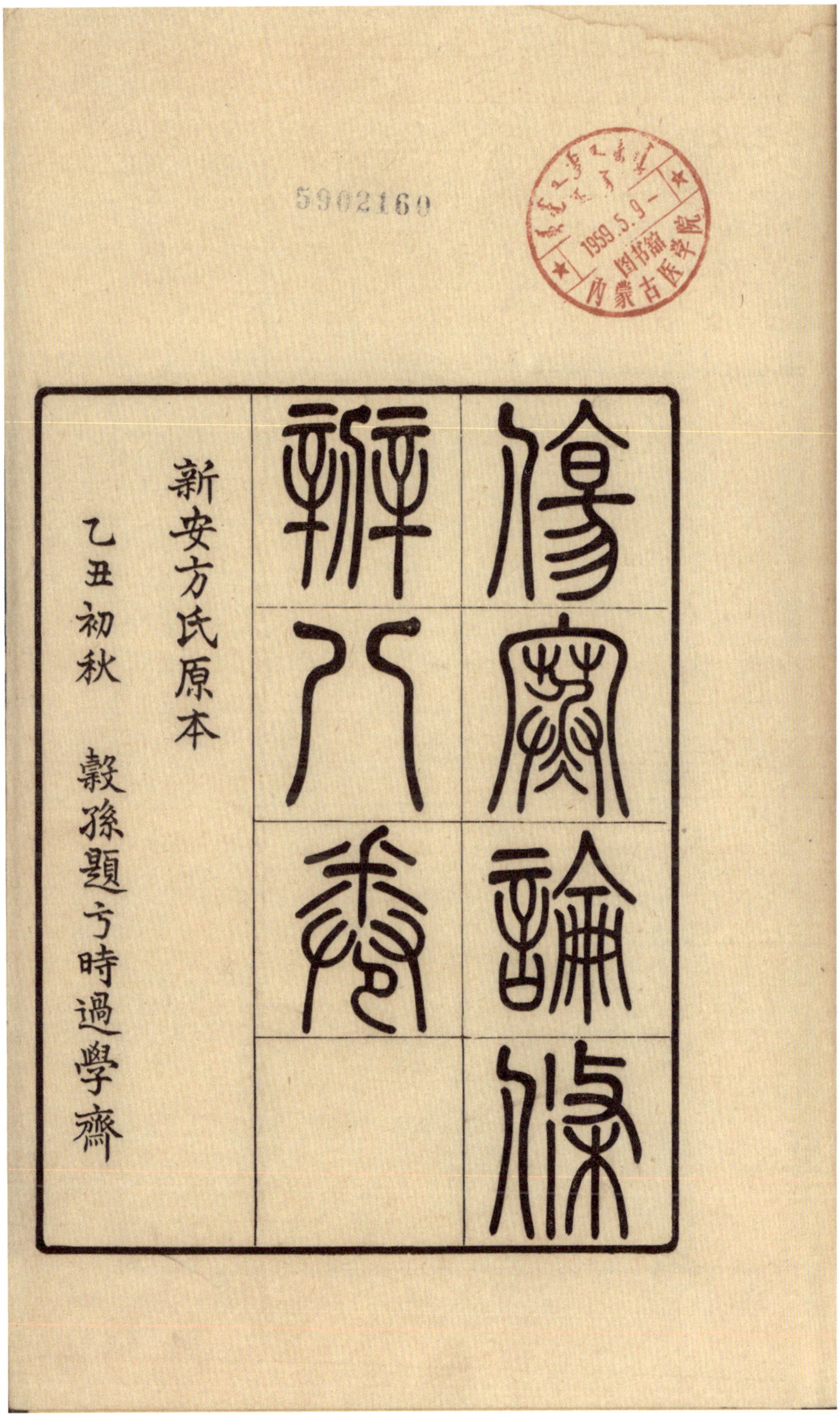

《伤寒论条辨》4 卷，1925 年渭南严氏孝义家塾刻本。

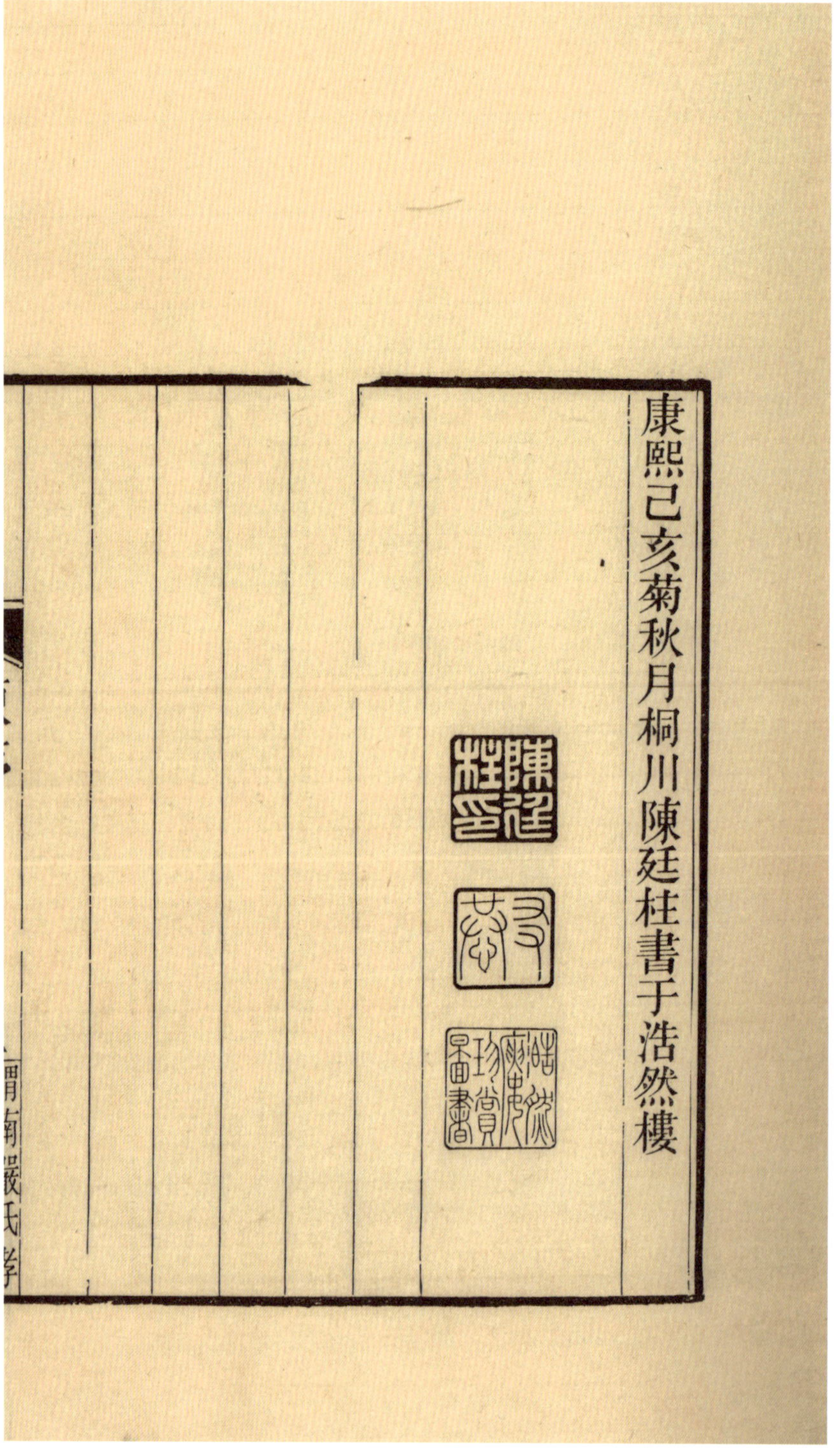
康熙己亥菊秋月桐川陳廷柱書于浩然樓

井辨晰之諄諄眞字字精金美玉凡病有陰陽表裏之異暨夫三陰三陽半表半裏虛實傳變留匿隱伏難測之微無不確證詳明能使後之學者了然于目而恍然于心其開經督營絡汗吐溫下證若繭絲法同射覆豈容有毫髮之或誤也哉自漢張仲景立經以來至晉王叔和爲之疏明而外傷寒論眞汗牛充棟不可勝數而無如此書之揭微理而示諸掌也中行盡折肱之能而後世收瞑眩之效余竊以傷寒論之有條辨其猶四子書之有集註乎爰付之梓以壽世云舊本無總目余特依次序明便乎後之揀閱者

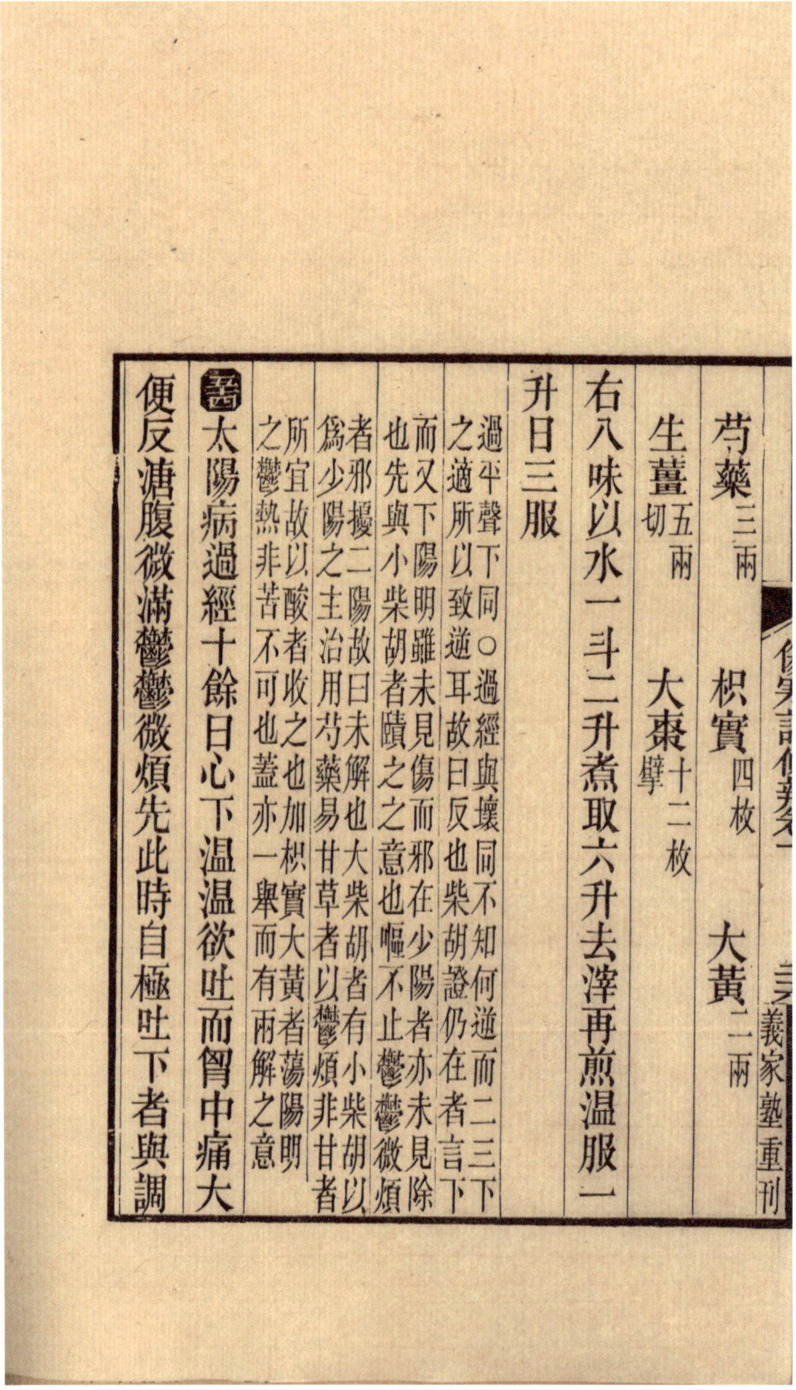

傷寒論條辨卷一　三　義家塾重刊

芍藥三兩　枳實四枚　大黃二兩

生薑五兩切　大棗十二枚擘

右八味以水一斗二升煮取六升去滓再煎溫服一升日三服

過平聲下同○過經與壞同不知何逆而二三下之適所以致逆耳故曰反也柴胡證仍在者言下而又下陽明雖未見傷而邪在少陽者亦未見除也先與小柴胡者蹟之之意也嘔不止鬱鬱微煩者邪擾二陽故曰未解也大柴胡者有小柴胡以為少陽之主治用芍藥易甘草者以鬱煩非甘者所宜故以酸者收之也加枳實大黃者蕩陽明之鬱熱非苦不可也蓋亦一舉而有兩解之意

三四太陽病過經十餘日心下溫溫欲吐而胸中痛大便反溏腹微滿鬱鬱微煩先此時自極吐下者與調

《伤寒论条辨》4卷，明代方有执撰，书成于明万历二十年（1592），内蒙古医科大学图书馆藏版本为1925年渭南严氏孝义家塾刻本。

方有执（1523-1594），字中行，号九山山人，明代伤寒学家，生活于明朝嘉靖万历年间，安徽歙县灵山人氏。方有执自谓其天性鲁钝，“愚于儒且惮不能”，初亦未学医，中年以两番中伤风寒丧妻，五次惊风殇子而发愤学医。方氏对伤寒证治尤有心得，认为《伤寒杂病论》集医道之大成，擅百世之宗师，而西晋王叔和重为编次时已有所改移，及金代成无己作注又多所窜改，致使习医者或以不全之书置而不习，或沿习二家之误弥失其真，故以20余年的时间，遍历于齐、鲁、川、陕等地，访师求友，探究伤寒真谛。老而返家，归田闲阁，著书立说，八经寒暑，七易其稿，著成《伤寒论条辨》8卷，后附《本草钞》《或问》《痉书》各1卷。

《伤寒论条辨》前3卷为辨太阳病篇，即首卷论风伤卫，第二卷论寒伤营，第三卷论风寒两伤营卫，第四卷为辨阳明、少阳病，第五卷为辨三阴病，第六卷为风温杂病、霍乱、阴阳易及差后劳复等病症，第七卷为痉湿暍病及辨脉法，第八卷为汗吐下可与不可等篇。后附《本草钞》1卷，《或问》1卷，《痉书》1卷。方氏之学术观点在《或问》《痉书》中有较详细的论述。《伤寒论》经方氏整理编次后，进一步加强了原文的系统性和条理性，重点突出，对后世影响较大。

东汉末年，战乱不休，简编丢失错乱，早已失去仲景《伤寒论》之原貌，即便是西晋王叔和及以后整理编次校刊的版本，在次序上也均有变动，医家或以为不全之书而置之不顾，或沿袭王叔和等版本之误。于是乎，方有执为寻求《伤寒论》端绪，悉心推敲仲景之原意，将《伤寒论》的编次认真进行重考修辑，对书的条文做系统地分类和归纳，调整编排秩序，力求返还《伤寒论》的本来面目。其竭二十余年之精力，于万历十七年（1589）编成《伤寒论条辨》8卷，至万历二十年（1592）七十时将书刊行问世。在刊刻前一年，方氏已达71岁高龄，但为了使书更臻完美，他不顾年老目昏，花了一年功夫详细审订，方始付梓，充分反映了方氏做学问一丝不苟的精神。方有执研究《伤寒论》主张要心仲景之心，志仲景之志以求之。他敢于疑古，敢于创新，开“错简重订派”之先河，拉开了伤寒学派百家争鸣的序幕。方氏将伤寒太阳病分为风伤卫、寒伤营、风寒两伤营卫等三种类型，形成“三纲鼎立”说，是方氏据孙思邈寓示所倡言，后经喻嘉言确立的。

方有执学术思想与成就，主要体现在“错简重订论”及“风寒中伤营卫说”。方有执在其《跋》中言道：“凡若千万言，移整若干条，考订若干字，曰伤寒论者，仲景之遗书也；条辨者，王叔和故方位而条还之之谓也”。这是他要重订修辑达到的目的。而关于风寒中伤营卫之说，方有执见解独具，其把风寒中伤营卫提到整个太阳病的共同病理基础来认识，将太阳病归纳为风伤卫、寒伤营、风寒两感营卫俱伤三种，深刻提示了太阳病的发病、传变与转归的规律，对仲景学说是一个发挥。可见方有执对《伤寒论》的研究，绝非只是“重考修辑”书的条文，或对篇章的整移，而是反映了他在临证基础上对伤寒病发生、发展、传变、转归的实践与认识，其影响深远，被后世医家所公认，推动了“伤寒学派”的兴盛及伤寒学理论的进一步丰富。

《伤寒论条辨》自成书后，其版本流传主要有：万历年间初刻本，康熙年间浩然楼刻本，四库全书刻本，清同治四年（1865）成都过学斋刻本，清秩斯堂刻本，清苏州隆溪堂刻本，1925年渭南严氏孝义家塾刻本，1957年四川人民出版社据1925年渭南严氏原版重印本，人民卫生出版社1957年铅印本。

参考文献

1. 王新智. 方有执对《伤寒论》的重大发挥[J]. 福建中医学院学报，2008年.

2. 王键，黄辉，蒋宏杰. 新安医学十大学说[J]. 中华中医药杂志，2013年.

3. 傅维康著. 中国医学通史[M]. 第1版. 北京：人民卫生出版社，2000年.

（李林、高斐宏）

千金翼方

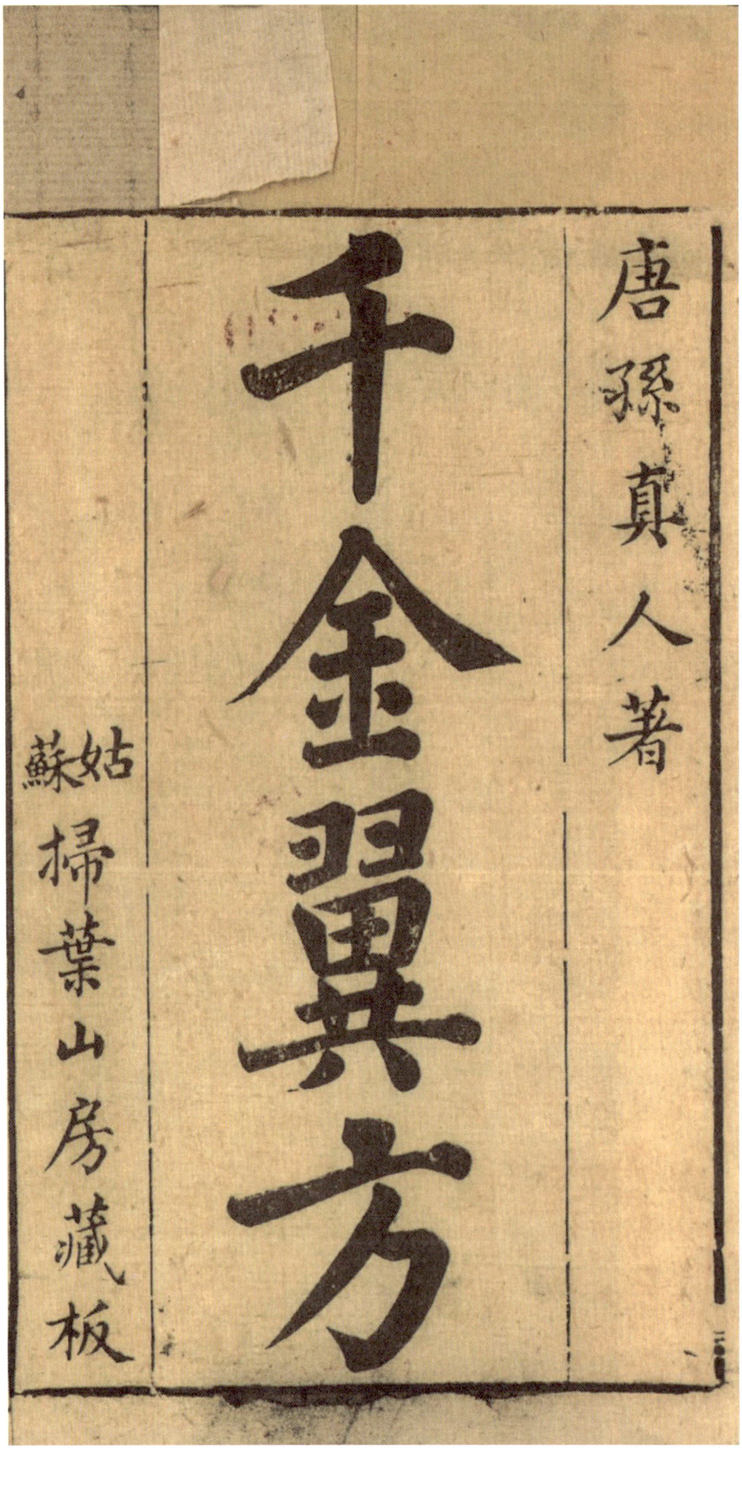

《千金翼方》30卷，清同治七年姑苏扫叶山房藏版二刻版本。

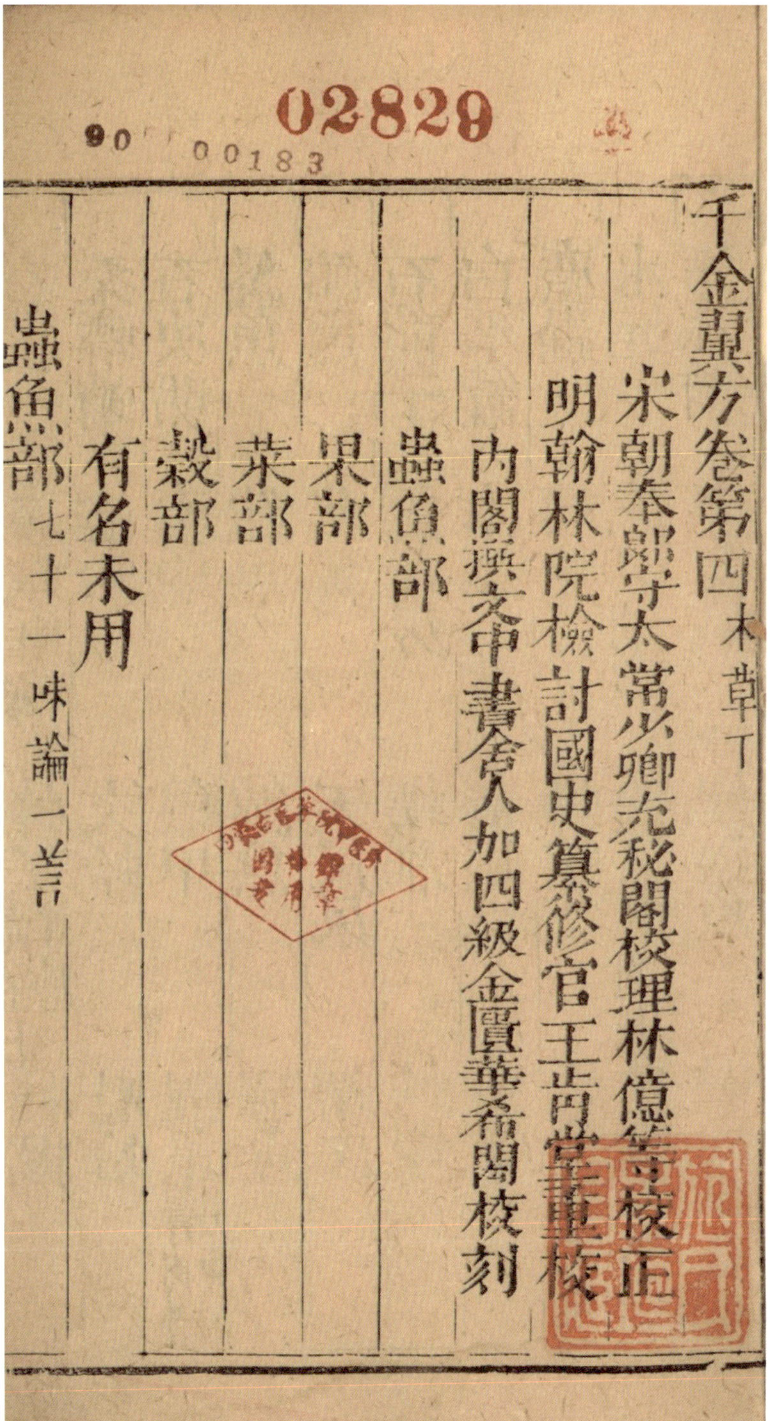

千金翼方卷第四 本草下

宋朝奉郎守太常少卿充秘閣校理林億等校正

明翰林院檢討國史纂修官王肯堂訂

内閣撰文中書舍人加四級金匱華希閎校刻

蟲魚部

果部

菜部

穀部

有名未用

蟲魚部 七十一味 論一首

《千金翼方》是唐代著名医家孙思邈编著《备急千金要方》之后的晚年辅翼前书之作，和《千金要方》统属方书类著作。这两部书对于春秋之后至唐初的医药知识和临床经验做了较为系统的记述和总结，具有极高的学术和临床价值。

孙思邈（约581–682），唐京兆华原（即今陕西耀县）人。精通老、庄及诸子百家之学。幼年体弱多病，常年求医问药，耗尽家资，遂立志博览历代医籍，精研医药，且以医名闻世。他淡薄名利，先后为隋文帝、唐太宗、唐高宗所邀入朝做官，婉言谢绝，累诏不就。一生行医采药，广泛搜集单方、验方和药物的使用经验，在方药学方面的研究取得了令人瞩目的辉煌成就，书“大医精诚”篇，为后世从医者之行为准则。其医德高尚，不论贵贱贫富，皆如至亲。其遣方用药疗效如神，为其救治者不计其数，被封为“药王”。孙氏一生著述颇多，其中《千金要方》30卷、《千金翼方》30卷大行于世，历朝多有传刻，流传至今。

《千金翼方》30卷，为孙思邈晚年辅翼《备急千金要方》之作，故称“千金翼方”。书中较《千金要方》增录药物800余种、古方2000余首。其内容广泛涉及本草、妇人、伤寒、小儿、五官、养性、补益、中风、杂病、疮痈、色脉以及针灸等诸多方面。卷1~4论药物，大量引录了《唐本草》的内容；卷5~6论妇人疾病；卷9~10论述伤寒；卷11为小儿病；卷12~15阐述养生长寿，集中讲述了古代延年益寿学说以及与防病、治病相结合养生理论；卷16~25论述中风、杂十二症病证名，十七椎穴经外穴名，即出自此，该穴在第五腰椎棘突下方，主治转胞，腰痛等；卷26~28系针灸；卷29~30为禁经，其中虽有禁咒之术，但亦不乏心理疗法内容。

《千金翼方》系统论述了伤寒六经辨证、内科杂病、外科疮肿、诊病察色、辨别阴阳表里虚实以及治疗技术等方面内容，提供了宝贵临床经验。最为可贵的是孙氏晚年将晋唐时期已经散逸而江南诸师秘而不传的《伤寒论》收录其《千金翼方》之中，并单独构成九、十两卷，成为唐宋时期广为流传的《伤寒论》传世版本，即后世所称的“唐本”《伤寒论》。因此，《千金翼方》备受后世医家重视。

《备急千金要方》和《千金翼方》两书问世后，对后世中医理论影响深远，广为流传。该书有元刻本《备急千金要方》、明万历三十三年（1605）王肯堂刻本《千金翼方》存世，分藏于国家图书馆、中国中医科学院图书馆。内蒙古医科大学图书馆所藏的《千金翼方》为姑苏扫叶山房藏版同治七年二刻版本，全书共6册，30卷。

参考文献

1. 余瀛鳌. 千金要方集要[M]. 沈阳：辽宁科技出版社，2009年.

2. 朱良春，何绍奇. 论《千金方》的学术成就[J]. 江苏中医杂志，1983年.

3. 王勤俭. 千金翼方校注[M]. 上海：第二军医大学出版社，2008年.

（张明锐）

外台秘要方

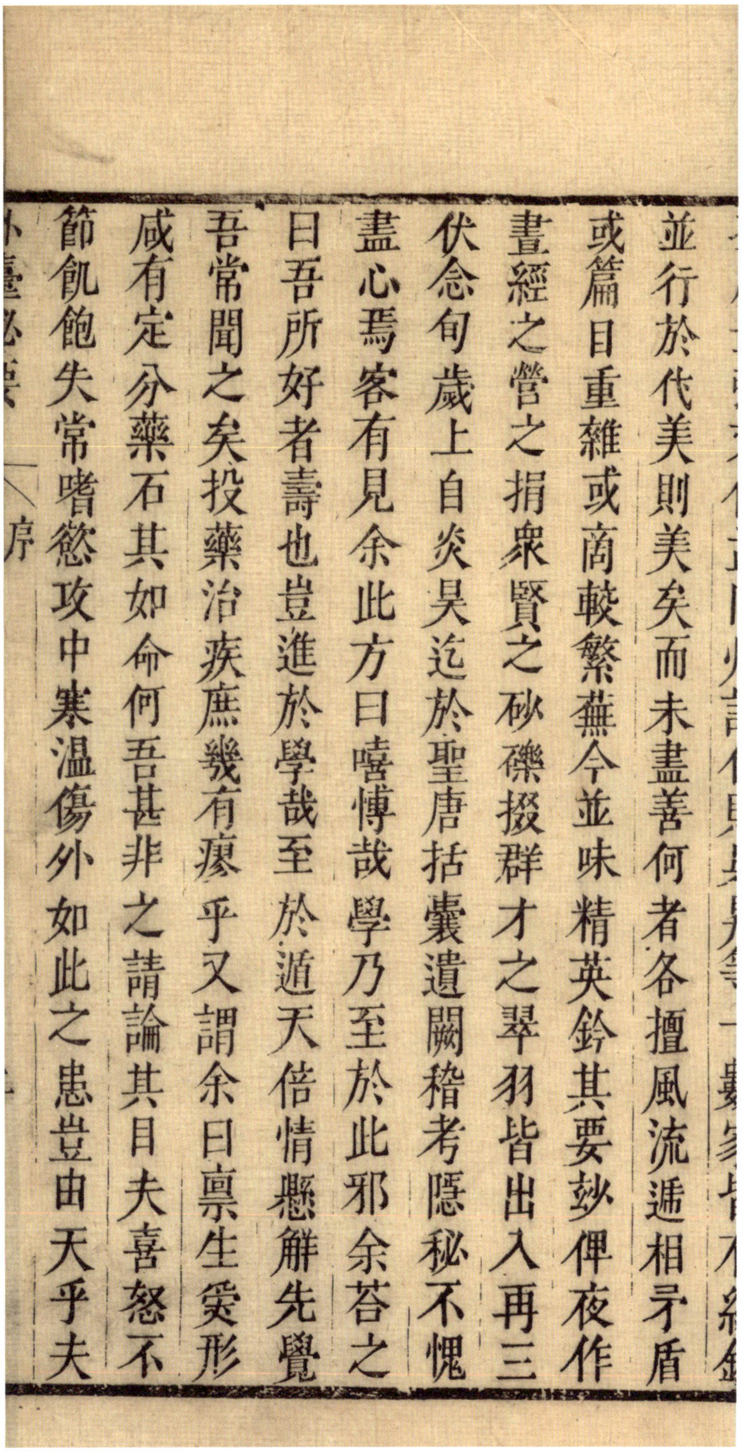
並行於代美則美矣而未盡善何者各擅風流遞相矛盾或篇目重雜或商較繁蕪今並味精英鈐其要妙俾夜作晝經之營之捐衆賢之砂礫掇群才之翠羽皆出入再三伏念旬歲上自炎昊迄於聖唐括囊遺闕稽考隱秘不愧盡心焉客有見余此方曰嘻博哉學乃至於此邪余荅之曰吾所好者壽也豈進於學哉至於遁天倍情懸解先覺吾常聞之矣投藥治疾庶幾有瘳乎又謂余曰禀生受形咸有定分藥石其如命何吾甚非之請論其目夫喜怒不節飢飽失常嗜慾攻中寒溫傷外如此之患豈由天乎夫

外臺秘要　序

《外台秘要方》40卷，清同治十三年广东翰墨园刻本。

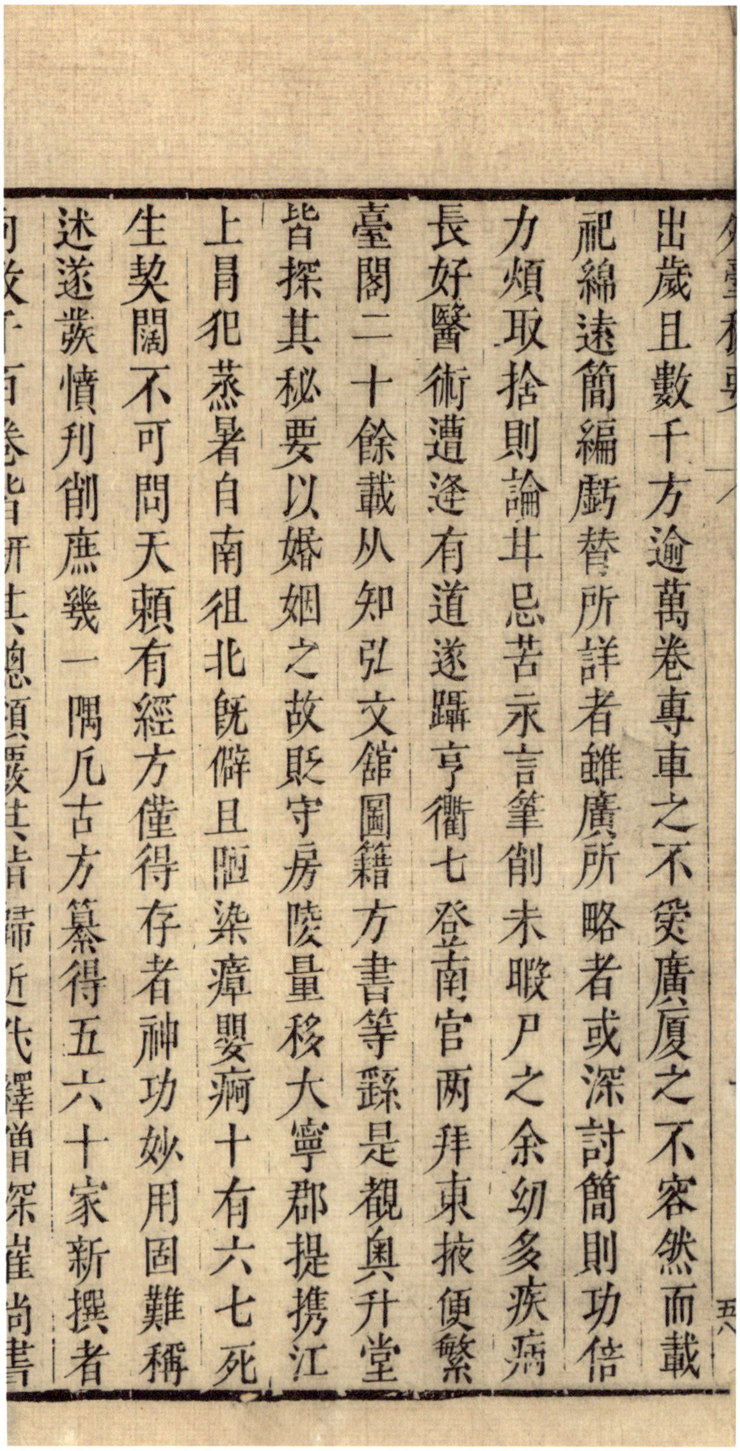
外臺秘要 五八

出歲且數千方逾萬卷專車之不受廣廈之不容然而載
祀綿逺簡編虧替所詳者雖廣所略者或深討簡則功倍
力煩取捨則論甘忌苦永言筆削未暇尸之余幼多疾病
長好醫術遭逢有道遂躡亨衢七登南宫兩拜東掖便繁
臺閣二十餘載久知弘文館圖籍方書等繇是覩奥升堂
皆探其秘要以婚姻之故貶守房陵量移大寧郡提携江
上冒犯蒸暑自南徂北既僻且陋染瘴嬰痾十有六七死
生契闊不可問天賴有經方僅得存者神功妙用固難稱
述遂發憤刊削庶幾一隅凡古方纂得五六十家新撰者
向數千百卷皆研其總領覈其指歸近代釋僧深崔尚書

《外台秘要方》8册，共40卷，是由唐代著名医家王焘编撰完成的一部综合性医著。书中收载了许多已佚方书大量珍贵资料，为中医方剂学的整理和发掘做出了重要贡献。

王焘(670–755)，唐代郿县(今属陕西)人，乃唐初宰相王珪之孙。他在弘文馆任职期间博览群书，精研历代中医文献，精勤不倦，努力探索唐以前的历朝医药古籍，历经数十年的摘录，并加以分类整理，逐条鉴别，终于在唐天宝十一年(752)完成《外台秘要方》一书。此书是继《千金方》之后，全面总结整理的综合性医学巨著。"上自神农，下及唐世，无不采摭"，此书引用前人医籍达60余部，资料丰富，内容翔实，对于后世中医学的发展影响深远。

全书共40卷，收录了先秦至唐中期56位著名医家方论，约6000余首医方，并将其按疾病分为1104门。每门类先引《诸病源候论》《千金要方》等名家医论、医方、灸法及各种外治法附录其后。凡援引或题书名，或记作者姓名，许多唐以前失传医籍赖其得以流传至今，所以，该书在中医文献学中也是重要著作。

《外台秘要方》是唐以前记载疾病种类最多的著作，首先用6卷的篇幅记载了伤寒、天行、温病、黄疸等数10种流行病证治；其次用15卷的篇幅记载数百种内科杂病的证治；妇人胎前产后、经血带下、婴幼儿、明堂灸法、服石方及并发症、虫兽伤人等门类也记载了数百种各种疾病的证治。书中记述许多疾病在诊断学中成为标志性依据，如书中所载凡病消渴者"每发即小便至甜"，是迄今为止最早的有关糖尿病的记载。在黄疸病门所记载的"身眼皆如金色"至今仍然是黄疸病的标志性诊断依据之一，并明确提出黄疸的治愈标准为"每夜小便里浸少许帛，各书记之，色渐退白，则瘥"。另外，该书非常重视民间特效药物应用方面的整理编辑，其所记载的常山、蜀漆(常山苗)治疟，动物肝脏治雀目(夜盲症)，羊靥治气瘿，用海藻、昆布治颈瘿等使用方法至今仍然沿用。在中医治法方面，该书汇集整理了唐代以前医家所记载的诸多中医治法，诸如灸法、浴法、熨法、通便法、导引法等等。其中"金针拨障术"治疗白内障的手术方法对后世影响深远。

清代徐大椿赞誉:"唐王焘所集《外台》一书，则纂集自汉以来诸方，汇萃成书，而历代之方，于焉大备，但其人本非专家之学，故无所审择，以为指归，乃医方之类书也。然唐以前之方，赖此书以存，其功亦不可泯"。书中搜罗编辑当时所存的《素女经》《范汪方》《崔氏方》《姚氏集验方》《小品方》《删繁方》《深师方》《许仁则方》《张文仲方》《古今录验》《近效方》《必效方》等书，使得这些珍贵的资料能够完整保留至今，着实难能可贵。

《外台秘要方》自成书以来流传甚广。此书中大量资料先后被朝鲜《医方类聚》、日本《医心方》所引用和转载，其中日本的《医心方》一书编纂体例及辑录方法皆效仿《外台秘要方》，可见其影响之深远。宋绍兴两浙东路茶盐司刻本残本，是该书现存的最早版本。内蒙古医科大学图书馆所藏为清同治十三年甲戌(1874)广东翰墨园刻本。

参考文献

1. 余瀛鳌等编选. 外台秘要集要[M]. 沈阳：辽宁科学技术出版社，2007年.

2. 李书义. 王焘和他的《外台秘要》[J]. 北京中医，1993年.

3. 方亚利，张登本.《外台秘要方》对医方剂学的贡献[J]. 现代中医药，2004年.

4. 王立子.《外台秘要》中伤寒文献简考[J]. 中国中医基础医学杂志，2004年.

(张明锐)

洪氏集验方

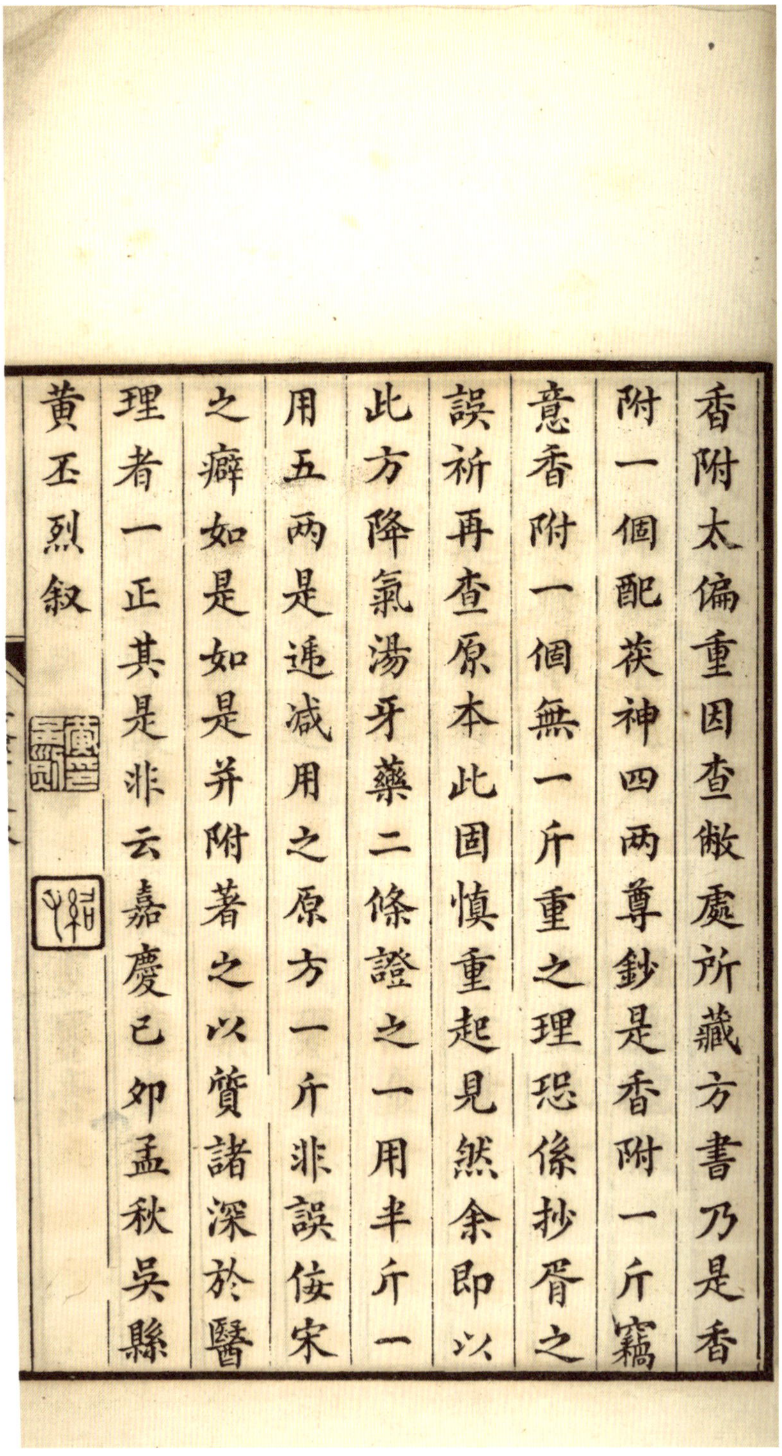
香附太偏重因查儆處所藏方書乃是香附一個配茯神四兩尊鈔是香附一斤竊意香附一個無一斤重之理恐係抄胥之誤祈再查原本此固慎重起見然余即以此方降氣湯牙藥二條證之一用半斤一用五兩是遞減用之原方一斤非誤佞宋之癖如是如是并附著之以質諸深於醫理者一正其是非云嘉慶己卯孟秋吳縣黃丕烈叙

《洪氏集验方》5卷，清嘉庆己卯（1819）年，士礼居宋本重刻本。

者又疑乂之誤又洗淨寸截搥破口壁以盐湯潤透口係蠹蝕處尚有系旁可審疑口是縣字以意補之其餘版心刻工姓名有蠹蝕去者空之無足重輕不復補寫以上各條皆隨舉一二以見宋刻原本如是非涉重刊而有訛舛脫漏也大抵方書之字大有關係處在藥名分兩法製諸端其餘異同可勿深論此書刊成求序於獨學老人有札示余云昨所言交感丹愚疑用

《洪氏集验方》是南宋洪遵于1170年著，中医方剂学著作。所录验方多有出处及献方人，不作模棱两可语，至今对临床医师仍有启发，可资借鉴。

洪遵（1120–1174），字景严，南宋鄱阳（今江西鄱阳）人。赐进士出身，擢秘书省正字，累官至翰林学士承旨、同枢密院事、端明殿学士、提举太平兴国宫，位同宰相，卒谥文安，是著名的钱币学家，对医学也有研究。洪遵为官一生，宽人荐贤，尽忠职守。在知太平州任上，50多岁的洪遵还组织民众修筑损坏的圩田。“方冬盛寒，遵躬履其间，载酒食亲饷馌，恩意倾尽，人忘其劳，闻者以为盛德”（《宋史·洪皓列传》）。临政之暇，熟读医书，关心民瘼，收集医方，并事治疗，多获效验。晚年将其多年搜求有效医方刊刻成书，名《洪氏集验方》。洪遵著有《泉志》《订正〈史记〉真本凡例》《翰苑群书》《洪氏集验方》《金生指迷方》《洪文安公遗集》等。

《洪氏集验方》共5卷，洪遵自述“上集验方五卷，皆予平生用之有着验，或虽未及用，而传闻之审者，刻之姑孰，与众共之”。收集的方药注明方剂出处、献方者姓名、官职、药物组成、剂量、用途、炮制以及制药和服药方法等，搜方167首，分载有关治疗伤寒、中风、痢疾、霍乱、虚损、疮疽、痔漏、癣疥等内、外、妇、儿、五官科疾病的方剂。

卷一载有治痢连萸丸、肉豆蔻散、祛疟散、大交泰丹、混元胎丹、还少丹、琼玉膏、一粒金丹（张真甫舍人传，得之刘信叔，治中风瘫痪，应一切风疾）、神妙六逸丸、铁瓮申先生交感丹、降气汤。卷二记载有治外科之痈疽病等常见疾病的方药，如治肿毒发背一切痈疽经验方、治肿毒发背一切痈疽夺命膏、应痛内托丸、治痈疽立效方等。卷三载有治内科病常用方药，如苁蓉茸附丸、鹿茸世宝丸、五解散、育肠丸、硫附盐矾丸、比金散、阿魏良姜丸、麋茸丸、人参大温中丸、水陆二仙丹、丁香草果散、神仙透空丸、沉香荜澄茄汤、神功散、治风乌荆丸、乌金散、良姜汤、安肾丸、神授散、普救散、肉豆蔻汤等33方。卷四记载包括头面、耳、目、口、舌、喉、鼻、腰等部位疾患以及内、外、五官等各科疾病的63种方药。卷五为妇人小儿卷，载治妇科病的方剂有乌金散、催生如圣散、万灵丸、救生散、催生药、滑胎易产神效八味散、羊肉汤、产后防晕方等；小儿科方剂有肥儿丸、神曲豆蔻丸、没石子丸、消风散、雄朱散、急风散、坠涎丸、辰砂丸、四君子丸、观音散等。

《洪氏集验方》版本有初刻本，仅存一部，是为孤本，今藏北京国家图书馆，《中华再造善本丛书》据孤本再造之。南宋目录学家陈振孙《直斋书录解题》著录之，明代文征明、明末清初季振宜、清代中期的黄丕烈、汪士钟迭加收藏，流传有序。清末为瞿镛所得，后归北京国家图书馆收藏。清嘉庆二十四年（1819）黄丕烈据乾道本抄录付雕。黄氏《重刊宋本洪氏集验方后序》说：“《洪氏集验方》，惟延令季氏书目有之，知宋版外，绝无流传之本。余故从宋版录副，今始付雕”，收于《士礼居丛书》。新中国建立后，此书收于《宋人医方三种》内。本书为士礼居宋本重刻本，为内蒙古医科大学图书馆藏。

参考文献

1. 钱超尘考注. 洪氏集验方考注[M]. 北京：学苑出版社，2009年.

2. 唱春莲. 宋刻孤本《洪氏集验方》[J]. 人民日报海外版，2008年.

3. 钱超尘. 宋版《洪氏集验方》《伤寒要旨药方》版本流传简考[J]. 中华医史杂志，2002年.

4. 张志宏. 浅论洪遵的仕与隐[J]. 现代语文（文学研究版），2008年.

（李紫慕）

圣济总录

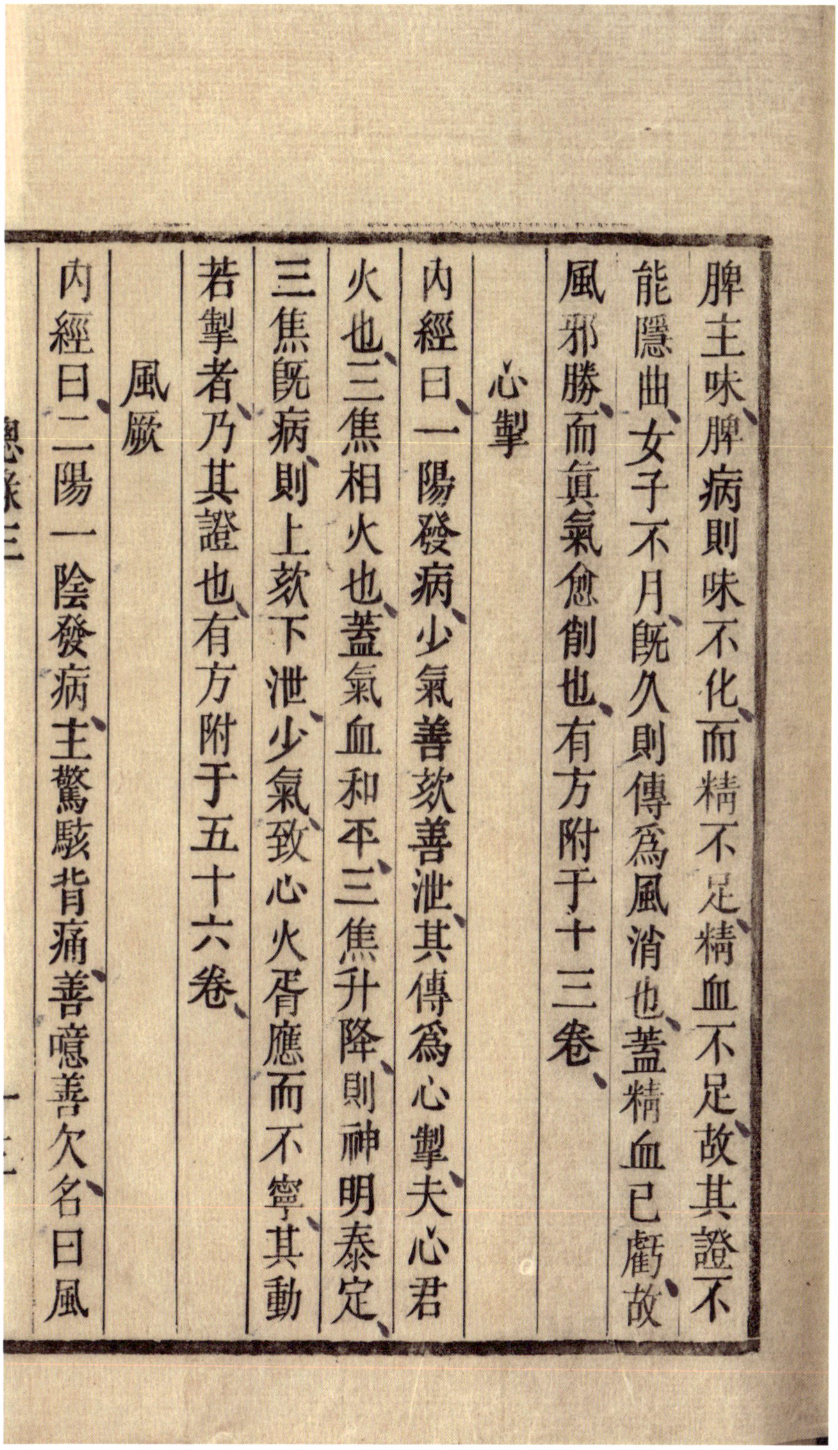
脾主味脾病則味不化而精不足精血不足故其證不
能隱曲女子不月既久則傳爲風消也蓋精血已虧故
風邪勝而眞氣愈削也有方附于十三卷

心掣

內經曰一陽發病少氣善欬善泄其傳爲心掣夫心君
火也三焦相火也蓋氣血和平三焦升降則神明泰定
三焦既病則上欬下泄少氣致心火胥應而不寧其動
若掣者乃其證也有方附于五十六卷

風厥

內經曰二陽一陰發病主驚駭背痛善噫善欠名曰風

總錄三

《圣济总录》200卷，日本文化十三年癸酉（1816）元大德椠本医学聚珍版。

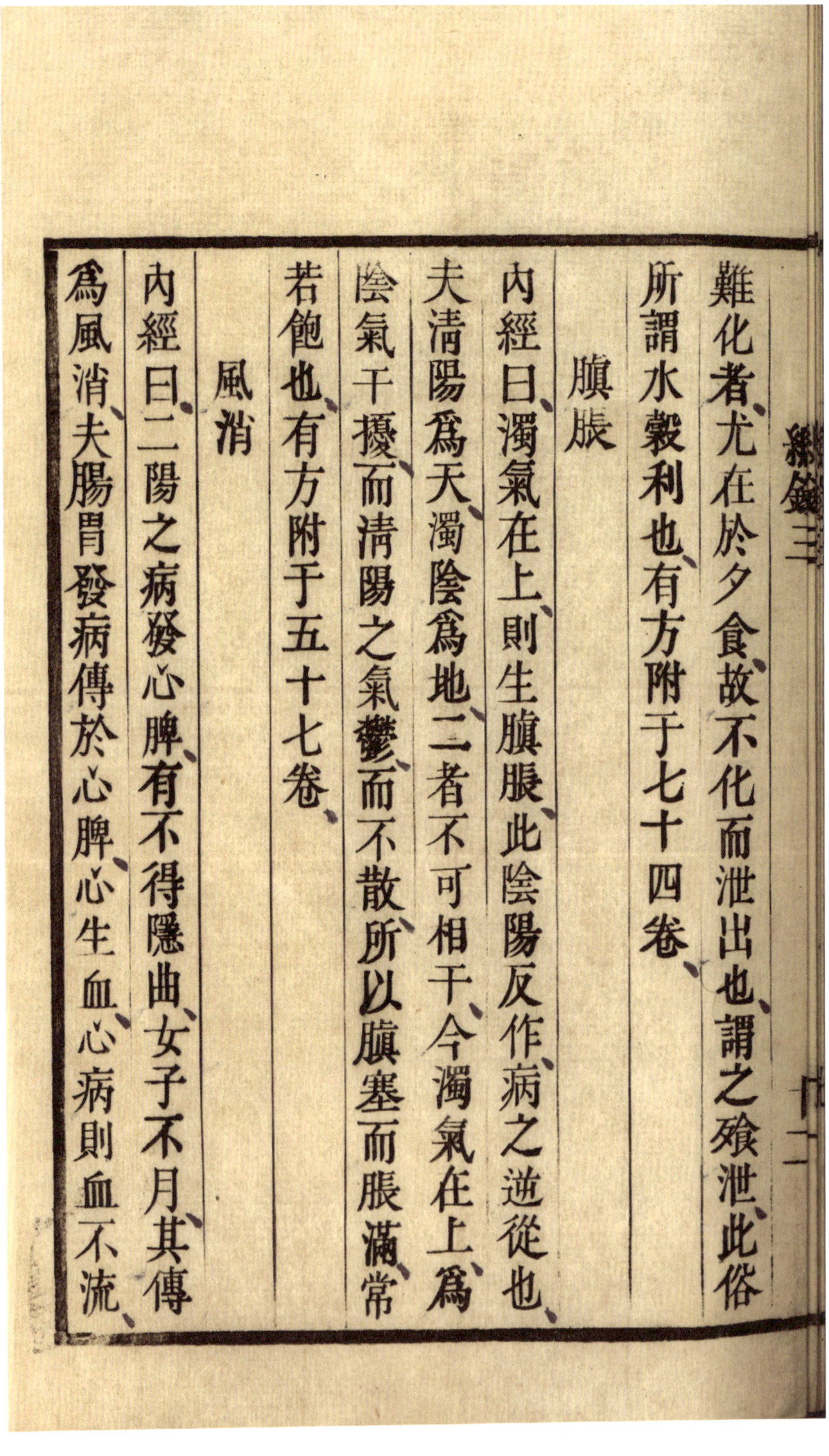
難化者尤在於夕食故不化而泄出也謂之飧泄此俗
所謂水穀利也有方附于七十四卷
䐜脹
內經曰濁氣在上則生䐜脹此陰陽反作病之逆從也
夫清陽爲天濁陰爲地二者不可相干今濁氣在上爲
陰氣干擾而清陽之氣鬱而不散所以䐜塞而脹滿常
若飽也有方附于五十七卷
風消
內經曰二陽之病發心脾有不得隱曲女子不月其傳
爲風消夫腸胃發病傳於心脾心生血心病則血不流

痺是人當攣節也夫骨者腎之餘髓者精之所充也腎水流行則髓滿而骨强迨夫天癸虧而凝澀則腎脂不長腎脂不長則髓涸而氣不行骨迺痺而其證內寒也雖寒不爲凍慄則以肝心二氣爲陽火一水不能勝之特爲骨寒而已外證當攣節則以髓少而筋燥故攣縮而急也有方附于二十卷

肉苛

內經曰人之肉苛者雖近衣絮猶尚苛也榮氣虛衛氣實夫血爲榮氣爲衛氣血均得流通則肌肉無不仁之疾及榮氣虛衛氣實則血脉凝澁肉雖如故而其證⿸疒需

《圣济总录》是北宋末年政和年间（1111–1118）由政府主持医家编纂，以宋徽宗赵佶名义颁行的大型医书。

赵佶，即宋徽宗（1082–1135），是一位政治上、生活上失治的君王。在位时广古物、书画，扩充翰林图画院，使文臣编撰《宣和书谱》《宣和画谱》《宣和博古图》，擅长书法，自称“瘦金书”，绘画工花鸟，重写生，有《芙蓉锦鸡》等多幅存世。就对中医学的发展而言，宋徽宗从提高医学、医生地位，到御撰医学理论与医方著作，管理医学设施的变革等，都做出了历代皇帝难能与之比拟的贡献。曾诏令组织编撰大型医书《圣济经》《太平惠民和剂局方》《圣济总录》。

《圣济总录》又名《政和圣济总录》，是宋代最大的一部方书，共200卷，收医方2万余首，成书于1118年。本书是徽宗赵佶诏令征集当时民间及医家所献医方结合“内府”所藏的秘方，经由圣济殿御医整理汇编而成。该书首列“运气”，“运气”之下还有“叙例”“治法”等篇，相当于全书的总论部分，自“诸风”起至“神仙服饵”止，共分66门，相当于全书的各论部分。有61门以病类分门，涉及内、外、妇、儿、五官等科病症。每门之中先有论说，词简义赅，总括本门，其下又分若干病证。每一病证先论病因病理，次列方药治疗，辨病理论与用方经验紧密结合，内容极为丰富，凡病因病机、方药、炮制、服法、禁忌等均有说明。另有补益、食治、针灸等5门，介绍了其他一些古代治疗方法。

《圣济总录》为北宋末政府组织编修的大型医书，是宋徽宗仿宋太宗诏编《太平圣惠方》之意的产物。以内、外、妇、儿、五官等各科医方为主体，兼收医理及针灸等内容，为北宋医学集大成之作，较全面地反映了北宋时期医学发展的水平、学术思想倾向和成就。全书共收载药方约2万首，既有理论，又有经验，内容极为丰富。在理论方面，除引据《内经》《伤寒论》等经典医籍外，亦注意结合当时的各家论说，并加以进一步阐述；在方药方面，以选自民间经验良方及医家秘方为主，疗效比较可靠，故后世医家颇为推崇。就现在来说，本书仍是一部具有研究价值的历史医学文献，也是比较切合实用的临床方面参考书。

此书镂版后未及刊印即被金兵掠运北方，南宋反未见此书。较早的刊本有金大定年间（1161–1189）和元大德四年（1300）刊本。宋版《政和圣济总录》早已泯没无存，现存元、明、清多种刻本、日刻本和石印本。目前存世最早版本为大德重校本，惜仅存91卷，且各本皆残，分散收藏于中、日六个图书馆。该书现存以大德本为底本的最完整古刊本，只有日本江户医学馆的木活字聚珍本。此本为日本文化十三年癸酉（1816）元大德椠本医学聚珍版。

参考文献

1. 李经纬. 中医史[M]. 海口：海南出版社，2007年.

2. 宋·赵佶敕编. 圣济总录[M]. 北京: 人民卫生出版社，2004年.

3. 宋·赵佶敕编. 聚珍版圣济总录[M]. 重庆: 西南师范大学出版社，2011年.

（杨景月）

重刊补注洗冤集录

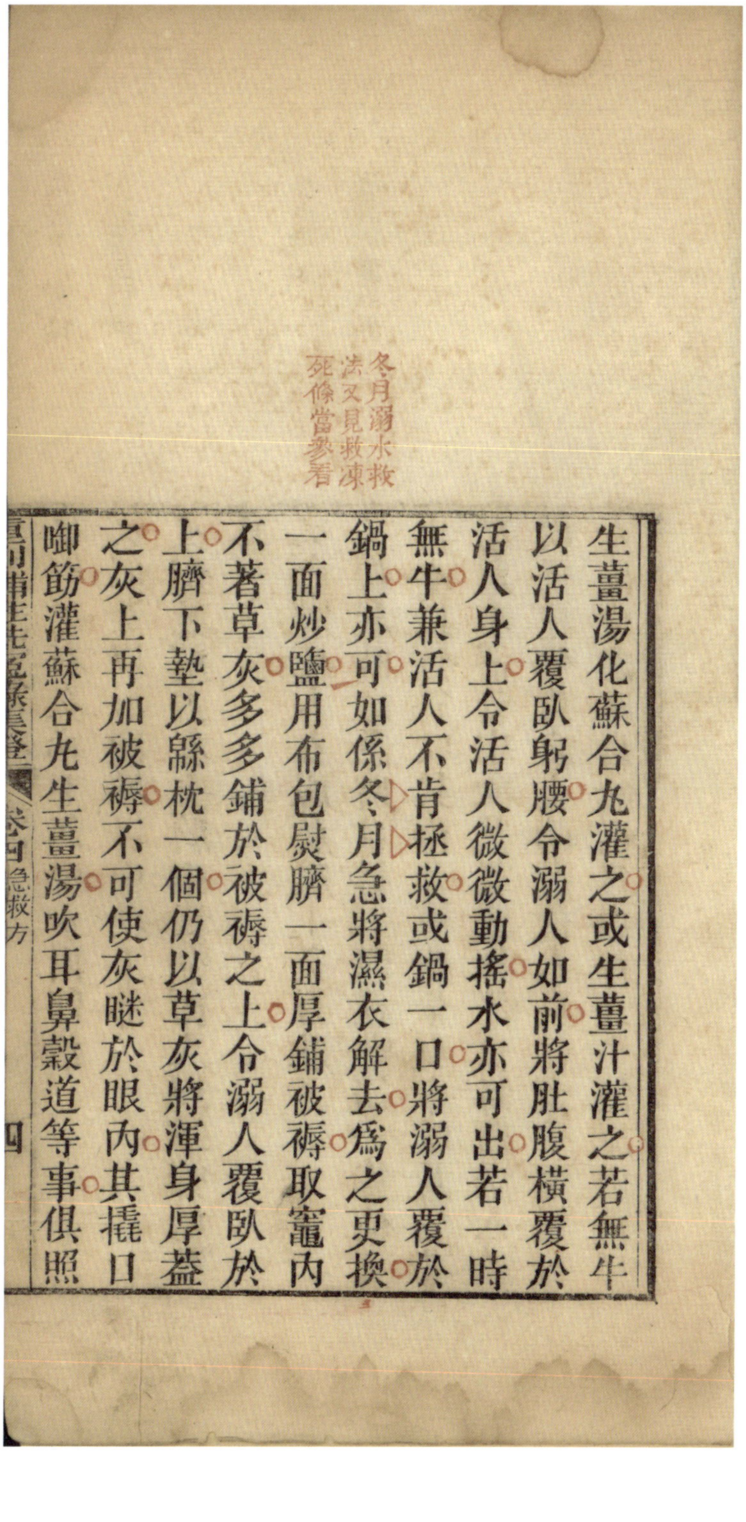
冬月溺水救法又見救凍死條當參看

生薑湯化蘇合丸灌之或生薑汁灌之若無牛以活人覆臥躬腰令溺人如前將肚腹横覆於活人身上令活人微微動搖水亦可出若一時無牛兼活人不肯拯救或鍋一口將溺人覆於鍋上亦可如係冬月急將濕衣解去爲之更換一面炒鹽用布包熨臍一面厚鋪被褥取竈內不著草灰多多鋪於被褥之上令溺人覆臥於上臍下墊以縣枕一個仍以草灰將渾身厚蓋之灰上再加被褥不可使灰瞇於眼內其撬口喞筋灌蘇合丸生薑湯吹耳鼻穀道等事俱照

重刊補注洗冤錄集證 卷四 急救方 四

《重刊补注洗冤集录》6卷，清道壬寅仲夏刻本，贵阳府署版本。

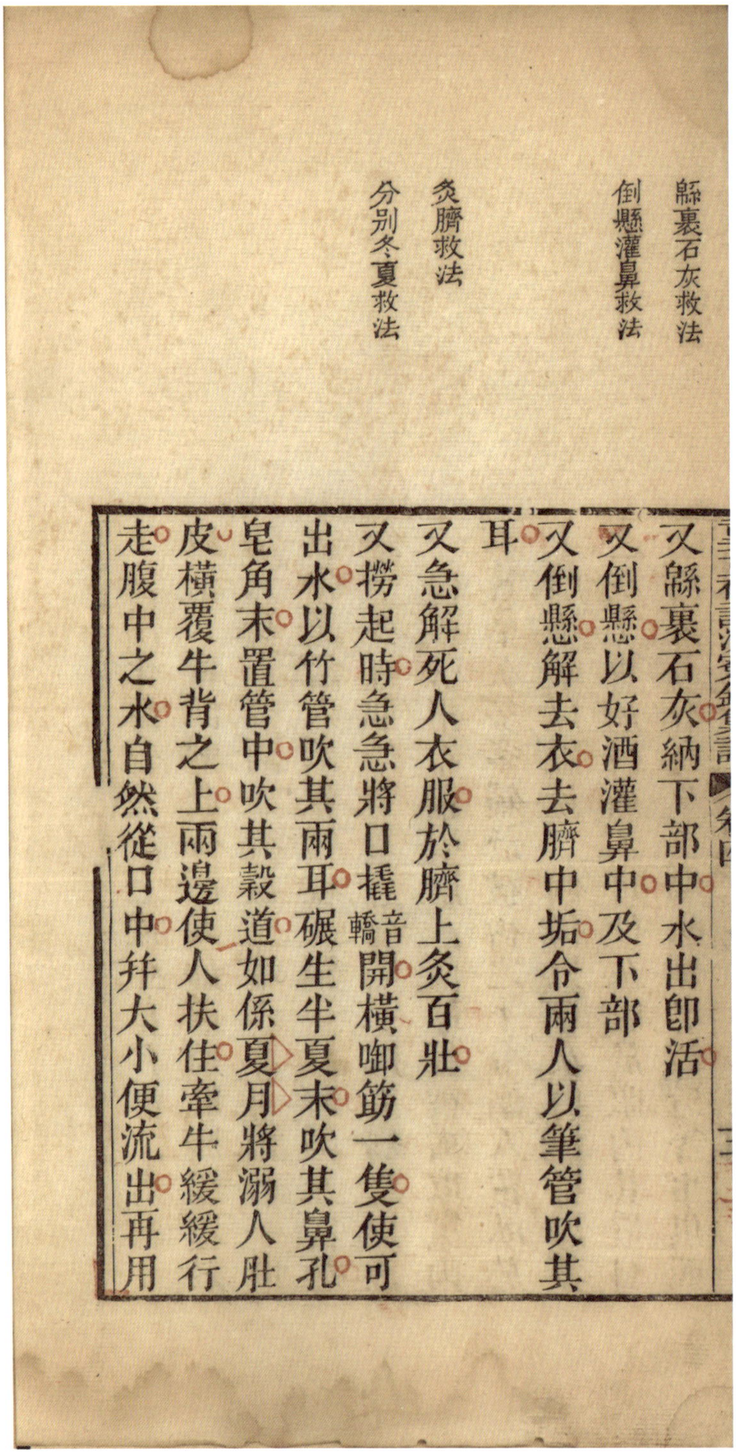

縊裏石灰救法
倒懸灌鼻救法
灸臍救法
分別冬夏救法

又縊裏石灰納下部中水出即活
又倒懸以好酒灌鼻中及下部
又倒懸解去衣去臍中垢令兩人以筆管吹其耳
又急解死人衣服於臍上灸百壯
又撈起時急急將口撬音轎開橫啣筯一隻使可出水以竹管吹其兩耳碾生半夏末吹其鼻孔皂角末置管中吹其穀道如係夏月將溺人肚皮橫覆牛背之上兩邊使人扶住牽牛緩緩行走腹中之水自然從口中幷大小便流出再用

檢骨圖格係乾隆三十五年新定

檢骨格

正犯

干證

鄰佑左右

屍親

房主

仵作

如法檢得髑髏骨一具問生年　歲

仰面

致命頂心骨

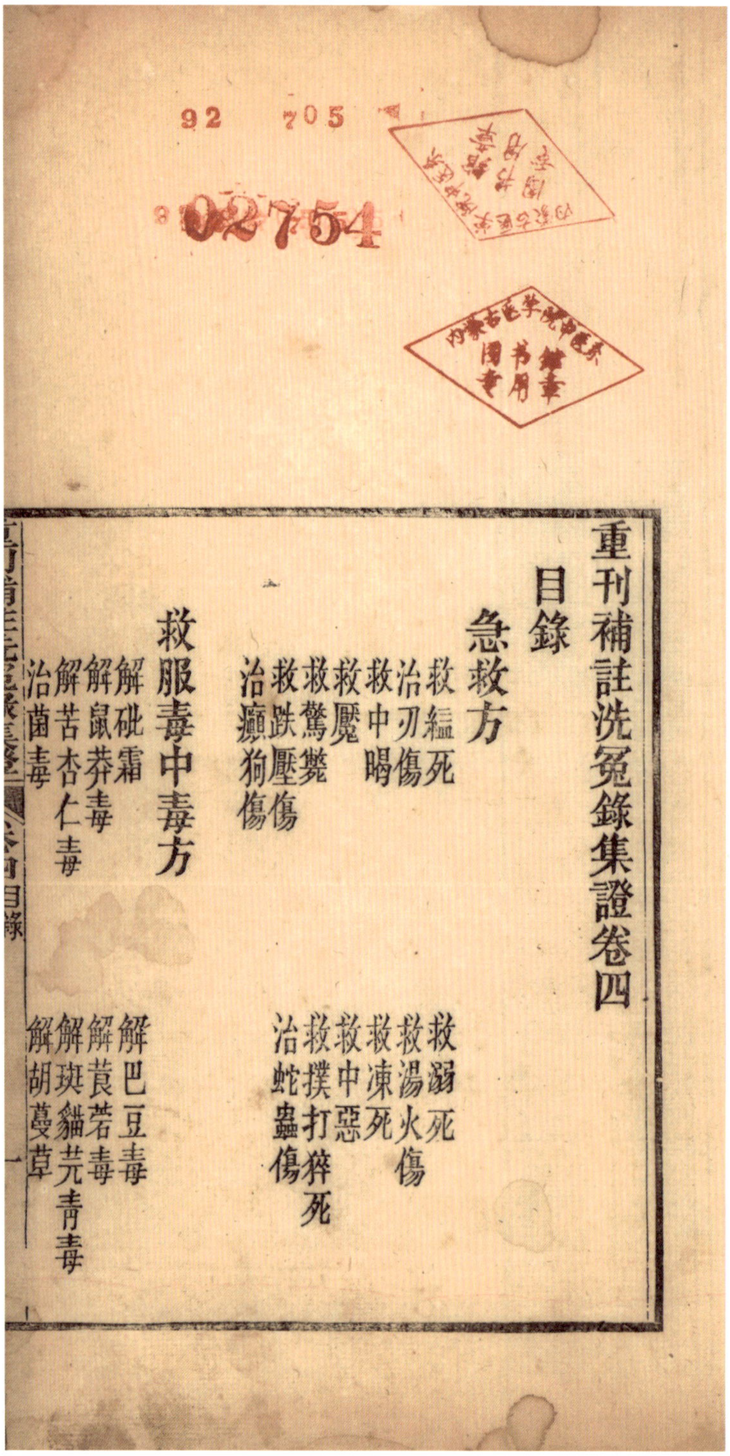

重刊補註洗冤錄集證卷四

目錄

急救方

救縊死　救溺死
治刃傷　救湯火傷
救中暍　救凍死
救魘　救中惡
救驚魘　救撲打猝死
救跌壓傷　治蛇蟲傷
治瘋狗傷

救服毒中毒方

解砒霜　解巴豆毒
解鼠莽毒　解莨菪毒
解苦杏仁毒　解斑貓芫青毒
治菌毒　解胡蔓草

重刊補註洗冤錄集證　卷四　目錄　一

《重刊补注洗冤集录》的渊源可追溯到南宋官员宋慈编纂的《洗冤集录》。《洗冤集录》最早刊于南宋淳祐丁未年（1247），该书问世后，后人在其基础上的增补考订之作不断，如宋元之际赵逸斋的《平冤录》（已佚）、元代王与的《无冤录》等。后代的编纂者大都任过地方官，他们将自己办案时瞻伤察创的验尸案例及经验增入宋慈原书，丰富了原书所归纳的尸伤检验方法。清朝入关后，沿袭明代刑律而加以损益，《洗冤集录》与《大清律例》《刑案则例》等同被官吏奉为验尸断案的金科玉律。康熙三十三年（1694），清朝律例馆组织人力修订《洗冤录》，参考古书数十种，并总结了宋慈以后各家的实践经验，颁布了钦定的《律例馆校正洗冤录》4卷，成为当时国家最重要的刑律。此后，仍不断有官员对其进行增补考订，出现了一系列以集说、集证、汇编、辨正、校正、补注、补遗为书名的补订续作。道光十七年（1837），时任广东禺山（今番禺）知县的张锡蕃将多位官员的辑补增订之作汇为一书，并用多色套印技术将各家批语辑入书中，刊版于禺山官舍，成为三色套印本《补注洗冤录》6卷。7年之后，继任知县文晟与广州知府刘开域重刊此书，并于卷末附刊姚德豫所注的《洗冤录解未定稿》及瞿中溶所撰的《洗冤录辨正》，刊成五色套印本《重刊补注洗冤录集证》5卷，附录2卷。故该书为清代官员补辑考订《洗冤录》的集大成之作。

宋慈（1186–1249），字惠父，南宋福建建阳人，法医学家。少受业于同邑吴稚门下，受朱熹的考亭学派影响很深。南宋宁宗嘉定十年（1217）进士，历任主簿、县令、通判兼摄郡事。嘉熙六年（1239），升提点广东刑狱，后又移任江西提点刑狱兼知赣州。淳佑年间，除直秘阁，提点湖南刑狱并兼大使行府参议官。宋慈居官清廉刚正，体恤民情，不畏权豪，决事果断。20余年官宦生涯中，大部分时间与刑狱方面有关。宋慈为使罪有应罚，绳之以法不致冤枉，曾提到：“狱事莫重于辟（即死刑）；大辟莫重于初情；初情莫重于检验。盖生死出入之权舆，幽枉屈伸之机括，于是乎诀……每念狱情之失，多起发端之差，定验之误”（《洗冤集录》序言），强调亲临现场勘验，批判那些“委之初官，付之右选……重以仵作之欺伪，吏胥之奸巧……遥望而弗亲，掩鼻而不屑者哉”（《洗冤集录·序》）的官员，对欺公徇私、贪赃枉法者，依法惩办。他常与仵作一道勘验，深入监狱了解囚犯，还向经验丰富的幕僚请教医学知识，帮助审理案件，体会到：“医师讨论古法、脉络、表里先已洞彻，一旦按此以施针砭，发无不中，则其洗冤泽物，当与起死回生同一功用矣！”（《洗冤集录·序》）总结了许多法医检验依据，“博采近世诸书，自《内恕录》以下凡家……会而粹之，厘而正之……增以己见”（《洗冤集录·序》），他还虚心请求“贤士大夫或有得于见闻，及亲历涉出于此集之外者，切望片纸赐录，以广未备”（《洗冤集录·序》）。《洗冤集录》被誉为世界上最早的法医学专著，是中国法医学的里程碑，宋慈被西方人称作“法医学之父”。

《重刊补注洗冤集录》全书共5卷，较《洗冤集录》目录有一些变动，卷一载检验总说、验伤、验尸、验骨、检骨、初检复检、滴血、验地等15条；卷二记载了多种各种原因引起的正常死亡，如殴伤、手足他物伤、踢伤致死、杀伤、自残、自缢、被殴打勒死、假自缢、溺水、溺井、焚死、汤泼死12种情况做了详细记载；卷三有疑难杂说、尸伤杂说、中毒死、服毒死、意外诸毒等记载；卷四记载急救方、救服毒中毒方、治虫毒方，辟秽方；卷五记载洗冤录补遗、洗冤录备考、检验杂说、检验杂说歌诀；后增内容有刑部题定检骨图格原奏、检骨图、检骨格、检骨应用物件、宝监编，最后附录《石香秘录》。

本书表现出刑律制度的完善，如卷一“检验总论”：事莫重于人命，罪莫大于死刑；杀人者抵法，固无恕，施刑失当，心则难安。故成招定狱，全凭尸伤检验为真，伤真招服，一死一抵，俾知法者畏法，民鲜过犯，保全生命必多。倘检验不真，死者之冤未雪，生者之冤又成，一命而杀两命，数命仇报相循，惨何底止？人命重狱，关系匪小。被伤之人，未死以前，全在官司据报，即时亲验，注明受伤在何要害之处，辨别轻重，立限保辜医治，冀其平复。即死后复验定，抵可免通身拆检之惨。至受伤已死人命，更须即日相验，尸未变动腐烂，伤之轻重分寸，易于执定填格，迟久尸溃肉化，恐防捏假溷真，此人命之第一关键也。

反映出法医检验方法和手段的进步，如卷五所收入的乾隆三十五年（1770）由刑部题定、律例馆刊版颁发的《检骨图格》，最集中地反映了清代刑官在验骨技术手段上的进步。《洗冤集录》卷三有“验骨”一门，介绍了人体骨骼的一些常识，但文字非常简略，且有错谬之处；而清代颁发的《检骨图格》，不但内容更丰富，而且还附有两幅“检骨骼图”（即人体骨架的示意图），每幅图详细标明人体各部位骨骼的名称，图上方注有“致命”“不致命”两种，可见，从南宋至清朝，法医验骨方法及手段都有了很大的进步。

从本书能看到清代学者对宋慈原书文字校勘考订的重视，如载武林王又槐庭氏增辑、山阴李观澜虚舟氏补辑、殳山孙光烈临川氏参阅、武林王又梧凤偕氏校订、元和张锡藩鹤生氏加丹。

国内流传的《洗冤集录》各种增补版本有：《明清所著洗冤录增补及注释十七种》十七种五十六卷、附录四种四卷；《洗冤集说》八卷，清代陈芳生撰（清康熙二十六年丁卯刻本）；《洗冤汇编》（又名《重订洗冤汇编》）一卷、附录一卷，清代郎廷栋撰、清代杨朝麟重订（清康熙四十九年甲辰笠㠩堂抄本）。本书版本清道壬寅仲夏刻本，贵阳府署版本，为 内蒙古医科大学图书馆馆藏。

参考文献

1. 南宋·宋慈著，高随捷，祝林森译. 洗冤集录译注[M]（中国古代科技名著译注丛书）. 上海：上海古籍出版社，2008 年.

2. 南宋·宋慈著，黄瑞亭，陈新山主编.《洗冤集录》今释[M]. 北京：军事医科出版社，2008 年.

3. 陈新山，黄瑞亭.《洗冤集录》的现代价值[J]. 中国法医学杂志，2009 年.

4. 吴有祥.《重刊补注洗冤录集证》与清代的刑律勘验制度[J]. 兰台世界，2008 年.

5. 可贺贺，赵鸿君. 基于对《洗冤集录》价值研究谈其对现代法医学的影响[J]. 辽宁中医药大学学报，2013 年.

6. 黄玉环，吴志刚.《洗冤集录》版本考[J]. 贵阳中医学院学报，2005 年.

7. 杨维，徐锐. 宋慈《洗冤集录》的成就与缺憾[J]. 长沙铁道学院学报，2007 年.

（李紫慕）

丹溪心法

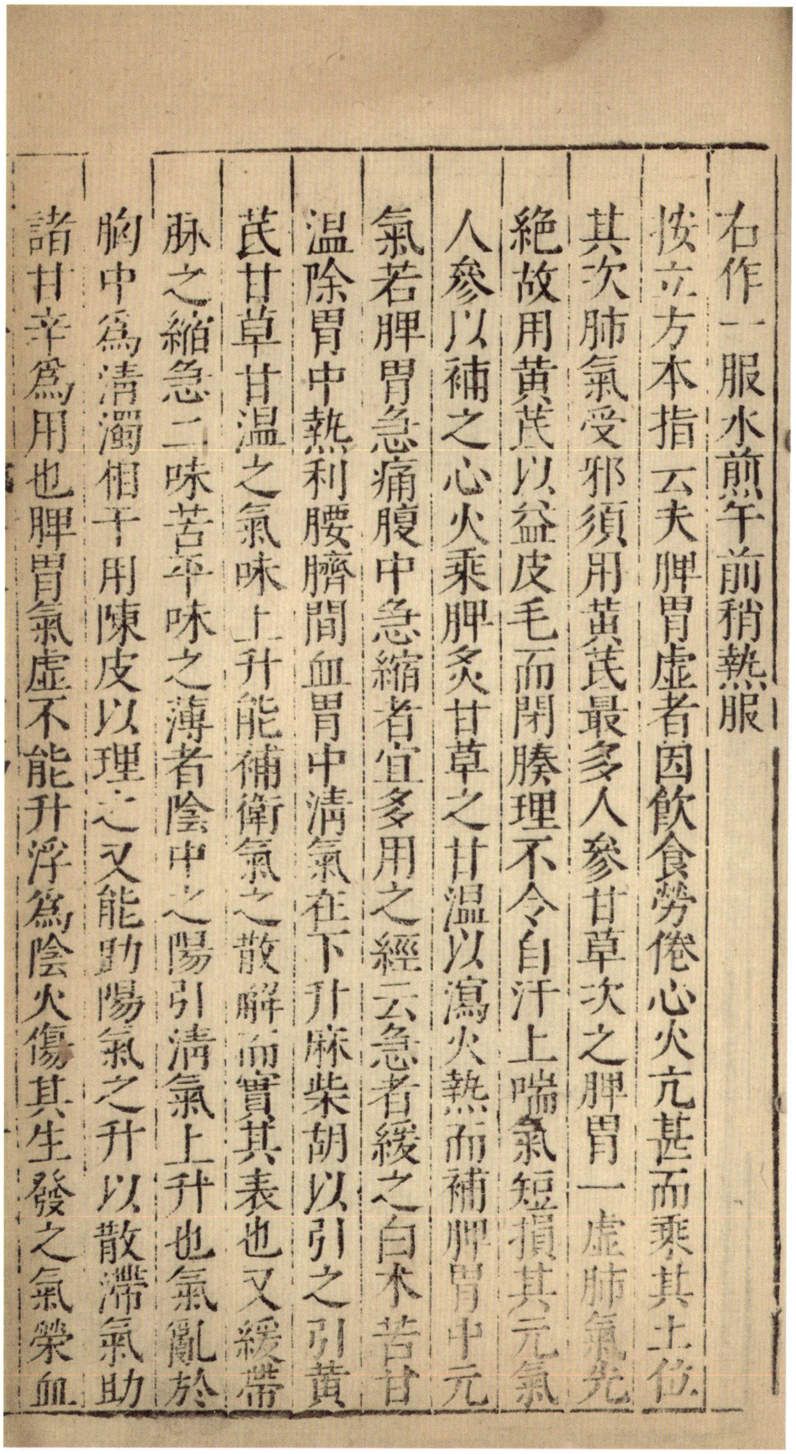
右作一服水煎午前稍熱服
按立方本指云夫脾胃虛者因飲食勞倦心火亢甚而乘其土位其次肺氣受邪須用黃芪最多人參甘草次之脾胃一虛肺氣先絕故用黃芪以益皮毛而閉腠理不令自汗上喘氣短損其元氣人參以補之心火乘脾炙甘草之甘溫以瀉火熱而補脾胃中元氣若脾胃急痛腹中急縮者宜多用之經云急者緩之白朮苦甘溫除胃中熱利腰臍間血胃中清氣在下升麻柴胡以引之引黃芪甘草甘溫之氣味上升能補衛氣之散解而實其表也又緩帶脈之縮急二味苦平味之薄者陰中之陽引清氣上升也氣亂於胸中爲清濁相干用陳皮以理之又能助陽氣之升以散滯氣助諸甘辛爲用也脾胃氣虛不能升浮爲陰火傷其生發之氣榮血

《丹溪心法》24 卷，清乾隆元年重刻本，世德堂梓行。

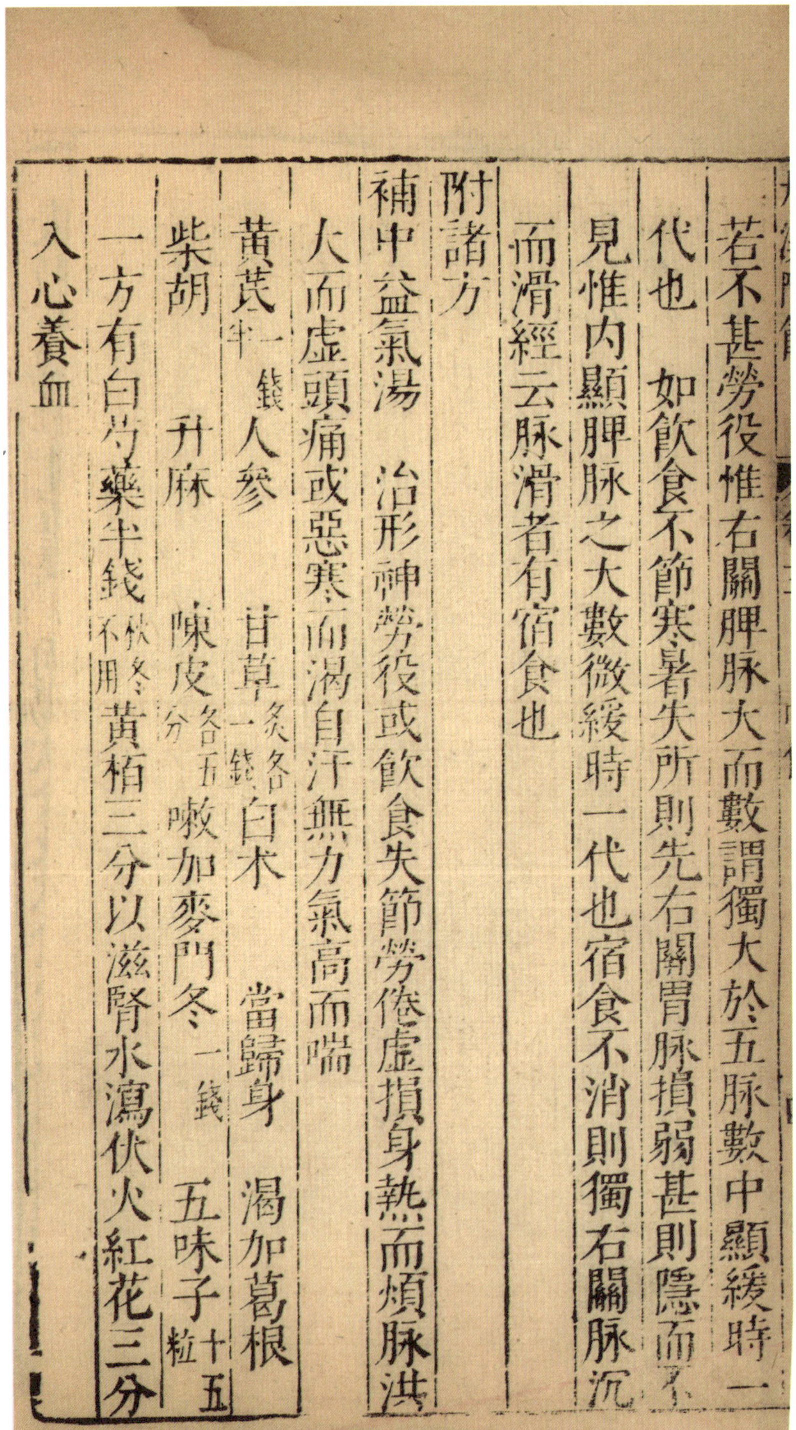

若不甚勞役惟右關脾脉大而數謂獨大於五脉數中顯緩時一代也　如飲食不節寒暑失所則先右關胃脉損弱甚則隱而不見惟内顯脾脉之大數微緩時一代也宿食不消則獨右關脉沉而滑經云脉滑者有宿食也

附諸方

補中益氣湯　治形神勞役或飲食失節勞倦虚損身熱而煩脉洪大而虚頭痛或惡寒而渴自汗無力氣高而喘

黄芪一錢半　人參　甘草炙各一錢　白术　當歸身　渴加葛根

柴胡　升麻　陳皮各五分　嗽加麥門冬一錢　五味子十五粒

一方有白芍藥半錢秋冬不用黄栢三分以滋腎水瀉伏火紅花三分入心養血

《丹溪心法》是一部研究内科杂病和朱氏学说的重要著作，明代程充称誉朱氏的学术经验为“集先贤之大成”，是中医滋阴派代表著作之一。

朱丹溪（1281–1358），名震亨，字彦修，世称“丹溪先生”或“丹溪翁”，为元代婺州义乌人。朱丹溪一生著作颇多，加之经其弟子门人整理而著名丹溪的医籍达20余种，《丹溪心法》即是由其门人整理而成。朱丹溪倡导滋阴学说，创立丹溪学派，对祖国医学贡献卓著，为“金元四大家”之一。

全书比较全面地反映了朱氏“阳常有余，阴常不足”的学术见解以及气、血、痰、郁诸病治疗方法。丹溪临床治疗虽重视滋阴，但不拘泥专方，治法也比较灵活机变。卷首有“十二经见证”“不治已病治未病”等6篇医论；全书分列各科病证，以内科杂病为主，兼及其他各科；论述病症，先引朱氏原论，次则记述朱氏门人戴元礼有关辨证等方面的论述，并介绍治疗方剂。其中各病症的附录部分，对于病名解释病因、症候、治疗等方面有相当深入的分析。该书末尾附《故丹溪先生朱公石表辞》《丹溪翁传》两篇。

书中提出从气血痰郁论治杂病的理论，以气血痰郁为纲，六气为目，分辨标本，审证求因。在《丹溪心法·六郁》中指出“气血冲和，万病不生，一有怫郁，诸病生焉。故人身诸病多生于郁”，可见丹溪治疗杂病常以治郁为主，重在调气。他所创的越鞠丸统治诸郁，至今还在临床中广泛应用。丹溪在杂病的诊治中还提出“痰之为物，随气升降，无处不到”的认识，指出痰是导致“咳嗽、呕利、眩晕、嘈杂、怔忡、惊悸、寒热肿痛、痞膈壅塞、或胸胁间漉漉有声，或背心一片常为冰冷、四肢麻木不仁”等诸多病证的原因，提出治痰以燥脾湿为治其本，“善治痰者，不治痰而治气，气行则痰化”等治疗原则，并针对痰的不同性质，病证的不同部位，酌加选择，如湿痰用苍术、白术，热痰用青黛、黄芩，风痰用南星，食积痰用神曲、麦芽、山楂，老痰用海浮石、半夏、瓜蒌、香附、五倍子等药。从上述可见，丹溪从气血痰郁的病理变化论治杂病，经验丰富，常为后人所取法。

该书问世后影响较大，当时流传《丹溪心法》一书有川、陕二本，多经时医增改。程充（明代医家，字用光，安徽休宁人）取震亨曾孙朱贤所藏旧本，参阅诸书，重加校正，厘为三卷，于明成化十七年（1481）刊刻。明嘉靖以后，程氏重订本还出现了五卷本。现有多种明、清刻本。1949年后有排印本。此外又有《丹溪心法附录》二十卷，共七种，包括《丹溪心法》《医学发明》《脉诀指掌》《金匮钩玄》《活法机要》及戴思恭《证治要诀》《证治要诀类方》合刊本。内蒙古医科大学图书馆藏本为乾隆元年世德堂梓行重刻本。

参考文献

1. 胡国臣等. 朱丹溪医学全书[M]. 北京：中国中医药出版社，2006年.

2. 李孝刚. 丹溪翁养阴别裁——从丹溪心法谈起[J]. 上海中医杂志，1983年.

3. 刘时觉.《丹溪心法》及朱氏相关著作考[J]. 中华医史杂志，1995年.

（张明锐）

东垣十书

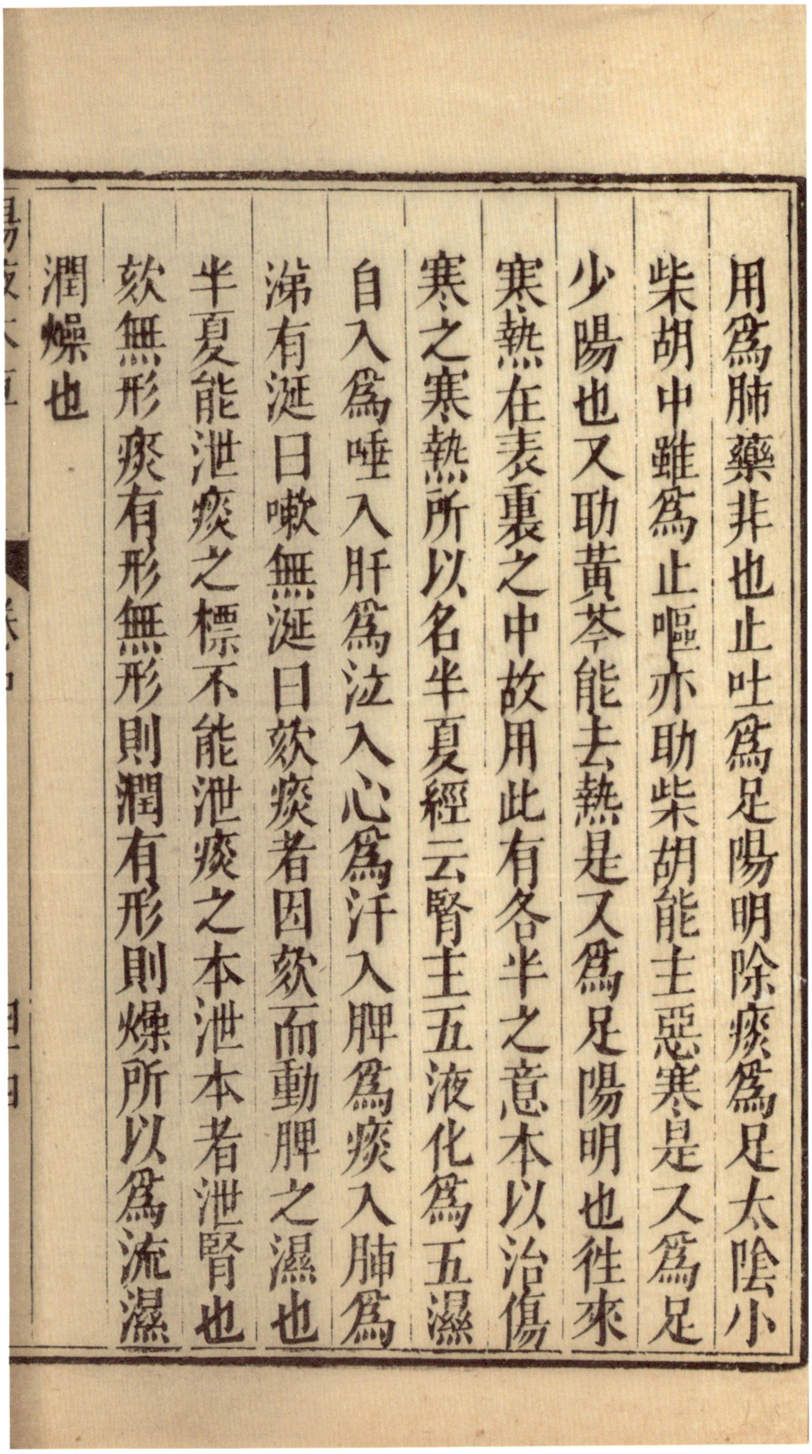
用爲肺藥非也止吐爲足陽明除痰爲足太陰小柴胡中雖爲止嘔亦助柴胡能主惡寒是又爲足少陽也又助黄芩能去熱是又爲足陽明也往來寒熱在表裏之中故用此有各半之意本以治傷寒之寒熱所以名半夏經云腎主五液化爲五濕自入爲唾入肝爲泣入心爲汗入脾爲痰入肺爲涕有涎曰嗽無涎曰欬痰者因欬而動脾之濕也半夏能泄痰之標不能泄痰之本泄本者泄腎也欬無形痰有形無形則潤有形則燥所以爲流濕潤燥也

《东垣十书》16 卷，清光绪刻本。

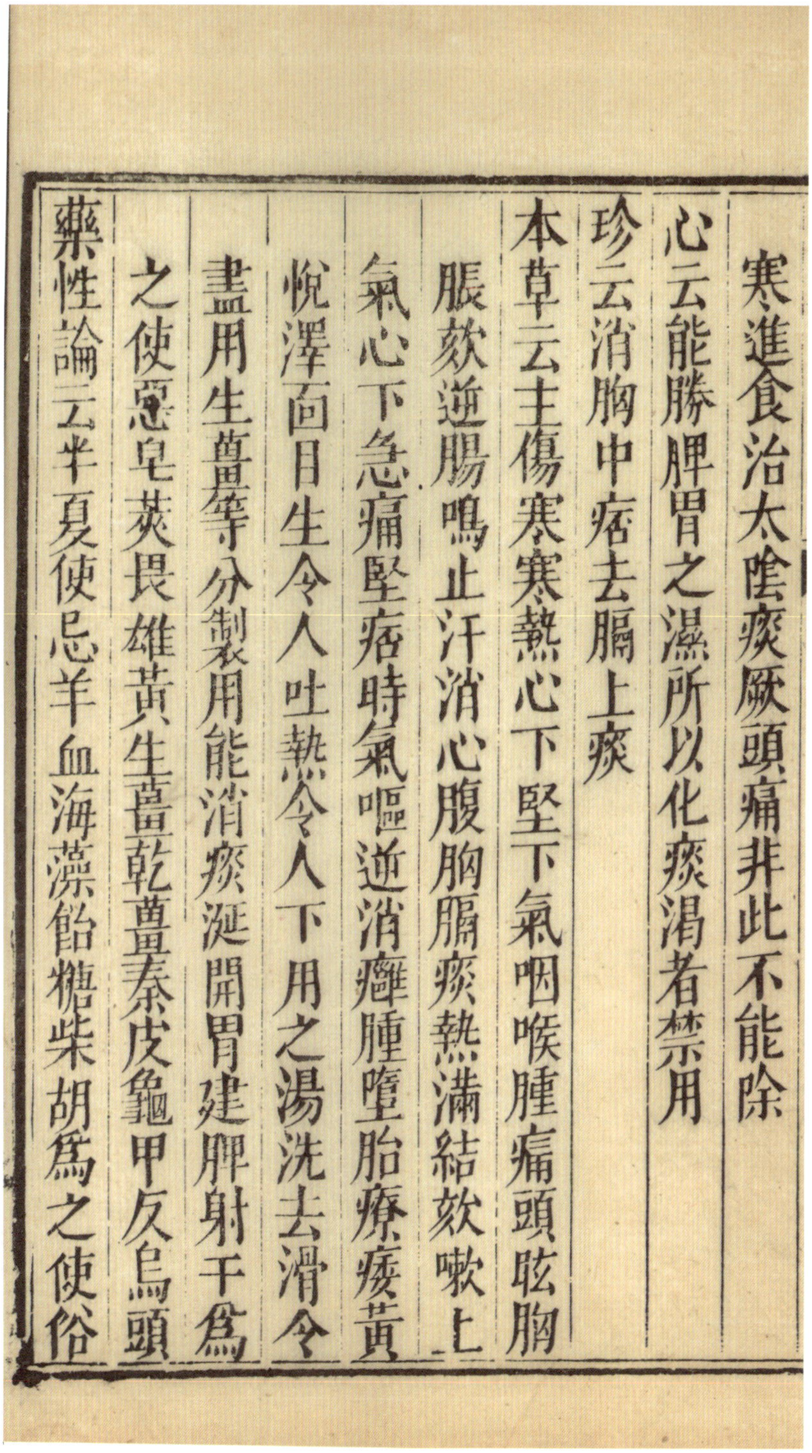
寒進食治太陰痰厥頭痛非此不能除
心云能勝脾胃之濕所以化痰渴者禁用
珍云消胸中痞去膈上痰
本草云主傷寒寒熱心下堅下氣咽喉腫痛頭眩胸
脹欬逆腸鳴止汗消心腹胸膈痰熱滿結欬嗽上
氣心下急痛堅痞時氣嘔逆消癰腫墮胎療痿黃
悅澤面目生令人吐熟令人下用之湯洗去滑令
盡用生薑等分製用能消痰涎開胃建脾射干為
之使惡皂莢畏雄黃生薑乾薑秦皮龜甲反烏頭
藥性論云半夏使忌羊血海藻飴糖柴胡為之使俗

《东垣十书》共收录宋、金、元医家著作10种，故题名为东垣十书，其中李杲所著三书是研究中医补土学派的重要著作。

李杲（1180–1251），字东垣，晚号东垣老人，金代真定（今河北正定）人，是中国医学史上“金元四大家”之一。李氏宗《内经》法，师仲景心，勤于临床，生平著述颇丰，《内外伤辨惑论》《脾胃论》《兰氏秘藏》和《用药法象》等均为其代表作，李氏开创内伤脾胃学说之先河，为补土学派的代表人物。

《东垣十书》中收录李杲3部著作。其中，《内外伤辨惑论》又名《内外伤辨》，成书于1274年，分上、中、下3卷，凡26论，是李氏晚年论定之作。上卷有辨阴证阳证、辨脉、辨寒热等13篇有关辨证要论，世称“内外伤十三辨”；卷中和卷下则结合具体方药论述以饮食劳倦为主的内科疾病的证治。全书重点阐述李氏对内伤病的独到见解和内外伤辨证要点及治疗大法、具体方药。对于饮食劳倦，虚人感冒，李氏提出主用补中益气汤，取补土生金、升清降浊、阴阳化生之法。此书反映了李氏从脾胃论病，补土敦脾的学术特点，是补土学派的重要著作之一。

《脾胃论》成书于1249年，全书分上、中、下3卷，有医论38篇，方论63篇。全书崇《内经》“土者，生万物而法天地”的宗旨，以“人以胃气为本”的思想为基础，着力阐发“内伤脾胃，百病由生”的病机理论，倡导培补脾土，潜降阴火的治疗理念，形成较为系统的脾胃内伤病的辨证论治理论体系。上卷详细阐述了脾胃的生理功能和病机特点，以及脾胃在发病学上的认识意义，论述各证治疗之法；中卷以专题阐发气运盛衰、饮食劳倦所伤始为热中等理论，并详述调中益气汤、补中益气汤等补脾胃虚损与其他脏腑、九窍的关系，及治疗湿热成痿、饮酒过伤等证诸方和有关治验。

《兰氏秘藏》成书于1276年，全书共3卷，计21门，载医论21篇，列方280余首，包括内、外、妇、儿、五官临床各科，是东垣学说的具体运用，具体体现了土为万物之母，“脾胃为生化之源”的宗旨。李氏认为多种病症的发生均与内伤脾胃有关，强调治疗应以脾胃为本。所列诸方，如补中益气汤、清暑益气汤、升阳益胃汤等，法度谨严，疗效彰著，均为后世常用的名方。该书对于后世研究东垣的学术思想与临床经验，具有较高的参考价值。

李东垣补土理论的核心是“内伤脾胃，百病由生”。他强调运用辨证论治的原则，虚者补之，实者泻之，不可犯虚虚实实之误，这使得李杲补土理论更加完善，并使得其弟子王好古、罗天益等人继承发展。李氏的理论对中医学术的发展，尤其是温补学派的形成影响很大。

《东垣十书》中的另外七书之一为宋代崔嘉彦撰《脉诀》一卷，称经李杲批注。其余六书，唯《汤液本草》三卷、《此事难知》二卷为元代王好古所撰，余出于李杲一门，为补土学派的重要著作。其余如元代朱震亨撰《格致余论》一卷，《局方发挥》一卷，元代王履撰《医经溯洄集》一卷，元代齐德之撰《外科精义》两卷的著述则与李氏之学渊源有别。因此《四库全书总目》提要说是“虽其名为东垣之书，实则无所取。盖书肆刊本，取盈卷帙，不计其名实乖舛耳”。

此书现存最早版本为嘉靖八年（1529）辽藩朱宠襄梅南书屋刻本，此书影响很大，其后又有多家刊刻，今存有明嘉靖十七年（1589）詹氏进贤书堂刻本、明万历十一年（1583）周曰教刻本、明书林杨懋卿刻本、明吴门书林德馨堂刻本等。另有明敦化堂刻本、明隆庆二年（1568）曹灼刻本等又在原有的十种医书后增附了元代王好古撰著的《医垒元戎》《瘢论萃英》二种。内蒙古医科大学图书馆藏本为清光绪刻本，2函，16册。

参考文献

1. 丁光迪等. 东垣医集[M]. 北京：人民卫生出版社，1993年.

2. 吴勉学. 东垣十种医书[M]. 北京：五洲出版社，2010年.

3. 李一鸣.《内外伤辨惑论》导读[J]. 中医文献杂志，2008年.

4. 丁刚. 东垣制方用药特点研究概况[J]. 湖南中医杂志，2008年.

（张明锐）

儒门事亲

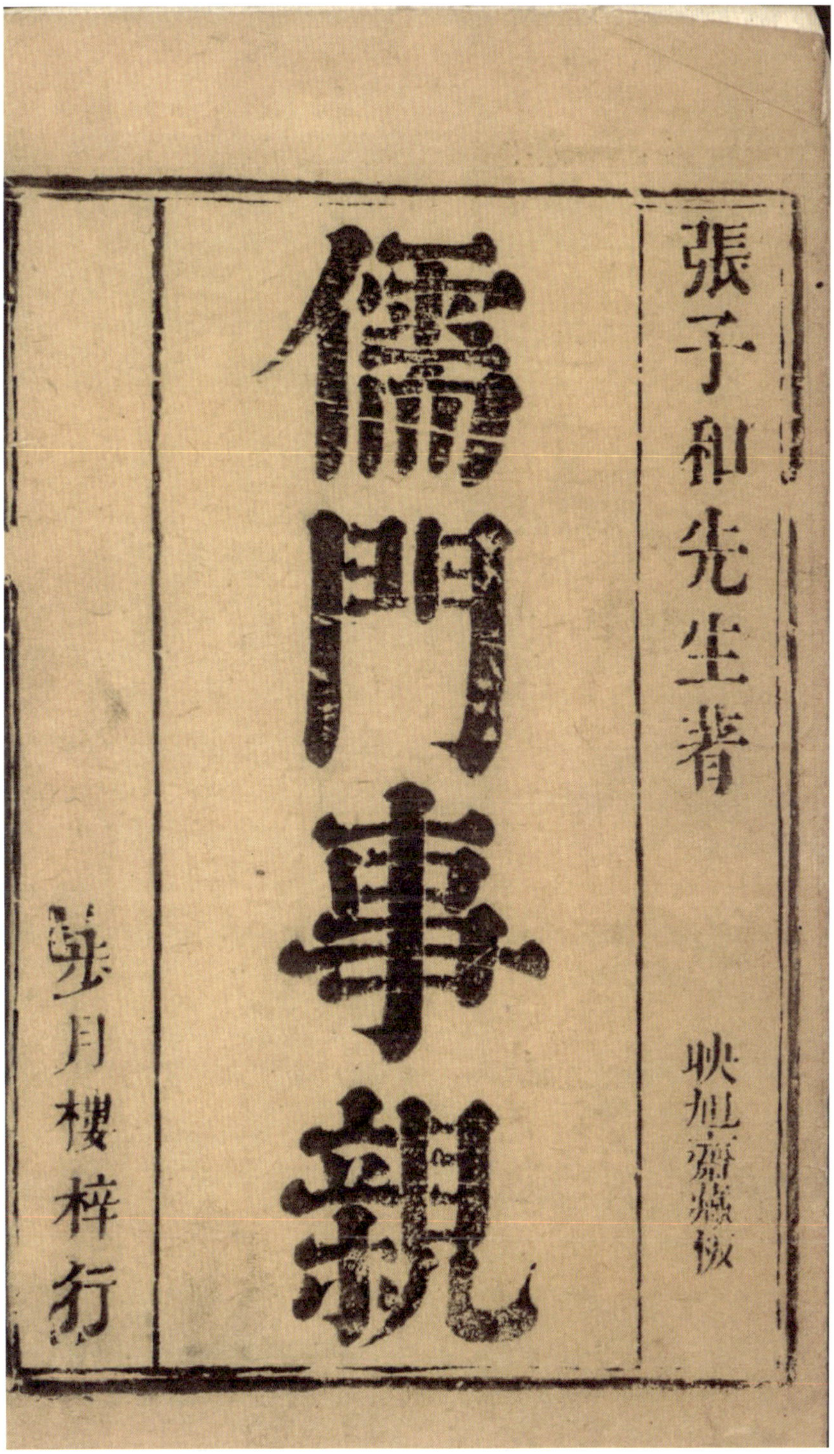

張子和先生著

儒門事親

映旭齋藏板

步月樓梓行

《儒门事亲》15 卷，清乾隆步月楼梓行的金陵映旭斋藏版刻本。

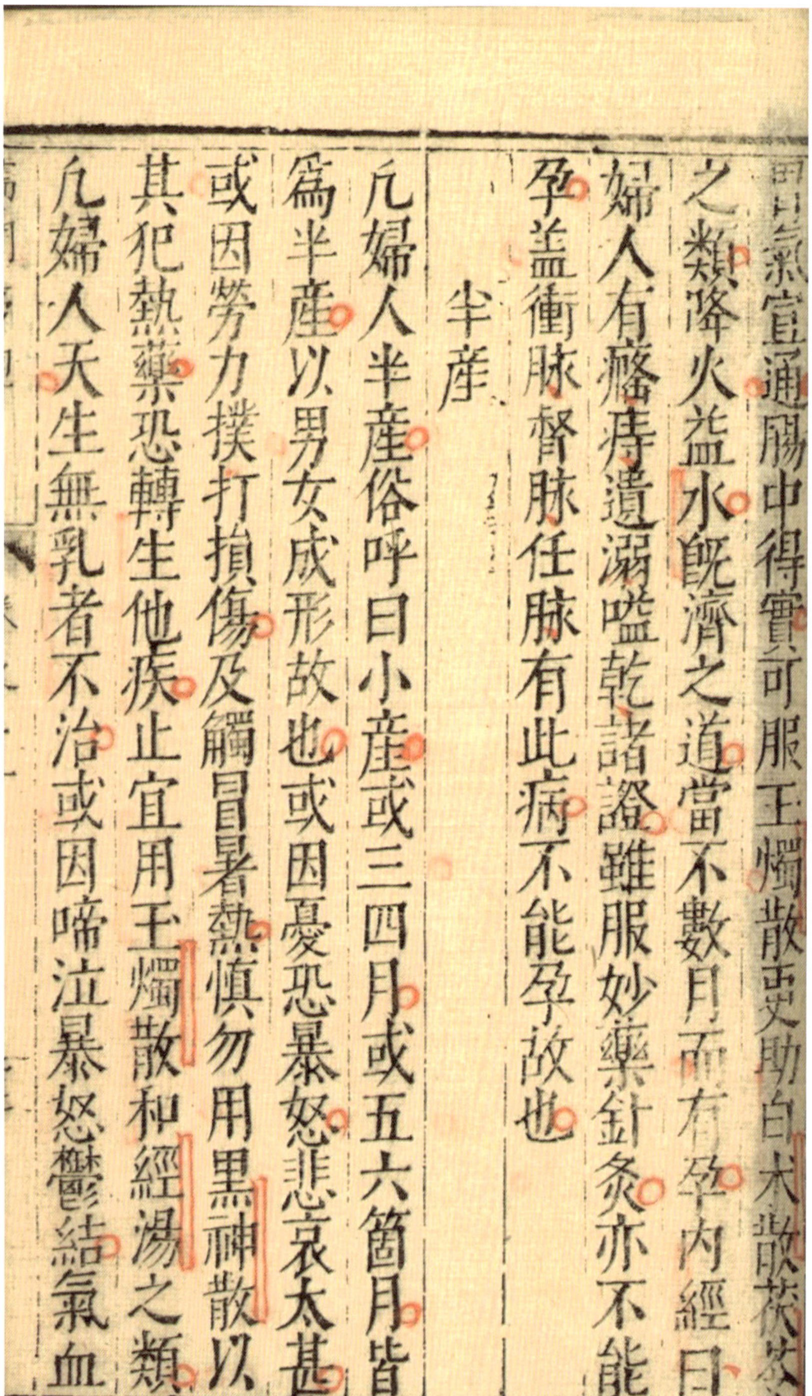

時氣宜通腸中得實可服玉燭散更助白术散茯苓之類降火益水既濟之道當不數月而有孕內經曰婦人有癃痔遺溺嗌乾諸證雖服妙藥針灸亦不能孕蓋衝脉督脉任脉有此病不能孕故也

半產

凡婦人半產俗呼曰小產或三四月或五六箇月皆爲半產以男女成形故也或因憂恐暴怒悲哀太甚或因勞力撲打損傷及觸冒暑熱愼勿用黑神散以其犯熱藥恐轉生他疾止宜用玉燭散和經湯之類

凡婦人天生無乳者不治或因啼泣暴怒鬱結氣血

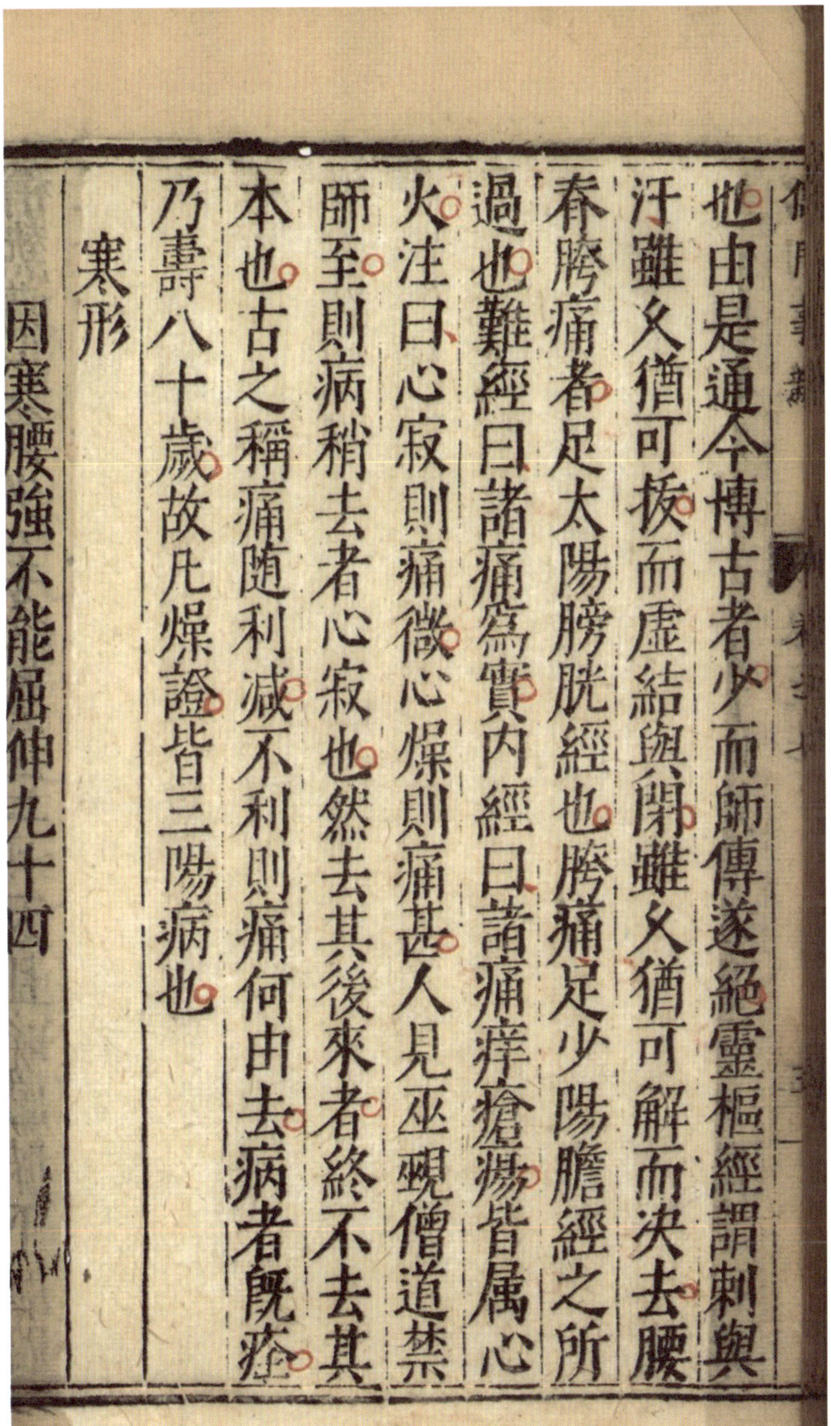

儒門事親　卷之七

也由是通今博古者少而師傳遂絕靈樞經謂刺與汗雖久猶可拔而虛結與閉雖久猶可解而决去腰脊胯痛者足太陽膀胱經也胯痛足少陽膽經之所過也難經曰諸痛爲實內經曰諸痛痒瘡瘍皆屬心火注曰心寂則痛微心燥則痛甚人見巫覡僧道禁師至則病稍去者心寂也然去其後來者終不去其本也古之稱痛隨利減不利則痛何由去病者旣痊乃壽八十歲故凡燥證皆三陽病也

寒形

因寒腰強不能屈伸九十四

《儒门事亲》是金元医学的代表作之一。该书阐发金人张从正的攻邪思想，在中医学术流派发展史上特色鲜明，独树一帜。

张从正（1156–1228），字子和，号戴人，睢州（今河南兰考）人。是中国医学史上一位风格独特、超凡脱俗的杰出人物，金元四大家之一，开创“攻邪学派”，著有《儒门事亲》《心境别集》等。其青壮时从戎，金宣宗兴定年间被召到京都太医院御医。久历朝戈暮戟，疫病流行之乱世，厌倦迎送长吏、马前唱喏之御医之态，辞归乡里，与弟子麻知几、常仲明等人，博览古今医著，研讨医学理论，“讲明奥义，辨析玄理”，悬壶应诊，为人治病。数年间名震中原，“以医闻于世”。晚年，乃隐居民间，崇尚“一张琴，一壶酒，一溪雪，五株柳”的淡雅生活。

《儒门事亲》成书于1228年。该书通行为十五卷本，以张氏《儒门事亲》三卷为基础，加上《治病百法》《十形三疗》等9种著作组成。具体包括：“事亲”本书、《治病百法》《十形三疗》《杂记九门》《撮要图》《百发心要》《三法六门》《三消论》（刘完素）、《扁鹊华佗察声色定生死诀要》《世传神效方》等内容。秉承张氏“唯儒者能明其理，而事亲者当知医”之思想，故命名为《儒门事亲》。全书由各篇专论汇编而成，采用说、辨、记、解、诫、笺、诠、式、断、论、疏、述、衍、诀等体裁，记载内、外、妇、儿各科医案139则。该书最具特色之处是以六邪归纳诸病之因，以风、寒、暑、湿、燥、火、内伤、内积、外积等为纲，以汗、吐、下为治，辨治独特，方药简便，疗效显著，此即为该书创立的“攻邪论”的主要思想。在具体应用汗、吐、下三法时，张氏从治法范围、适应症、禁忌症等方面作了系统的阐述，较前人认识有了较大的发展。同时书中对应用补法有独到的见解，认为邪去后才可言补，重在以五谷、五菜、五果、五畜充养之，并批评世风好补之偏。

此书传世版本有：蒙古中统三年（1262）刻本，明嘉靖二十年（1541）邵辅刊刻的十四卷本，明万历间吴勉学刻王肯堂编《古今医统正脉全书》丛书本，朝鲜人金礼蒙《医方类聚》丛书本，清《四库全书》本。内蒙古医科大学图书馆所藏版本为清代乾隆步月楼梓行的金陵映旭斋藏版刻本，共3册，15卷，在清代流传较广，刻板精良，具有重要的校勘和研究价值。

参考文献

1. 邓铁涛等. 子和医集[M]. 北京：人民卫生出版社，1994年.

2. 萧国纲.《儒门事亲》研究[M]. 北京：中医古籍出版社，1998年.

3. 任渭丽等.《儒门事亲》学术思想概说[J]. 现代中医药，1992年.

4. 焦振廉等.《儒门事亲》版本源流述略[J]. 陕西中医学院学报，2008年.

（张明锐）

名医类案

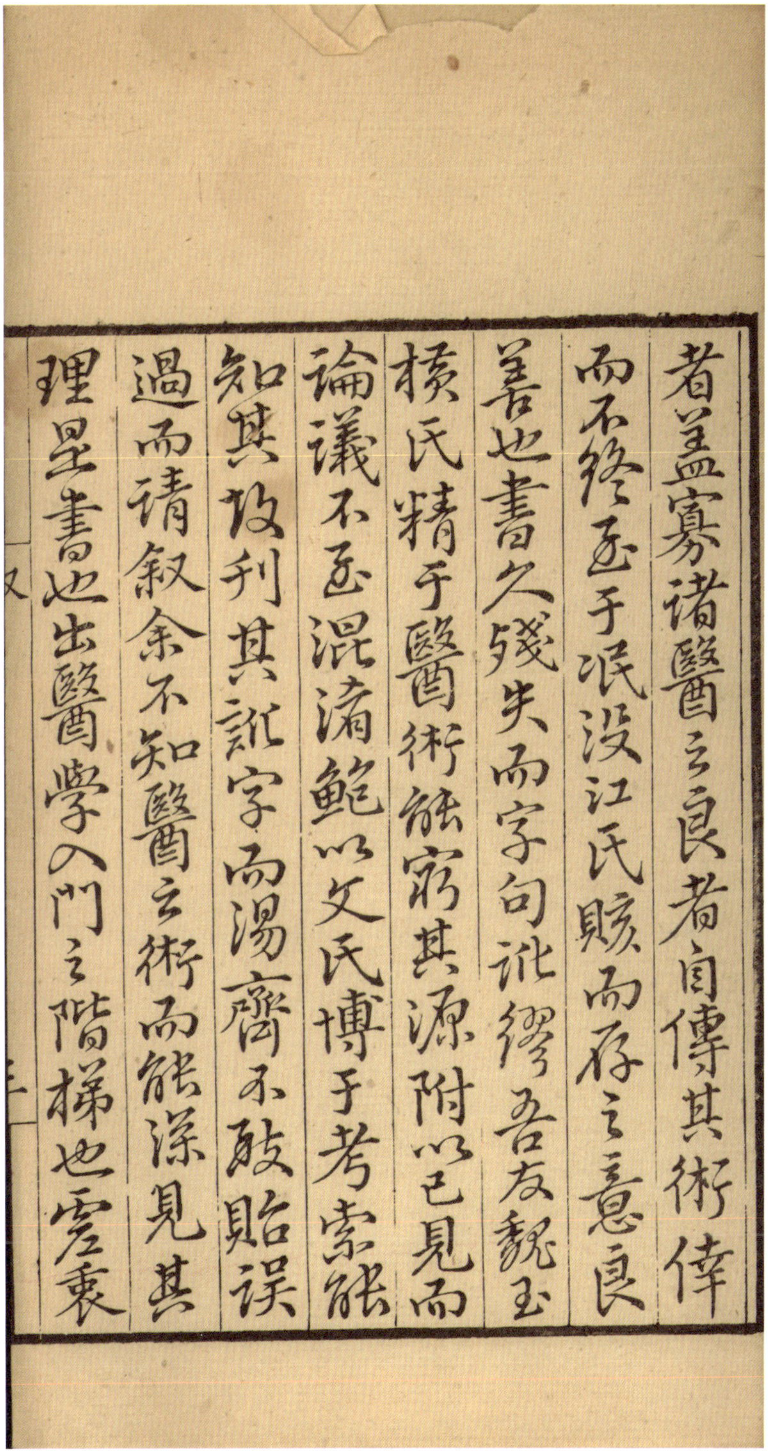
者蓋寡諸醫之良者自傳其術倖
而不終至于泯沒江氏賅而存之意良
善也書久殘失而字句訛繆吾友魏玉
橫氏精于醫術能窮其源附以己見而
論議不至混淆鮑以文氏博于考索能
知其故刊其訛字而湯齋不敢貽誤
過而請敘余不知醫之術而能深見其
理是書也出醫學入門之階梯也雲衷

《名医类案》12 卷，清同治辛未年藏修堂重刻知不足斋刻本。

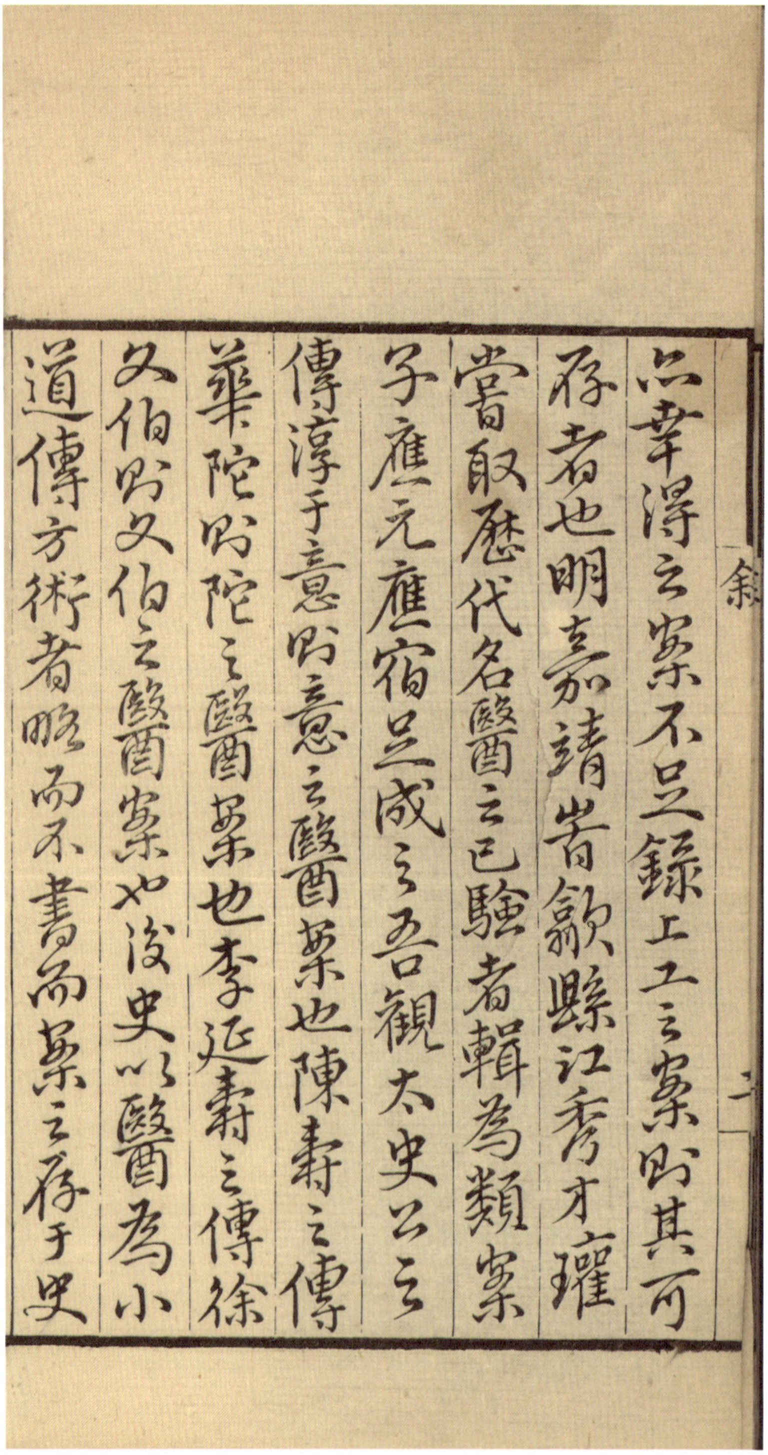

以幸得之案不足錄上工之案以其可存者也明嘉靖旹歙縣江秀才瓘嘗取歷代名醫之已驗者輯爲類案子應元應宿足成之吾觀太史公之傳淳于意以意之醫案也陳壽之傳華陀以陀之醫案也李延壽之傳徐文伯以文伯之醫案也彼史以醫爲小道傳方術者略而不書而案之存于史

敘 二

《名医类案》为明代著名医家江瓘编纂，草成于明嘉靖三十七年（1549），书未成刊，江瓘去世，其子应元、应宿编次补遗，首刊于明万历十九年（1591），是我国第一部类编医案专著。

江瓘（1503–1665），字民莹，歙（今属安徽歙县）人，明代名医。江氏对历代名医医案进行广泛搜集，上自《史记·扁鹊仓公列传》，下至明代有关文献，靡不详加搜罗，精心遴选，历时20载，撰成《名医类案》。该书对开阔后学临诊思路、提高医术、解决疑难疾病等，具有重要的参考价值。

医案又称诊籍、脉案，是医生临诊病人辨证施治的记录。《名医类案》全书12卷，分205门，辑录明代以前历代名医临床经验案2405则。其所集医案，时间跨度2000余年，凡经、史、子、集所载名家验例，以及江氏家传方治和医案均类编收载其中。所载病案，主诉翔实，姓名、年龄、体质、症状、辨证诊断、遣方用药等项具备。编纂过程中不但保持历代医案资料原貌，部分典型病案还附有江氏按语。卷一主要为伤寒、瘟疫病医案；卷二至六为内伤杂病医案；卷七为五官皮肤病医案；卷八为肛肠、血证医案；卷九至十为外科疮疡病医案；卷十一为妇科医案；卷十二为小儿科医案。每案所录，或详于脉，或详于证，或详于因，或详于治，所叙病因病机清晰，诊断要点明确，辨证遣方思路明晰，是对明代以前中医医案的全面整理，系统选编。在《名医类案》中记载有相当数量的失治、误治医案，部分医案还记有治疗中失误的过程，对于后学都是弥足珍贵的临证参考资料。

鉴于江氏《名医类案》所选资料尚有缺漏，以后新见医案迭出，清代临床医家魏之琇又潜心编著《续名医类案》36卷。《续名医类案》成书于乾隆三十五年（1770），是书“杂取近代医书及史传、地志、文集说部之类，分门排纂”，全书分345门，内、外、妇、儿、五官等科病症兼备，分类条理清楚，选案广泛，尤以急性传染病治案所占篇幅较多。此书补充并接续了明代《名医类案》，二书合璧，对于深入研究历代名家临证经验、剖析临床诊治得失、提高临床诊治水平，有着重要的价值。

《名医类案》现存主要版本约有20余种，最早版本为明万历十九年（1591）江应宿序刻本，藏中国中医科学院图书馆。除明清两代刻本之外，尚有多种日本刊刻本及与《续名医类案》的合刻合印本及清乾隆三十五年（1770）新安鲍氏知不足斋丛书本等。《续名医类案》为清同治二年（1863）上海著易堂刻本，今藏国家图书馆。内蒙古医科大学图书馆藏本即清代同治辛未年藏修堂重刻知不足斋刻本。

参考文献

1. 潘桂娟. 名医类案[M]. 北京：中国中医药出版社，1996年.

2. 鲁兆麟. 二续名医类案[M]. 沈阳，辽宁科学技术出版社，1996年.

3. 刘慧玲.《名医类案》医案数及其来源分析[J]. 安徽中医学院学报，1993年.

4. 苏礼.《名医类案》导读[J]. 中国文献杂志，2005年.

5. 甄雪艳.《续名医类案》述要[J]. 北京中医药，2010年.

6. 刘媛等. 从《名医类案》看古代病人心理特点[J]. 江苏中医药，2011年.

（张明锐）

生生子医案

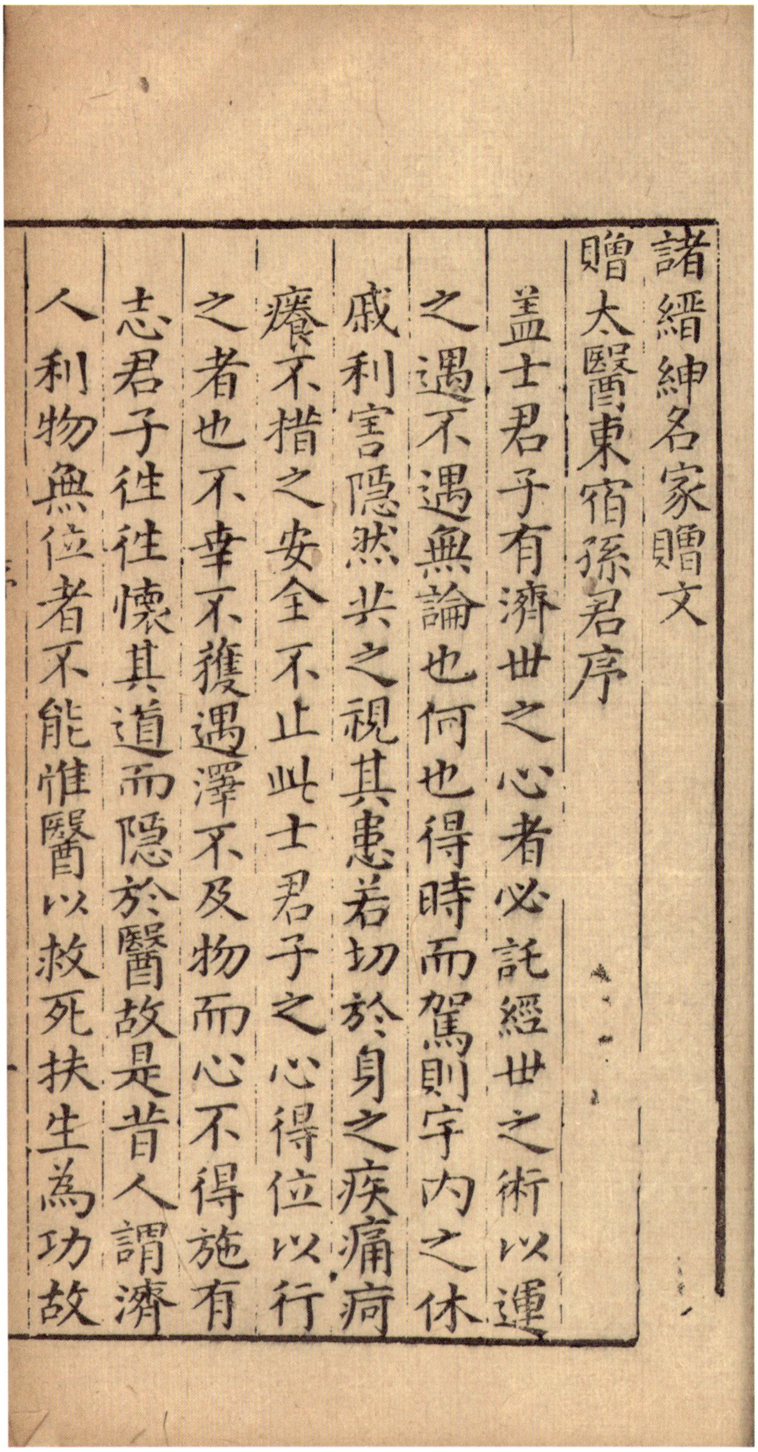
諸縉紳名家贈文
贈太醫東宿孫君序
盖士君子有濟世之心者必託經世之術以運之遇不遇無論也何也得時而駕則宇內之休戚利害隱然共之視其患若切於身之疾痛痾癢不措之安全不止此士君子之心得位以行之者也不幸不獲遇澤不及物而心不得施有志君子往往懷其道而隱於醫故是昔人謂濟人利物無位者不能惟醫以救死扶生為功故

《生生子医案》5 卷，清东佛镇天宝楼刻本。

《生生子医案》是明代著名温补派医家和新安医学代表孙一奎的一部著名临床医案著作，成书于明万历元年（1573）。

孙一奎（1522–1619），字文垣，号东宿，别号生生子，安徽休宁县人，为汪石山的再传弟子。孙氏自幼聪颖，好学勤求，为寻师访友，曾远历湘、赣、江、浙等地，广询博采，访问名贤，探冥搜奇，经三十余年，不但为人治病多验，而且在学术理论上颇有建树，尤其对命门、三焦等理论研究，均有个人见地。为人决死生多能效验，临证投剂屡起沉疴，学验俱丰，故名噪当时，当时有称“新都之巨阀穷檐、三吴之显贵隐约、靡不饮其汤液而称有喜”的孙先生。著述有《赤水玄珠》《医旨绪余》《孙氏医案》。

《生生子医案》5卷，又名《孙氏医案》《孙文垣医案》《赤水玄珠医案》，系由门人余煌、徐景奇，及其子泰来、朋来将孙氏治验按临证所在地区不同汇编而成。《孙东宿医案》以行医地名命集，以诊治时间为序，计《三吴治验》2卷，《新都治验》2卷，《宜兴治验》1卷，总共收载398案。其中《三吴治验》58案为第一卷，病案涉及内科（头部五官、脾胃、肠、肺、腹部、胸胁等）、外科、妇产科、温病时疫等。《三吴治验》96案为第二卷，囊括黄疸、痰证、伤寒、咳嗽、泄泻、腹痛、胃脘痛、呕吐、头痛、便秘、遗尿、胁痛、心痛、淋证、产后病、痛经、妊娠病、腰痛、喉痹、酒毒、伤寒、瘟疫、疟疾、肠痈、脏毒、血证等。《新都治验》89案为第三卷，除常见病外，不乏疑难杂症，如小儿慢惊、伤寒热证漏底、子悬、丈便痈、蛊胀、酒疸、血痢、妊娠出血等。《新都治验》114案为第四卷，包括内、外、妇、儿、五官等各科，临床疾病广泛。第五卷《宜兴治验》，41案，有喉管中梗、饮食不下的喉痹证，肠风下血致右胁肋痛、疝气致两胯结核、痿症、发热不止、触怒晕厥、中风、痢疾、癥瘕而致不孕证等。

从书中可以看出，孙氏不仅临床上有丰富的经验，而且理论上亦有建树。其以太极阴阳之理，阐发人体的脏腑、经络、气血等功能，尤其对命门、三焦提出个人见解。孙氏认为命门为人身动气，三焦无形而主相火，肝肾命门无相火，故反对滥用滋阴降火之法，十分重视正气的补养，形成了温补用药的治疗特点。孙一奎在理论上“镜莹于中”，实践上“投剂辄效”，其医术已有非常的造诣，为人决断死生多能应验。孙氏临证投剂常常使顽固的疾病治愈，且案中多夹作者的议论，阐发证治，丰富医案的治疗论据。

孙氏在用药上的功夫更别具特色，如以柴胡解表喜伍紫苏，用柴胡平肝火必用黄连，去中焦痰火擅用黄连与枳实；治肝木侮脾胃之胃痛或腹痛，必取白芍与甘草为君，但喜取生熟各半，其认为生芍伐肝，熟芍补脾，生甘草缓肝，熟甘草养脾；治胃及腹痛，生熟白芍、生熟甘草，稍佐栀子与山楂、木香、五灵脂与姜、桂等，属偏寒者非常有效，即使非寒时去姜、桂而加黄连，亦效若桴鼓。他治虚寒胃疼出现冷汗如雨者，用小建中汤加醋制罂粟壳更具巧思。治疗妇人催产，他用益元散，以苏叶煎汤作药引，意取紫苏安胎，滑石利窍，此催产方法，为孙氏意裁而定，并未见它书所载。

《生生子医案》论病详确，临证精思，论证有独见，治病有特色，文笔流畅，语言通俗。本书较全面地反映孙氏诊治特色及临床经验，足堪后人师法，且对发掘整理研究中医药学及指导临床作出了一定的贡献。

《生生子医案》版本众多，如明万历十二年甲申刻本、古歙黄鼎明万历二十四年丙申刻本、清汲古阁刻本、清东佛镇天宝楼刻本、日本明历三年风月堂庄左卫门刊本等，本版本为清东佛镇天宝楼刻本，为内蒙古医科大学图书馆藏。

参考文献

1. 许霞，张玉才校注. 孙文垣医案[M]. 北京：中国中医药出版社，2009年.

2. 周琦，吴少祯校注. 赤水玄珠[M]. 北京：中国中医药出版社，2011年.

3. 韩学杰. 孙一奎医学全书[M]. 北京：中国中医药出版社，1999年.

4. 王键主编. 新安医家孙一奎学术思想述评–安徽中医药继承与创新博士科技论坛论文集[M]. 合肥：安徽大学出版社，2008年.

5. 鲁兆麟. 孙文垣医案赏析[J]. 北京中医，1988年.

6. 吕中. 读孙一奎医案札记[J]. 中医杂志，1995年.

（李紫慕）

太素脉诀

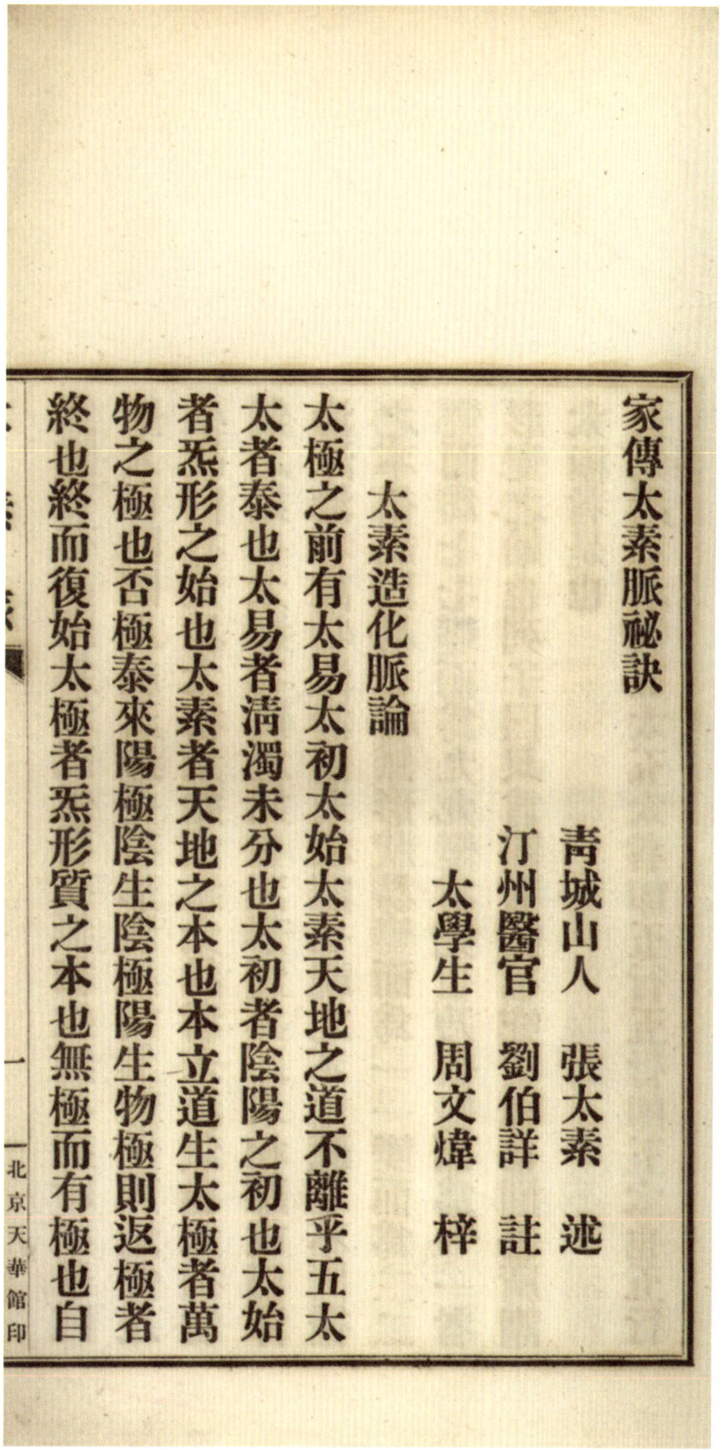
家傳太素脈祕訣

青城山人　張太素　述

汀州醫官　劉伯詳　註

太學生　周文煒　梓

太素造化脈論

太極之前有太易太初太始太素天地之道不離乎五太太者泰也太易者清濁未分也太初者陰陽之初也太始者烝形之始也太素者天地之本也本立道生太極者萬物之極也否極泰來陽極陰生陰極陽生物極則返極者終也終而復始太極者烝形質之本也無極而有極也自

一　北京天華館印

《太素脉诀》2 卷，清同治戊辰年仲秋月刻本。

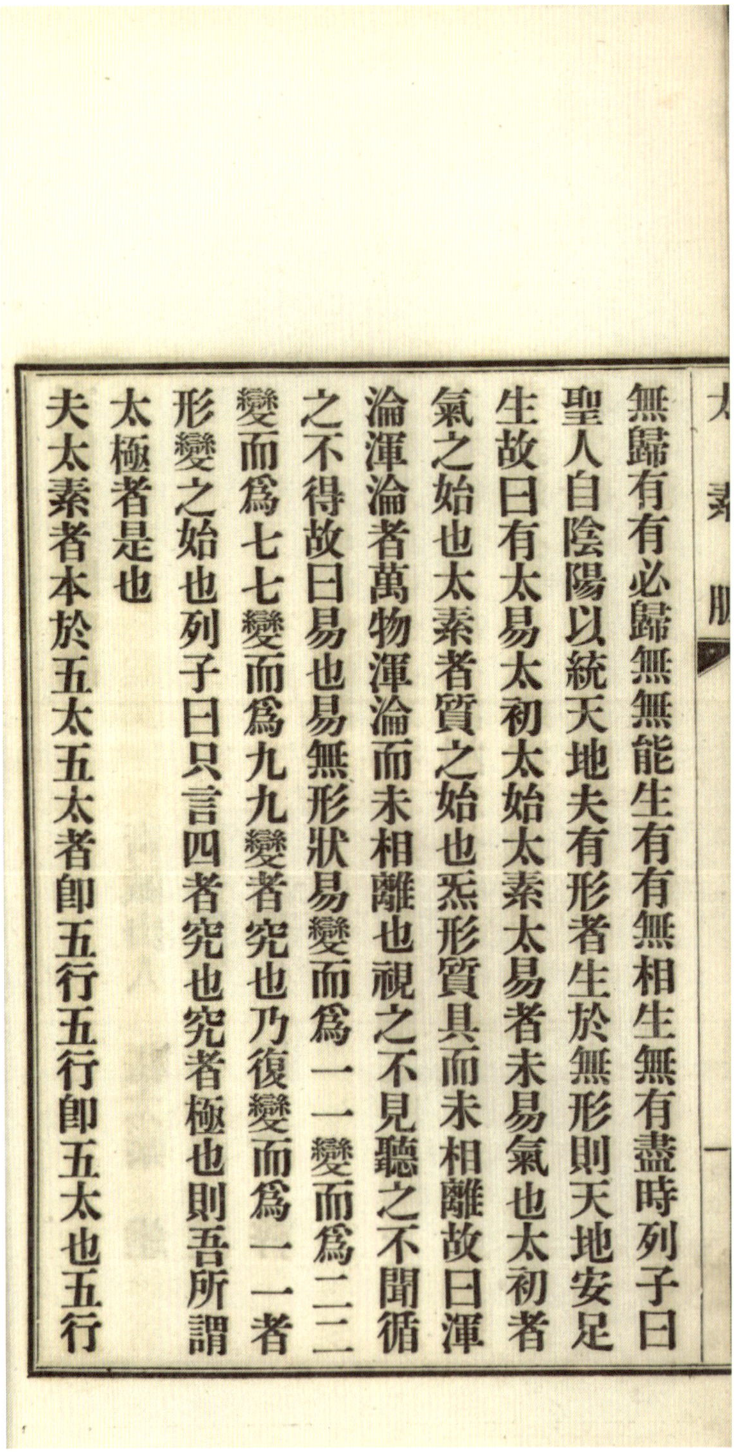
無歸有有必歸無無能生有有無相生無有盡時列子曰
聖人自陰陽以統天地夫有形者生於無形則天地安足
生故曰有太易太初太始太素太易者未易氣也太初者
氣之始也太素者質之始也炁形質具而未相離故曰渾
淪渾淪者萬物渾淪而未相離也視之不見聽之不聞循
之不得故曰易也易無形狀易變而爲一一變而爲二二
變而爲七七變而爲九九變者究也乃復變而爲一一者
形變之始也列子曰只言四者究也究者極也則吾所謂
太極者是也
夫太素者本於五太五太者卽五行五行卽五太也五行

左右須明兩尺當福神皆喜更無雙細觀洪緊心流利尅日須知進祿鄉　夫腎者北方水也澄之則智慧生而喜至在公者脈見於寸口在私者脈見於兩尺寸脈洪而緊者則須月中貴人見喜脈虛散者有不測之災

定脈見先進退

福位先看祿位來分明流利窮天才沈沈寸口知君退換移文書入正台　凡看官祿之路先有進退之位如寸口脈洪而弦大而散為不在任脈在官退位在私有災若洪而還寸口亦主退位如脈分明流利洪滑而弦如有一點明珠在盆往來撞指者此人定入公台之位

太素脈　十四　北京天華館印

《太素脉诀》为青城山人张太素著述，汀州医官刘伯祥注。

张太素，号青城山人，通晓儒学，亦精通于医，著有《太素脉秘诀》，系太素脉相法的系统著作。张太素认为人的脉相与五行八卦、河图洛书之理相通，以此推演，形成了中医史上独具风貌的太素脉理论，也使得此书成为历史上第一个系统、全面介绍脉诊占卜的典籍。关于太素脉的源流，目前说法颇多，比较一致的看法是明代青城山人张太素由隐者密授，再经他反复实践、整理而得以流传。

《太素脉诀》，又名《太素脉秘诀》《锲太上宝太素张神仙脉诀玄微纲领宗统》，是一部凭把脉来断人之穷通祸福、富贵寿夭的奇术奇书。《太素脉诀》分为上下2卷，上卷85篇，下卷46篇。上卷主要对太素脉作了详细介绍。根据中医脉诊原理，《太素脉诀》把人的脉相变化归纳为"五阳脉""五阴脉""四营脉"。"五阳脉"指浮、滑、实、弦、洪五种脉相；"五阴脉"即微、沉、缓、涩四种脉相。据书中所述，后者相比前者显得柔弱细微，因前者以器官部位血气为探诊对象，后者则以整个人的精魂为检查目的。由此可见，"五阴脉"细弱难寻，然而至关重要，若一个人的精魂不足有滞，则会形同枯槁。在探明"五阳""五阴"两脉后，还需根据四营脉来研究评估它们的轻重清浊情况，然后才可以综合预测生命的运动状态和由此而引申的贵贱贫富寿夭的命运走向。所谓"四营脉"，即轻、重、清、浊。轻者，如指摸玉，纯粹温润，识性明敏，禄位权贵；清者，平清而浮，状如轻羽，不沉不濡；重者，缓而粗，以手按之，其脉浊，脉浊气亦浊也；浊者，中浊而沉如紧，索隐重浊，亦在究其本原。因此，太素脉是以"五阳脉""五阴脉"为基础，以"四营脉"为参照评估，再参合男女脉相、相理的价值标准，就可推测一个人的命运前程。下卷记述了一些脉诊方法及药方。通过脉诊探查身体形气的强弱，分析疾病的轻重、部位，即可预测人的生死寿夭、吉凶休咎，然后再配合药方调理人体的阴阳虚实，达到治病目的。

《太素脉诀》融合了中医脉理、阴阳五行、河图洛书之理等文化素养，再用相理价值标准加以对照抒发，显示出一种多种文化成分杂糅相济的特征。其逻辑思路大致是：人体气血形势、阴阳虚实必定是通过脉相特征表现在身体的各个部位（主要是头、手、足三部），而身体部位又是形相的本体；脉相变化引发形体异兆，通过形体异兆又可预测生命的运动章程。因为这种相术是以中医诊脉为正名，所以更容易招徕人群，更容易使人深信不疑，在明代曾经风行一时，有"万无一失"的美誉。

中国国家图书馆有明代洪武元年（1368）的线装木刻本《锲太上天宝太素张神仙脉诀玄微纲领宗统》一册；1912年刘伯祥注解的《家传太素脉诀秘诀》铅印本一册；1935年上海千顷堂书局《国医丛刊》本；1936年上海中西医药书局本。实际上木刻线装本仅只明代一部。

参考文献

1．刘兴.《太素脉》浅谈[J]. 上海中医药杂志，1995年.

2．董浩. 太素脉与《太素脉秘诀》[J]. 浙江中医学院学报，1981年.

（张立东、李林）

万病回春原本

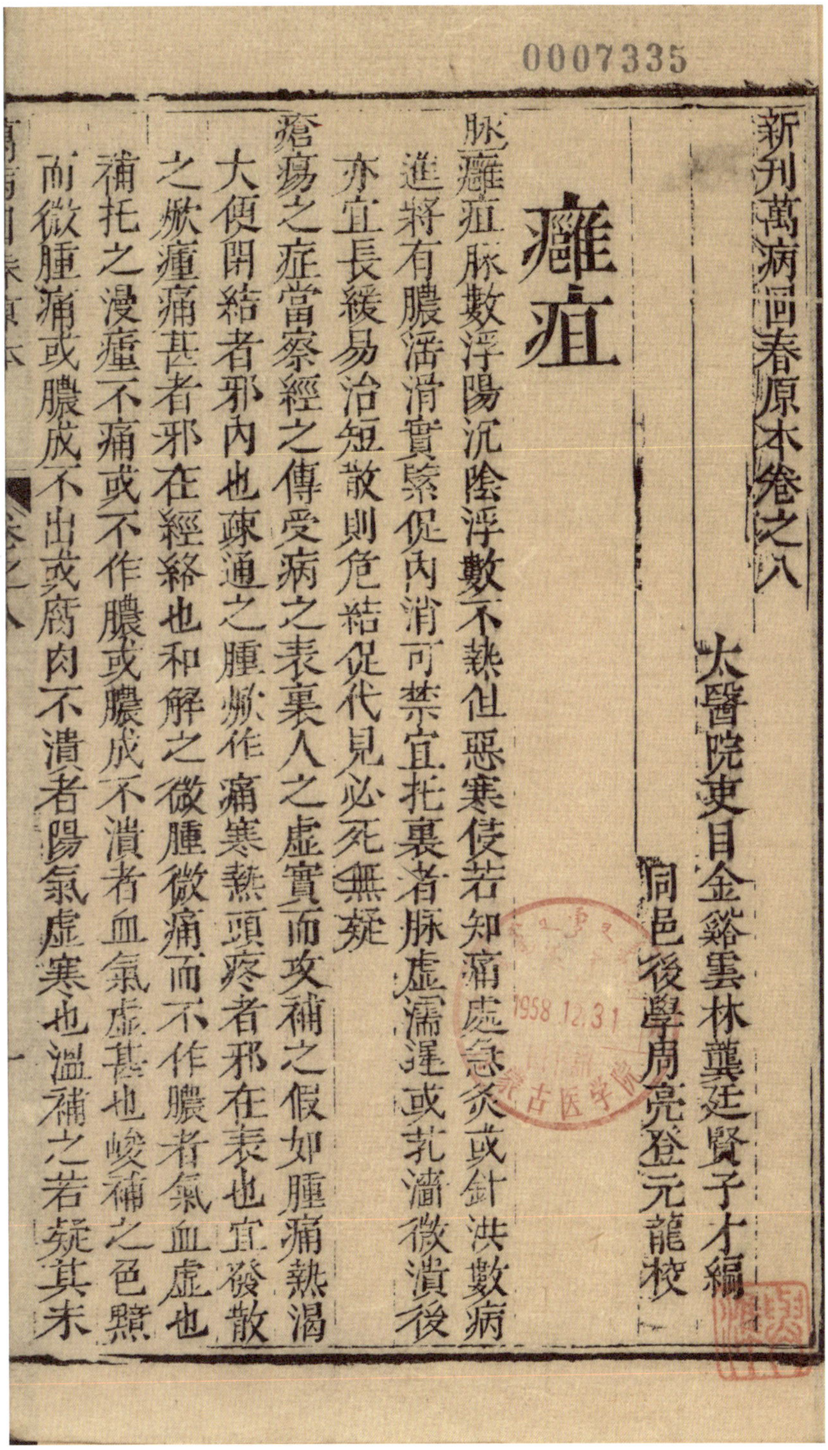

新刊萬病回春原本卷之八

太醫院吏目金谿雲林龔廷賢子才編
同邑後學周亮登元龍校

癰疽

脉　癰疽脉數浮陽沉陰浮數不熱但惡寒使若知痛處急灸或針洪數病進將有膿滑實緊促內消可禁宜托裏者脉虛濡遲或芤濇微潰後亦宜長緩易治短散則危結促代見必死無疑

瘡瘍之症當察經之傳受病之表裏人之虛實而攻補之假如腫痛熱渴大便閉結者邪內也疎通之腫焮作痛寒熱頭疼者邪在表也宜發散之焮痛甚者邪在經絡也和解之微腫微痛而不作膿者氣血虛也補托之漫腫不痛或不作膿或膿成不潰者血氣虛甚也峻補之色黯而微腫痛或膿成不出或腐肉不潰者陽氣虛寒也溫補之若泥其未

《万病回春原本》8卷，清乾隆三十二年聚锦堂重刊本。

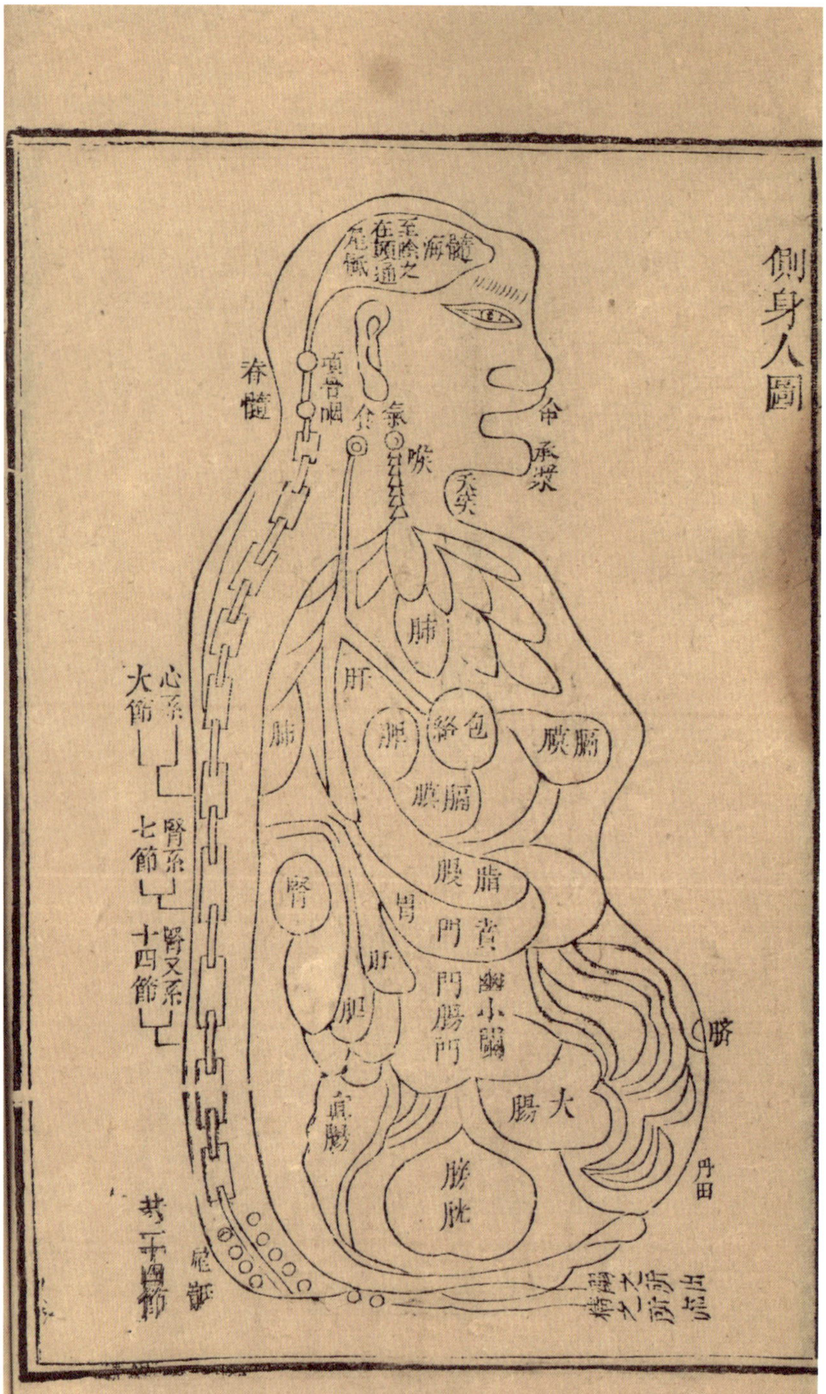
側身人圖
脊髓
喉
承漿
天突
肺
肝
脾
膈膜
心系
大節
腎系
七節
腎又系
十四節
腎
胃
膽
大腸
臍
丹田
膀胱
共二十四節

《万病回春原本》8卷，明代龚廷贤撰于万历十五年（1587）。

龚廷贤（1522–1619），一作应贤，字子才，号云林，明金溪霞澌龚家（今合市乡龚家）人，是江西省历史上十大名医之一。其父龚信，字瑞芝，号西园，精于医术，曾任明太医院医官，龚廷贤受家庭影响，从小爱好医学，虽曾习举子业，屡试不中，转而随父学医，继承祖业，以“良医济世，功同良相”自励。日间从事诊治，余暇攻读医书。既博考历代医书，自《内经》以下，莫不穷源究委；又善于总结继承家传诊疗实践经验，并虚心向别人学习，博采众家之长，贯通医理。经过长年累月的刻苦钻研及临床实践，至成年后，无论内科、外科、妇科、儿科都已精熟，尤擅长于儿科。他临床诊治尊古而不拘泥，深明五脏症结之源，决生死多奇中。一生著述极丰，先后完成了《济世全书》8卷、《云林神彀》4卷、《万病回春》8卷、《寿世保元》10卷、《种杏仙方》4卷、《鲁府禁方》4卷、《医学入门万病衡要》6卷、《小儿推拿秘旨》3卷、《眼方外科神验全书》6卷、《本草炮制药性赋定衡》13卷，此外还有《秘授眼科百科全书》《痘疹辨疑全录》等。其中《小儿推拿秘旨》是我国医学史上最早的一部儿科推拿专著，《万病回春》和《寿世保元》两书流传最广。《万病回春》从理论上分析病理、症状和治法，并附有方剂，还有400味药性歌诀。17世纪中叶，他的学生戴曼公将其著作携入日本，美国国会图书馆也藏有《云林神彀》全书。

《万病回春原本》是一部涉及内、外、妇、儿诸科的综合性医学著作，载186种病证。第一卷以“万金一统述”为题，概括性地论述了天地人、阴阳五行、脏腑机能、主病脉证等有关基础理论，同时还介绍了药性歌、诸病主药、释形体、周身脏腑形状、人身面背手足之图、十二经脉歌并补泻寒凉药、十二月七十二候歌、运气候节交应时刻数诀、医学源流等总论内容。卷二至卷八分别论述内外妇儿五官等科病证184种，其中第二至第五卷为内科杂病证治，第六至第八卷为妇、儿、外科常见病的证治。每病均阐述病因、病机、治法、方药等内容，后附医案。卷末附“云林暇笔”，载有“医家十要”等，有的版本还附有“龚氏家训”等篇。

龚氏辨证详明，选方精当，论治恰切。书末所附“医家十要”，广泛涉及医学伦理学、医学社会学的问题，很有参考价值。

本书是作者遵前贤之要旨，集历代之精华，参以己见，详审精密，于公元1587年辑成，以“凡疾者疗之，沉疴顿起，如草木之逢春”，故名《万病回春》。后世认为该书网罗完备，论述精辟，辨证详明，治法切用。自1587年问世后，四百年间，国内曾翻刻30余次。本书是龚氏代表作之一，影响很大，不仅风行海内，且传入日本、朝鲜等国，四百年来一直为日本汉方医学后世派所崇信。

《万病回春》刊本甚多，现存最早者是万历三十年（1602）金陵周氏重刊本，其他有万历四十三年（1615）经纶堂重刊本，明活字印本，阊门书林叶龙溪刻本，清代康熙、道光、同治年间各种刻本，近现代重刊本和日本元和活字本，共30多种。明活字本题作《新刊万病回春》，道光二十五年（1845）桐石山房刻本作《新刊增补万病回春》，明善成堂本作《新刊增补万病回春原本》，绿慎堂本等作《详校万病回春》，锦章书同铅印本作《增补万病回春》。内蒙古医科大学图书馆藏版本为乾隆三十二年聚锦堂重刊本。

参考文献

1. 傅维康著. 中国医学通史[M]. 第1版. 北京：人民卫生出版社，2000年.

2. 李世华，王育学主编. 龚廷贤医学全书[M]. 第1版. 北京：中国中医药出版社，1999年.

3. 徐春娟，翡丽. 明代“医林状元”龚廷贤医著考证[J]. 中医文献杂志，2013年.

（李林、高斐宏）

薛氏医案

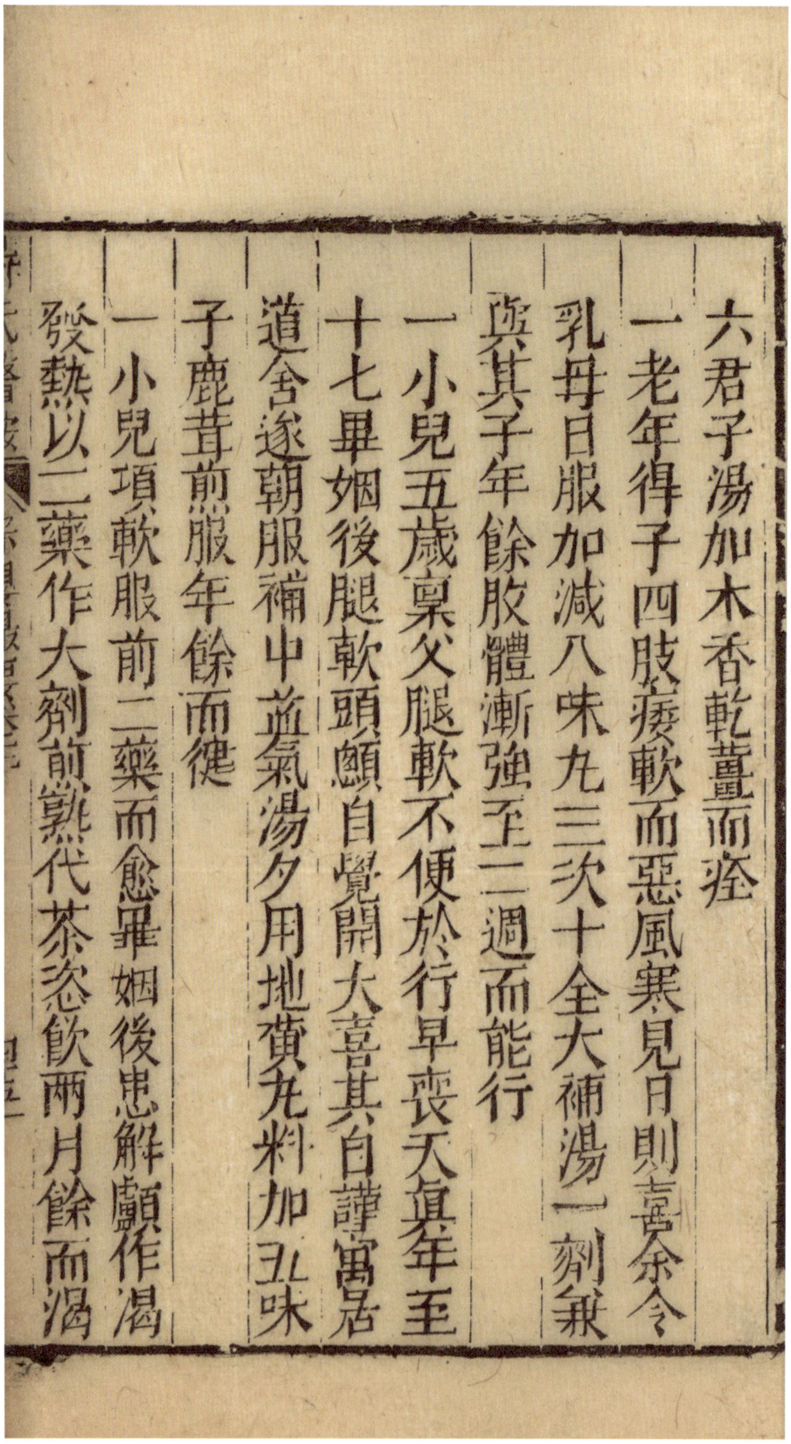
六君子湯加木香乾薑而痊
一老年得子四肢痿軟而惡風寒見日則喜余令
乳母日服加減八味丸三次十全大補湯一劑兼
與其子年餘肢體漸強至二週而能行
一小兒五歲禀父腿軟不便於行早喪天真年至
十七畢姻後腿軟頭顱自覺開大喜其自謹寓居
道舍遂朝服補中益氣湯夕用地黄丸料加五味
子鹿茸煎服年餘而健
一小兒項軟服前二藥而愈畢姻後患解顱作渴
發熱以二藥作大劑煎熟代茶恣飲兩月餘而渴
薛氏醫案

《薛氏医案》87 卷，清嘉庆十四年书业堂刻本。

小便牽痛愈痛則愈便愈便則愈痛正謂此也遂
朝用補中益氣湯夕用六味丸加五味子煎服各
三十餘劑諸症漸愈後夢遺諸症復作手足時冷
痰氣上急用十全大補湯加味八味丸料各八劑
二便稍利手足稍溫仍用前二藥三月餘元氣漸
復飲食如常又飲食停滯吐瀉腹痛按之不疼此
脾胃受傷也用六君子湯加木香肉荳蔻治之其
吐未已左尺右關二脈輕診浮大按之如無經云
腎開竅於二陰用五味子散四服大便頓止後又
傷食噯酸作瀉大便重墜朝用補中益氣湯夕用

《薛氏医案》由明代医家薛己与其父薛铠著述及评注之书汇编而成，该书充分体现了薛氏温补派的学术思想。

薛己（1487–1559），字新甫，号立斋，吴郡（今江苏苏州）人。薛铠，字良武，府学诸生，弘治中以明医征为太医院医士，以子已故，后赠为院使，治疾多奇中，以儿科及外科见长。薛己自幼聪颖好学，勤奋不倦，先拜金宪高如斋为师，因多次应举考试不第，转而承家学而继医业，原为疡医，后以内科擅名。他一方面沉潜于易水，得元素、东垣之精蕴；另一方面，又极力倡导先天肾命学说，强调治病当“滋化源”而追本求源。临证中以补中益气汤、四君子汤、六味地黄丸、八味肾气丸等古方出入加减，善于运用温补之法，被后世称为“温补学派的开山”。其后孙一奎、赵献可、张介宾诸家，循其命门之论，进一步发展了命门学说，形成了明代特色鲜明的温补学派。明正德年间（1506），薛己补为太医院院士，至嘉靖九年（1530），以奉政大夫、南京太医院院使致仕，后世由此常尊称他为薛院使。薛己归乡后，继续在江浙等地行医，并肆力于著述。

薛己一生著作宏富，大部分是在他归乡后撰写完成的，多为医案形式。薛己继承了李东垣的脾胃内伤学说，又精于张元素的脏腑辨证理论，同时吸纳了钱乙等前代名家的学术经验，倡发脾肾学说而长于温补，被誉为温补学派的先驱。《薛氏医案》包括薛己及其父薛铠撰著或校注的医书共计24种，其中由薛己撰著的医书7种：《内科摘要》二卷、《外科心法》七卷、《外科枢要》四卷、《外科经验方》一卷、《正体类要》二卷、《口齿类要》一卷、《疠疡机要》三卷；经薛己校注的医书8种：明·王纶的《明医杂著》六卷、宋·钱乙的《钱氏小儿药证直诀》四卷、《保婴金镜录》（撰者不详）一卷、宋·陈文中的《陈氏小儿痘疹方论》一卷、宋·陈自明的《妇人良方》二十四卷、《女科撮要》二卷、《外科发挥》八卷及《外科精要》三卷；薛己校正的医书6种：元·倪维德的《原机启微》三卷、元·滑寿的《难经本义》二卷、明·陶华的《痈疽神秘验方》一卷、元·朱震亨的《平治荟萃》三卷、元·马宗素的《伤寒铃法》一卷、元·杜本的《敖氏伤寒金镜录》一卷。此外，其父薛铠撰著的医书一部，即《保婴撮要》二十卷；经薛铠校注的医书有两种，明·徐彦纯的《本草发挥》四卷及元·滑寿的《十四经发挥》三卷。

在理论上，书中发展了中医的脾肾学说，不仅很好地继承了李东垣所倡导的“内伤脾胃，百病由生”和“脾胃虚损，阴火上乘”的理论认识，而且还创造性地提出了命门失于温煦所致的火衰土弱证，指出：“脾病也当益火，则土自实而脾安矣”，强调命门对脾胃温煦长养的作用，将脾肾并重纳入到了脾胃学说。在临床实践中，薛己重视“治病求本”，阐述脾胃为人身之根本，而内伤杂病“属内因”，乃形气、病气俱不足，当补不当泻。因此，“滋化源”之说成为治疗虚损性疾病重要的指导思想。

据《中国中医古籍总目》统计，目前《薛氏医案》在国内有15种版本，如明万历年间刻本、清初陈长卿刻本、清嘉庆十四年（1809）书业堂刻本等，可见其流传之广，影响之大。内蒙古医科大学图书馆所藏为清嘉庆十四年（1809）书业堂刻本。

参考文献

1. 李林，李玉玲. 中国历代名医学术经验荟萃丛书——首创温补的薛己[M]. 北京：中国科学技术出版社，1990年.

2. 盛维忠主编. 薛立斋医学全书[M]. 北京：中国中医药出版社，1999年.

3. 沈仲圭. 薛己临床经验简述[J]. 江苏中医药，1962年.

4. 李玉玲. 薛己对儿科学的贡献[J]. 北京中医，1987年.

（张明锐）

针灸大成

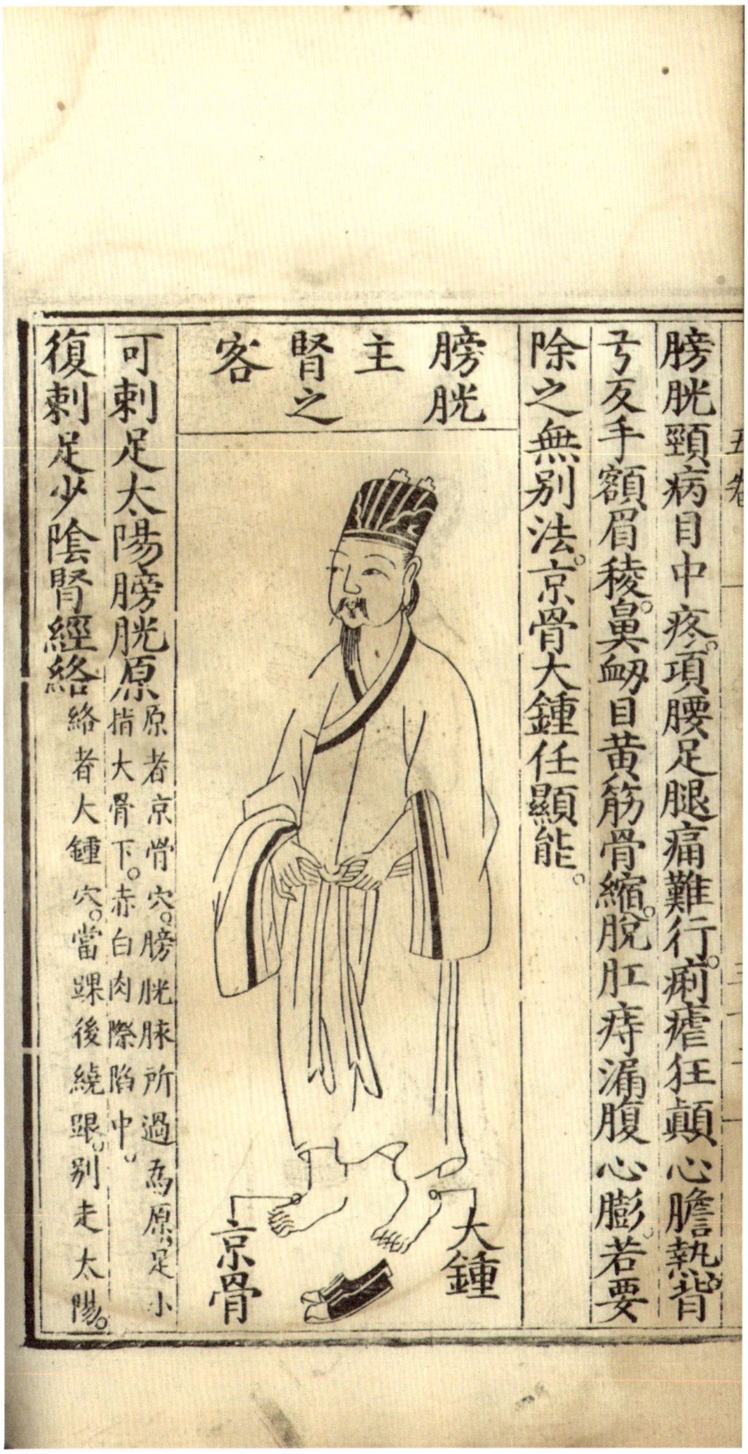

膀胱頸病目中疼。項腰足腿痛難行。痢瘧狂顛心膽熱。背弓反手額眉稜。鼻衄目黃筋骨縮。脫肛痔漏腹心膨。若要除之無別法。京骨大鍾任顯能。

膀胱主腎之客

可刺足太陽膀胱原 原者京骨穴。膀胱脉所過為原。足小指大骨下。赤白肉際陷中。

復刺足少陰腎經絡 絡者大鍾穴。當踝後繞跟。別走太陽。

《针灸大成》10 册，影宋本。

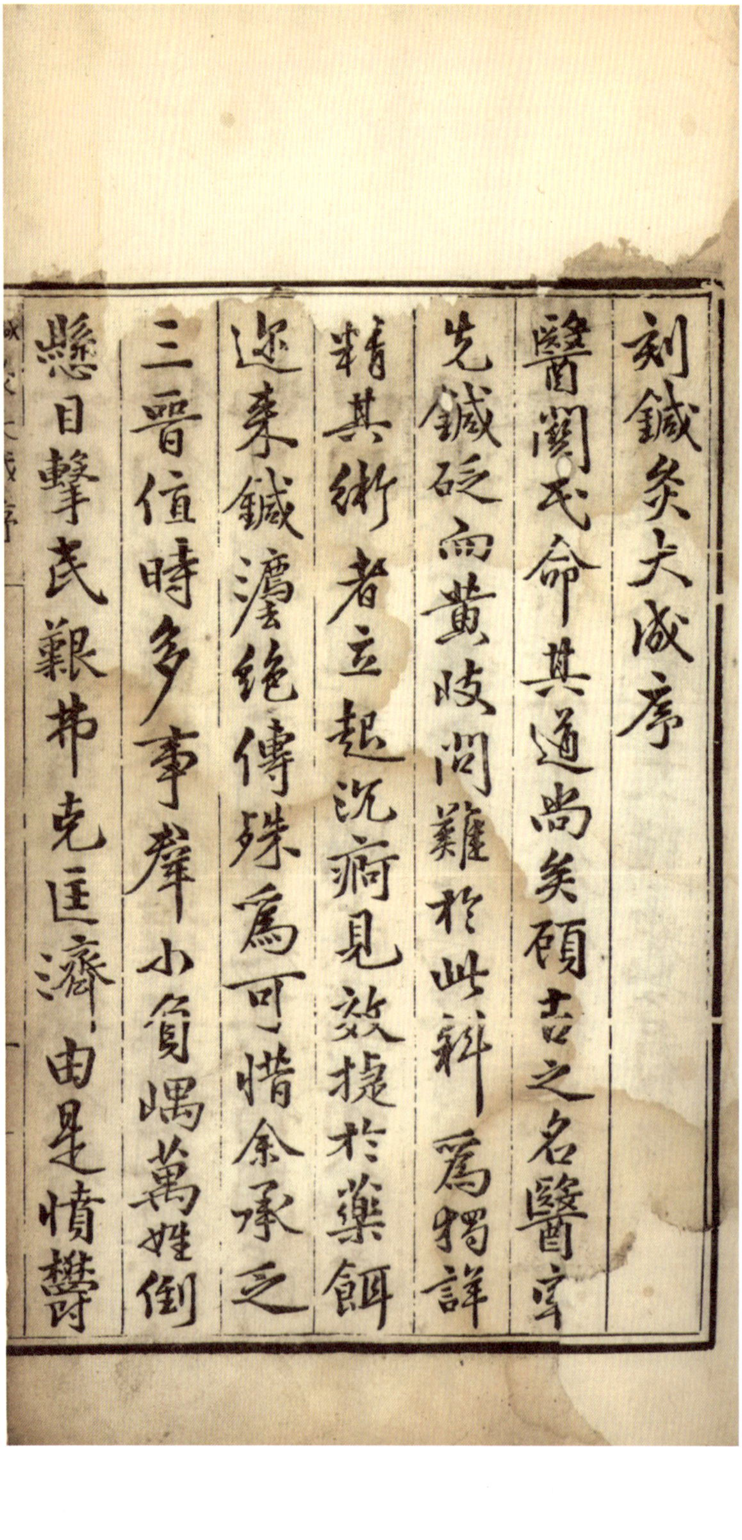
刻鍼灸大成序
醫關民命其道尚矣稽古之名醫率
先鍼砭而黄岐問難於此科爲獨詳
精其術者立起沉痾見效捷於藥餌
迩來鍼灸絶傳殊爲可惜余承乏
三晉值時多事羣小負嵎萬姓倒
懸目擊民艱弗克匡濟由是憤懣
鍼灸大成序

《针灸大成》又称《针灸大全》，是明代杨继洲撰、靳贤校正的中医针灸学著作，刊于明万历二十九年（1601）。

杨继洲（1522–1619），名济时，三衢（今浙江衢县）人，出生于中医世家，祖父曾任明朝太医。继洲幼攻举子业，博学绩文，因一再厘于有司，遂而业医。他从事针灸临床四十余年，曾在太医院任职医官，功绩卓著，声望甚高。杨继洲博览群书，通各家之说，临床医疗强调针药并用，曾以家传集验医方与诸家针灸之论，参合汇考，编成《卫生针灸玄机秘要》（1580年）3卷。万历年间，杨继洲以《卫生针灸玄机秘要》为主体，增广汇编，与《铜人明堂图》合刊而成《针灸大成》。

《针灸大成》汇集了多种针灸文献，所述内容全面，资料丰富。卷一摘录了《黄帝内经》《难经》等书中有关针灸的原文，以论述针灸源流及针灸理论；卷二、卷三收载编纂了众多针灸歌赋；卷四主论针法，如九针、制针、暖针、温针等以及“内经补泻”“难经补泻”“四明高氏补泻”等针刺补泻手法，还有家传的“三衢杨氏补泻”和针拨内障法，特别是发挥了透穴针法理论，有其独到之处；卷五为井荥俞经合子午流注及灵龟八法等时间取穴方法；卷六、卷七是经络及腧穴，详述十四经络、经穴及经外奇穴的部位、针灸方法及主治病症；卷八为诸症针灸法，分类介绍各种病症的治法和选穴；卷九采撷名医刺法、灸法并记载杨氏医案；卷十附论小儿按摩及儿科疾病的诊断。

《针灸大成》有系统完整的针灸学理论，并有相当丰富的临床经验。杨氏对针灸学造诣精深，理论精辟，能广收百家之长，充实自己的学术研究。他对针刺得气、手法、透针刺、疗程、晕针等具体问题有一定的发挥。另外，《针灸大成》对于针法、灸法理论是相提并论的，而杨氏对于刺法理论的一个最大贡献是将针刺补泻分为大小两类，其实质是对刺激量的定性分类，开启了针刺补泻分强弱的先河，对后世特别是现代有关针刺手法刺激量的研究有较大的影响。

该书总结了明末以前中国针灸的主要学术经验，所述内容十分广泛，特别是其中收载了众多的针灸歌赋。该书重新考定了穴位的名称和位置，并附以全身图和局部图；阐述了历代针灸的操作手法，并加以整理归纳，如“杨氏补泻十二法”等；记载了各种病证的配穴处方和治疗验案。可以说，《针灸大成》是继《针灸甲乙经》之后，对针灸学的又一次重要总结，不仅有杨氏家学之粹，而且集明代以前针灸文献之精华，资料丰富而珍贵，并切合临床实用。后人在论述针灸学时，大多将《针灸大成》作为最重要的参考书。因此，《针灸大成》在继承和发展中国针灸学术、推广针灸的应用、开展针灸教育等方面都起到了极其重要的作用，堪称中国古代医学之古籍瑰宝。

该书于明万历二十九年（1601）首刊于山西平阳府（山西省临汾市）。清顺治丁酉年（1657），李桂月根据祖本将《针灸大成》再刊于平阳；康熙十八年（1680），李桂月又根据顺治丁酉本将《针灸大成》三刊于江西；清乾隆二年（1737）会稽章廷珪重修该书的刻本，于清道光癸卯秋，由经余堂梓行重新印制。从此，《针灸大成》就广泛传播，一刊再刊，已有版本50余种，并有日、法、德等多种译本，1949年后有排印本，此本为影宋本。

参考文献

1. 李经纬. 中医史[M]. 海口：海南出版社，2007年.

2. 明·杨继洲著. 针灸大成[M]. 北京：人民卫生出版社，2006年.

3. 明·杨继洲著. 针灸大成[M]. 北京：中医古籍出版社，1998年.

（杨景月）

医　贯

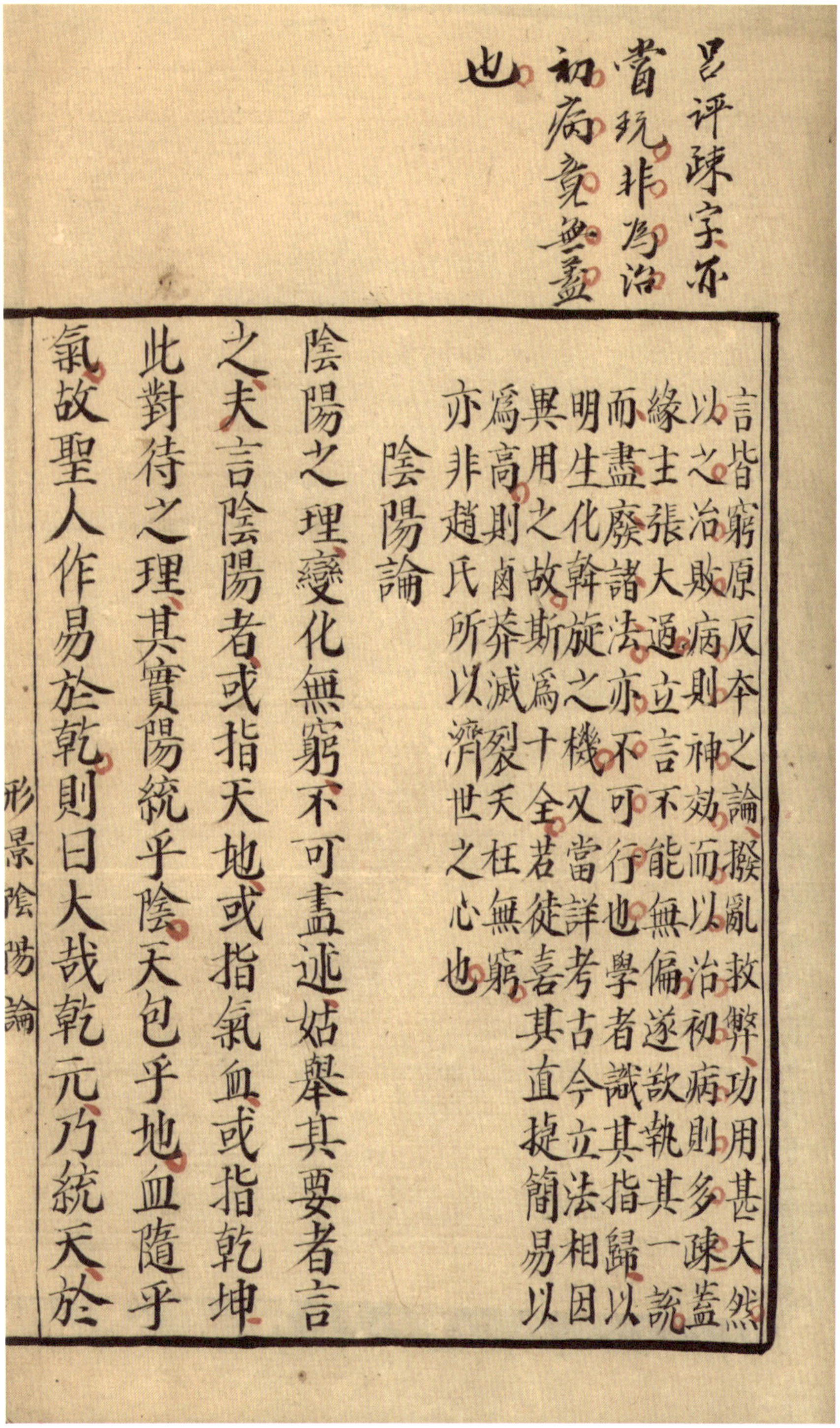
呂評疎字不當玩非為治初病竟無益也

言皆窮原反本之論撥亂救弊功用甚大然以之治敗病則神効而以治初病則多疎蓋緣主張大過立言不能無偏遂欲執其一說而盡廢諸法亦不可行也學者識其指歸以明生化斡旋之機又當詳考古今立法相因興用之故斯為十全若徒喜其直捷簡易以為高則鹵莽滅裂夭枉無窮亦非趙氏所以濟世之心也

陰陽論

陰陽之理變化無窮不可盡述姑舉其要者言之夫言陰陽者或指天地或指氣血或指乾坤此對待之理其實陽統乎陰天包乎地血隨乎氣故聖人作易於乾則曰大哉乾元乃統天於

形景陰陽論

《医贯》6 卷，吕医山人手抄本。

者向明出治之所也乾清宮是王者向晦晏息之所也指皇極殿而即謂之君身可乎指乾清宮爲君身亦不得蓋元陽君主之所以爲應事接物之用者皆從心上起經綸故以心爲主至於棲眞養息而爲生生化化之根者獨藏於兩腎之中故尤重於腎其實非腎而亦非心也此語便活

自許學士開補脾不如補腎之理薛院使因之用八味六味通治各病趙氏又從薛氏發明其要一歸之命門其治一歸之八味益火二字乃全書之宗旨也其提闡快當親切處有前此所未及者眞立齋之功臣矣顧病機傳變輾轉相因治法逆從淺深異用趙氏所

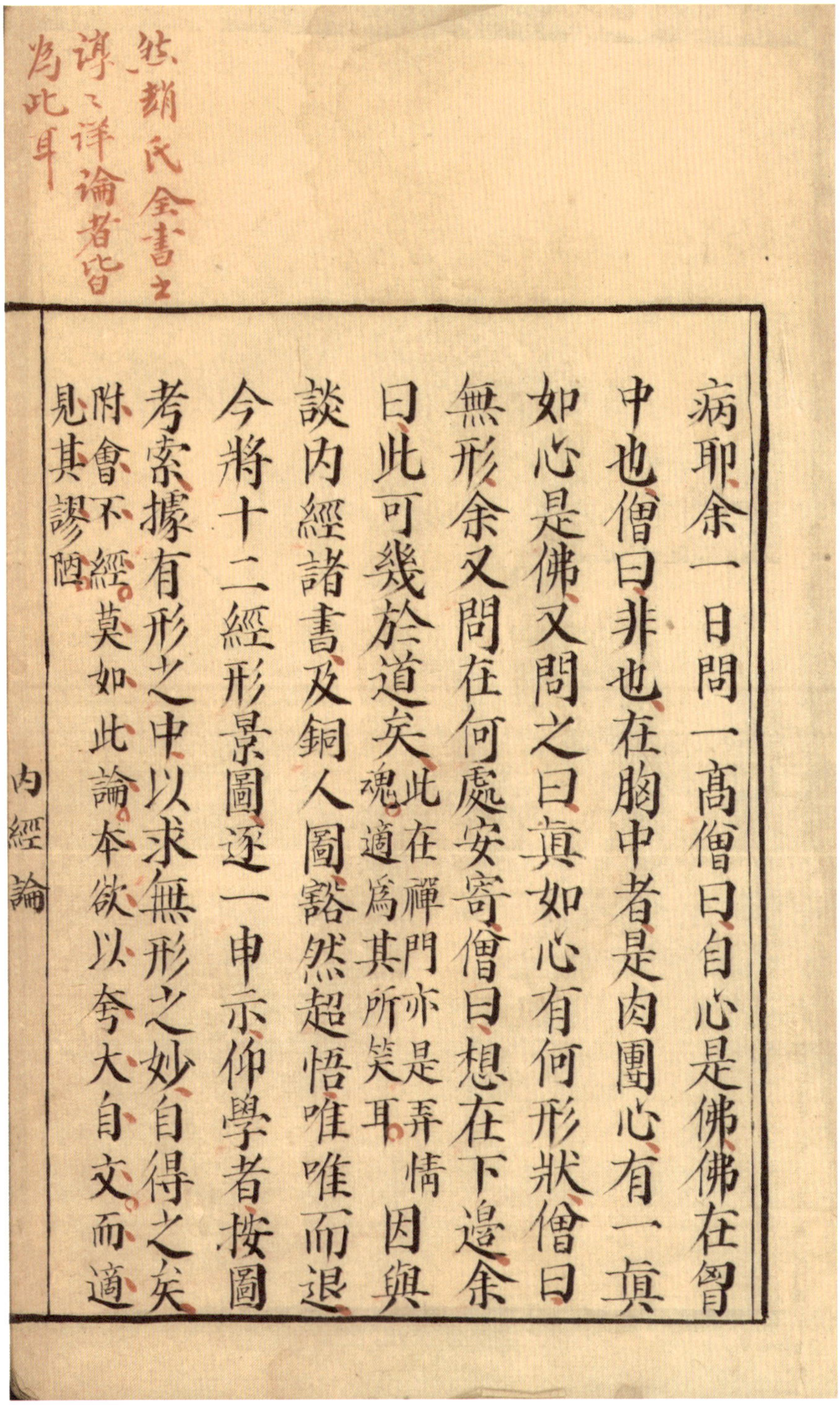

然趙氏全書之謬〻詳論者皆為此耳

病耶余一日問一高僧曰自心是佛佛在胷中也僧曰非也在胸中者是肉團心有一真如心是佛又問之曰真如心有何形狀僧曰無形余又問在何處安寄僧曰想在下邊余曰此可幾於道矣此在禪門亦是弄情魂適爲其所笑耳因與談內經諸書及銅人圖豁然超悟唯唯而退今將十二經形景圖逐一申示俾學者按圖考索據有形之中以求無形之妙自得之矣附會不經莫如此論本欲以夸大自文而適見其謬陋

內經論

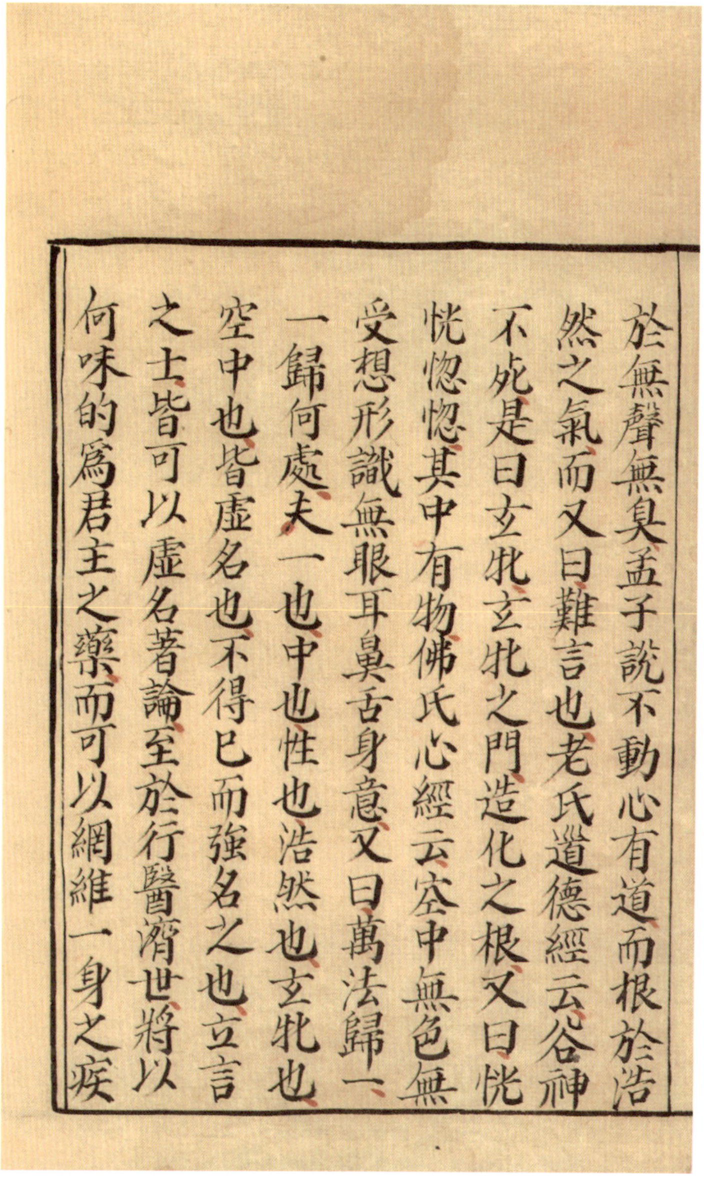
於無聲無臭孟子說不動心有道而根於浩然之氣而又曰難言也老氏道德經云谷神不死是曰玄牝玄牝之門造化之根又曰恍恍惚惚其中有物佛氏心經云空中無色無受想形識無眼耳鼻舌身意又曰萬法歸一一歸何處夫一也中也性也浩然也玄牝也空中也皆虛名也不得已而強名之也立言之士皆可以虛名著論至於行醫濟世將以何味的爲君主之藥而可以綱維一身之疾

《医贯》是明末著名温补学派医家赵献可的中医医论著作，刊行于明万历四十五年（1617）。

赵献可，明末著名医家，生卒年不详，字养葵，自号医巫闾子，鄞县（浙江宁波）人。赵献可好学博览，善易而精医。除医之外，儒、道、释均有涉猎，曾游历于山西、陕西等地，继承父业，治病不问高低贵贱，不计礼酬。著有《医贯》《内经钞》《素问钞》《经络考》《正脉论》《二体一例》等，以《医贯》流传广而影响大，系医论著作。

手抄本《医贯》上下两册，共6卷，卷一包括论《内经》十二官、阴阳论、五行论；卷二包括主客辨疑、中风论、论口眼歪斜、厥、伤寒论、温病论、论阳毒阴毒、郁病论；卷三包括绛雪丹书、论血症；卷四、卷五是先天要论，以六味丸、八味丸为主方，治疗真阴、真阳不足诸病；卷六是后天要论。

《医贯》提出命门位置，“两肾俱属水，左为阴水，右为阳火，以右为命门非也。命门在两肾中，命门左边小黑圈是真水之穴，命门右边小白圈是相火之穴，此一水一火俱无形，日夜潜行不息，两肾在人身中合成一太极，自上数下十四节，自下数上七节”。（《医贯·形象图说》）书中辨证伤寒专主仲景，按六经辨证论伤寒，最后总结阳虚则用补中益气汤，阳虚直中则用附子理中汤，其阴虚则用六味肾气汤，阴虚无火则用八味肾气汤。对于温病论，赵献可认为“伤寒二字，盖冬时严寒而成杀厉之气，触冒之而实时病者，乃名伤寒，不即发者，寒毒藏于肌肤，至春变为温，至夏变为暑病；暑病者，热极重于温也”。（《医贯·温病论》）对于郁病认为“凡病之起，多由于郁。郁者，抑而不通之义”。（《医贯·郁病》）赵氏所论郁证不仅包括各种杂证，还包括一切外感病，由于多因木郁导致诸郁，故可“以一法代五法”。逍遥散是赵氏治疗木郁的主剂，并常结合左金丸和六味地黄丸同用。

赵氏认为血证要分阳证、阴证来辨治。血不仅有其本身为血的特点，而且属水，故而肾中真水干涸，则真火势必上炎，血亦随火而上腾；反之，若肾中真火衰竭，则真水反盛，血亦失所依附而上泛，这是血证产生的两种病机。因此，在治疗时，由于阳虚而动血上泛者，将桂、附加于六味地黄丸之中，使肾中温暖，龙雷之火潜归于原宅，不用寒凉而火自降，不必止血而血亦自安。若因肾中水涸而火炎者，就可用六味丸以补水配火，不必去火，而血亦安。后附血证常用方，如三生饮方、河间地黄饮子方、考补小续命汤、二十四味流气饮、八味顺气散等30余首。

书中“先天要论”，以六味丸、八味丸为主方，治疗真阴、真阳不足诸病。赵氏创立命门理论，阐发肾命水火的关系，并将其广泛应用于临证。如对于痰证、血证、咳嗽、吐血、喘证、喉咽痛、眼目病、齿病、口疮、耳病、消渴、中满、噎膈、泻痢、大便不通、小便不通与失禁、梦遗和滑精等多种病证，不仅从其一般辨证规律进行施治，而且均注意到从肾命水火亏虚方面进行分析，广泛使用六味、八味诸方，为治疗以上疾病提供了有益经验。赵氏亦注重“后天要论”，着重论述补中益气汤应用，对伤饮食、中暑、伤暑、湿证、疟疾、痢疾等均可从后天脾胃调节，发展李东垣的脾胃学说，同时附名家名方。

《医贯》十分强调中医“肾间命门说”，认为命门与肾即水与火的关系，赵献可说：“命门君主之火，乃水中之火，相依而永不相离也”。（《医贯·内经十二官论》）赵氏认为养生与治病，如能充分理解此说，不仅能增强体质，而且对于有关医学问题也就豁然贯通了，故书名为《医贯》。书中论理深透，每一论后，广引诸家之说，举前人有效治验，评以己见，使述与评融为一体。该书对一些临床疗效好的常用方剂，均作了充分的阐发，对发掘古方深义，提高临床疗效均有重要的意义，对后世产生了重大影响，是现代探索“命门”学说的必读书，也是临床诊治的良好参考书。

《医贯》版本较多，有明崇祯元年戊辰（1628）重刊本（题作《医无闾子医贯》三卷），明书林张起鹏刻本（六卷），明刻本（题作《赵氏医贯》，后附三种八卷），清顺治刻本，清初毓秀堂刻本(附增补《医贯奇方》《穷乡便方》)，清天盖楼藏板（吕晚村先生评），清康熙二十六年丁卯（1687）刻本，清步月楼藏板（吕晚村先生评），清雍正七年己酉（1729）刻本，清乾隆四年己未（1739）拐杖生堂刻本，清乾隆二十六年辛巳（1761）刻本。本书是吕晚村先生评的手抄本，为内蒙古医科大学图书馆藏。

参考文献

1. 郭君双整理. 医贯[M]. 北京：人民卫生出版社，2005 年.

2. 中医经典文库——医贯[M]. 北京：中国中医药出版社，2009 年.

3. 王永南. 浅谈赵献可的《医贯》[J]. 光明中医，2010 年.

4. 刘玉玮. 赵献可《医贯》医学理论特色辨析[J]. 中医文献杂志，2001 年.

5. 陈永萍.《医贯》版本考略[J]. 中医文献杂志，1995 年.

（李紫慕）

重订济阴纲目

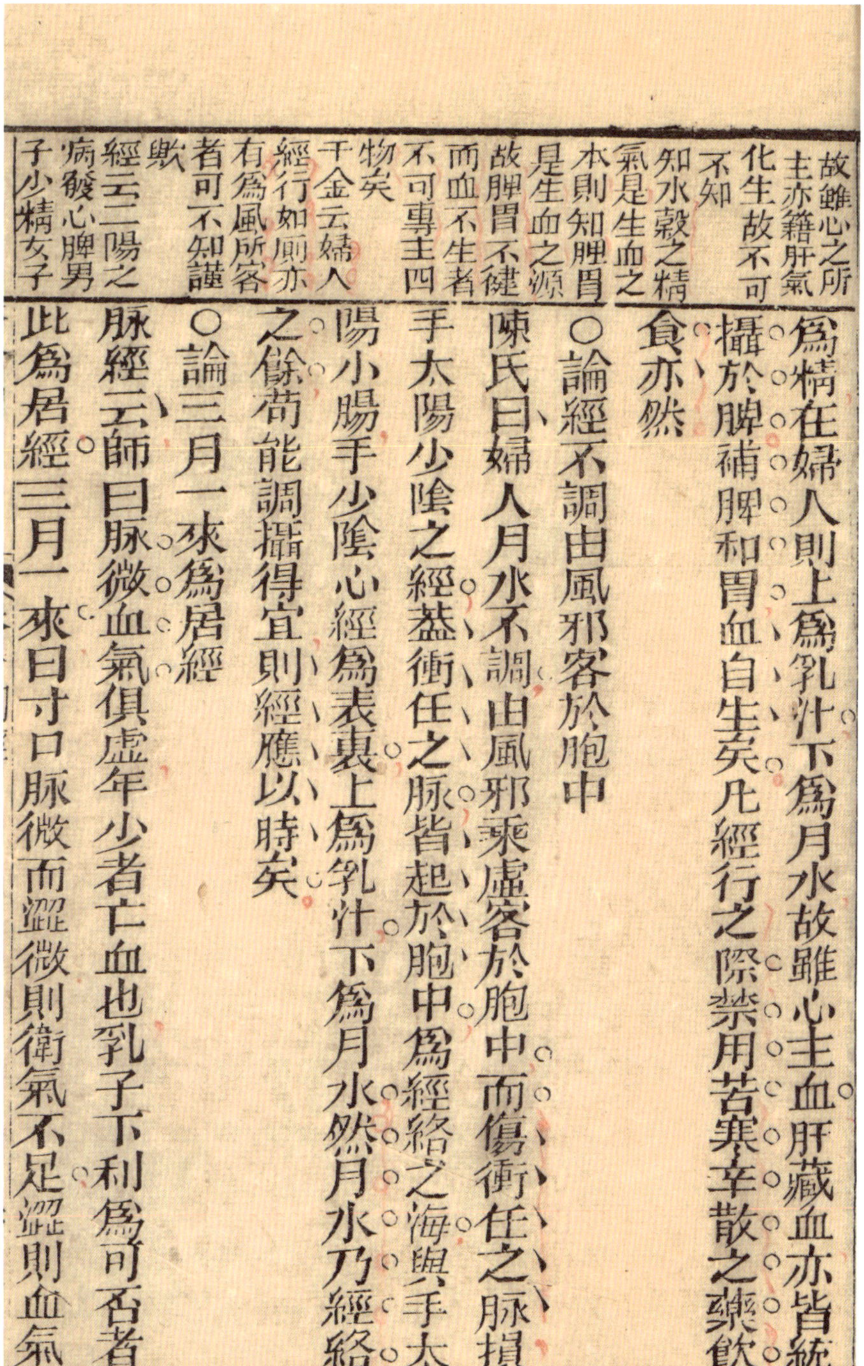

故雖心之所主亦籍肝氣化生故不可不知

知水穀之精氣是生血之本則知脾胃是生血之源故脾胃不健而血不生者不可專主四物矣

千金云婦人經行如厠亦有爲風所容者可不知謹歟

經云二陽之病發心脾男子少精女子

爲精在婦人則上爲乳汁下爲月水故雖心主血肝藏血亦皆統攝於脾補脾和胃血自生矣凡經行之際禁用苦寒辛散之藥飲食亦然

○論經不調由風邪客於胞中

陳氏曰婦人月水不調由風邪乘虛客於胞中而傷衝任之脉損手太陽少陰之經蓋衝任之脉皆起於胞中爲經絡之海與手太陽小腸手少陰心經爲表裏上爲乳汁下爲月水然月水乃經絡之餘苟能調攝得宜則經應以時矣

○論三月一來爲居經

脉經云師曰脉微血氣俱虛年少者亡血也乳子下利爲可否者此爲居經三月一來曰寸口脉微而澀微則衛氣不足澀則血氣

《重订济阴纲目》14卷，清代上洋扫叶山房藏版，仁记鸠工校刻本。

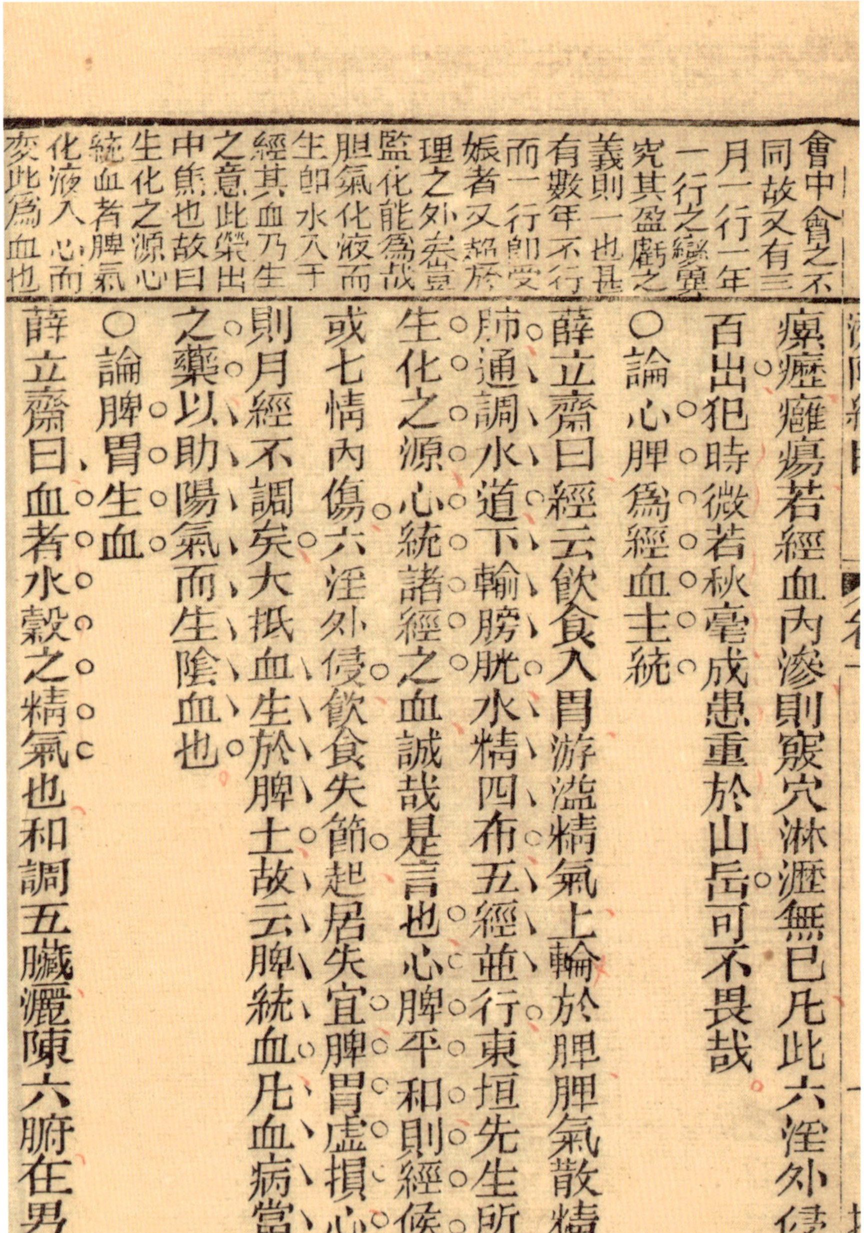

會中會之不同故又有三月一行一年一行之變蓋究其盈虧之義則一也甚有數年不行而一行即受娠者又超於理之外矣豈監化能爲哉胆氣化液而生即水入于經其血乃生之意此榮出中焦也故曰生化之源心統血者脾氣化液入心而變此爲血也

瘰癧癰瘍若經血內滲則竅穴淋瀝無已凡此六淫外侵而變症百出犯時微若秋毫成患重於山岳可不畏哉

○論心脾爲經血主統

薛立齋曰經云飲食入胃游溢精氣上輸於脾脾氣散精上歸於肺通調水道下輸膀胱水精四布五經並行東垣先生所謂脾爲生化之源心統諸經之血誠哉是言也心脾平和則經候如常苟或七情內傷六淫外侵飲食失節起居失宜脾胃虛損心火妄動則月經不調矣大抵血生於脾土故云脾統血凡血病當用苦甘之藥以助陽氣而生陰血也

○論脾胃生血

薛立齋曰血者水穀之精氣也和調五臟灑陳六腑在男子則化

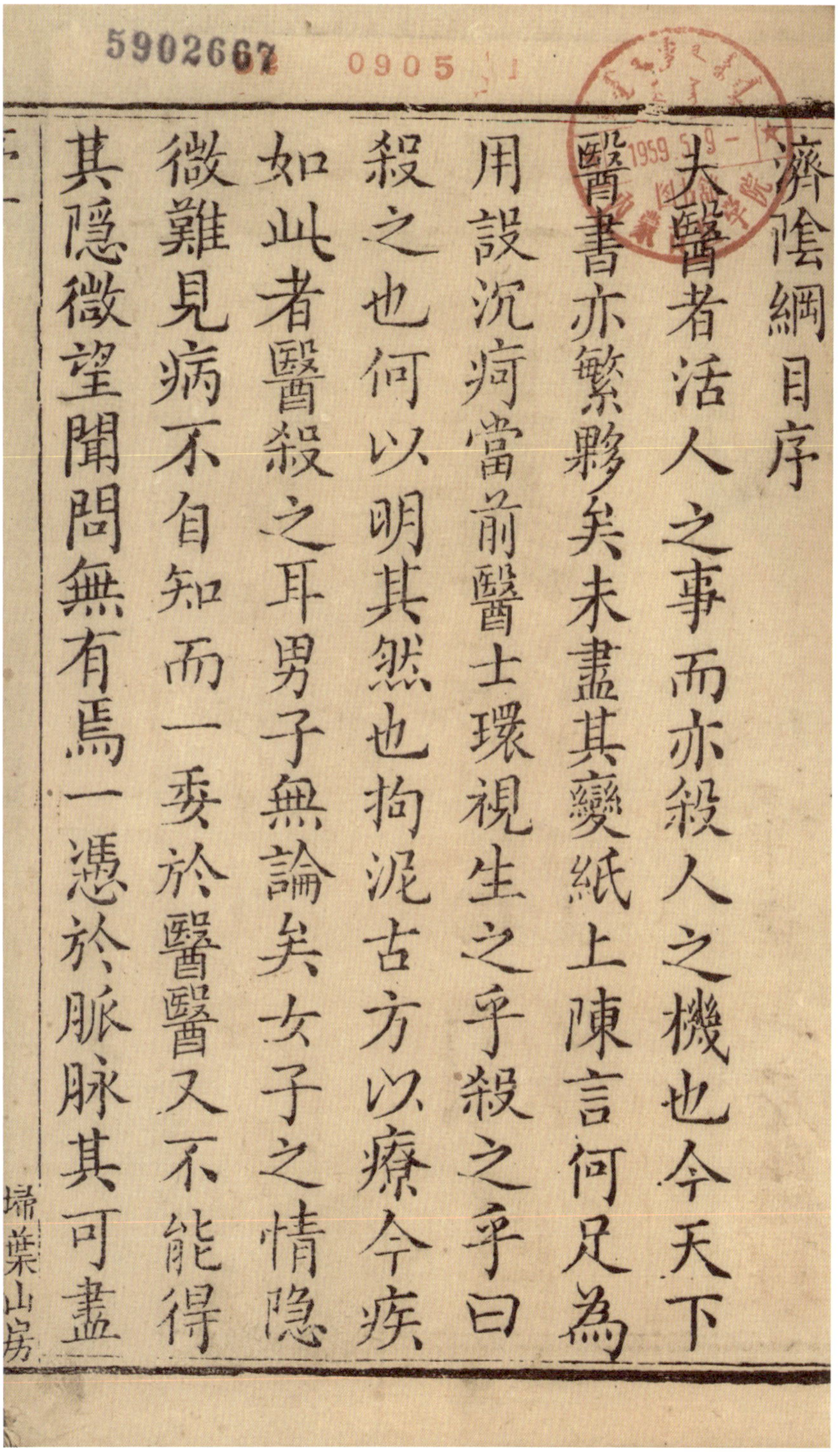

濟陰綱目序

大醫者活人之事而亦殺人之機也今天下醫書亦繁夥矣未盡其變紙上陳言何足為用設沉痾當前醫士環視生之乎殺之乎曰殺之也何以明其然也拘泥古方以療今疾如此者醫殺之耳男子無論矣女子之情隱微難見病不自知而一委於醫醫又不能得其隱微望聞問無有焉一憑於脈脈其可盡

掃葉山房

《济阴纲目》为明代武之望撰的中医妇产科著作，本书对《女科证治准绳》内容重加编次，分医论、医方两部，使眉目更为清晰。初刊于万历四十八年（1620），为五卷本，1621年重刻，命名《重订济阴纲目》。

康熙四年（1665），汪琪因“原版无存，世人每欲购求遗本，真如丹经仙，可思而不可得”，乃予笺择重订，删去武氏自撰6篇医论，增加眉批1430余条，改为14卷付梓，14卷本大量刊行。

武之望（1552–1629年），明代医学家，字叔卿，号阳纡，自署关中（今陕西临潼）武家屯人。万历十七年（1589）进士，为关中鸿儒，为人恭而不阿，直而不抗。因幼年多病，遂习岐黄，《内经》以下至金元诸家医籍无不熟读，精通医学，尤长于妇科。武氏以“不为良相，便为良医”的信念潜心研习医学理论，精心整理历代医学文献，热心为桑梓民众解除疾苦，亲自治愈了许多疑难病症，积累了相当丰富的临床经验。先后著成《济阴纲目》《疹科类编》《济阳纲目》《医帜》等医学著作，为发展我国传统医药学术作出了不可磨灭的贡献。

《重订济阴纲目》汇集了明代以前历代医家宝贵的妇科临证经验，尤其着重收录了《经效产宝》《千金方》《妇人大全良方》《女科撮要》《女科证治准则》等妇科名著中对妇科诸证的论述与方药证治。全书共14卷，卷一论调经，卷二论经闭、崩漏，卷三论赤白带下，卷四虚劳门、血风、积块、浮肿、前阴诸证，卷五论积聚癥瘕，卷六为求子门，卷七论浮肿，卷八、卷九为胎前门，卷十为临产门，卷十一为产后门，卷十二论外感风寒，卷十三为产后（下），卷十四论泄泻、乳病等各种妇产科疾病。每证先论病因病机，引论诸家之说，次列脉证，后附方药。该书内容丰富，论理简明，切合临床实践，深受后世医家的重视，对当今的临床实践仍有较大的指导意义和参考价值。

如“调经门”篇中，先论经主冲任二脉，心脾统血、脾胃生血等与月经有关脏腑经络，然后引诸家之言，论述病因、病机、脉法以及与月经有关的各种证型，附方药，脉络清晰，论述简明。如治月经过期不止，又有按不同证型而分的芩心丸、补中芎地汤、茸附汤等。“求子门”篇中论述要注重先天之气、如何使脉平和、调经、贵养精血、必知氤氲之时、合男女必当其年以及分治血虚不孕、治宫冷不孕、治痰塞不孕、治婢外家不孕等。“产后门”篇中论述要注意产后调理，并指出新产三病一者病痉，二者病郁冒，三者大便难，很有临床意义。

《济阴纲目》的历代刻本众多，大约有30余种，其中主要有明万历四十八年首刻五卷本，明天启元年王氏重刻本，清光绪三十三年扫叶山房石印本，清善成堂版本，清雍正时期经纶堂版本，清金阊嘉业堂版，民国锦章图书局石印版，1958年上海科学卫生出版社排印本等。本版本是清代上洋扫叶山房藏版，仁记鸠工校刻本，为内蒙古医科大学图书馆藏。

参考文献

1. 李明廉等整理. 济阴纲目[M]. 北京：人民卫生出版社，2006年.

2. 中国经典文库——济阴纲目[M]. 北京：中国中医药出版社，2009年.

3. 杨丽云整理. 济阴纲目[M]. 北京：人民军医出版社，2009年.

4. 张连瑞. 武之望《济阴纲目》点校本微瑕[J]. 中医药学刊，2001年.

5. 苏礼.《济阴纲目》导读[J]. 中医文献杂志，2006年.

6. 林毅.《济阴纲目》考评[J]. 北京中医药大学学报，1995年.

（李紫慕）

东医宝鉴

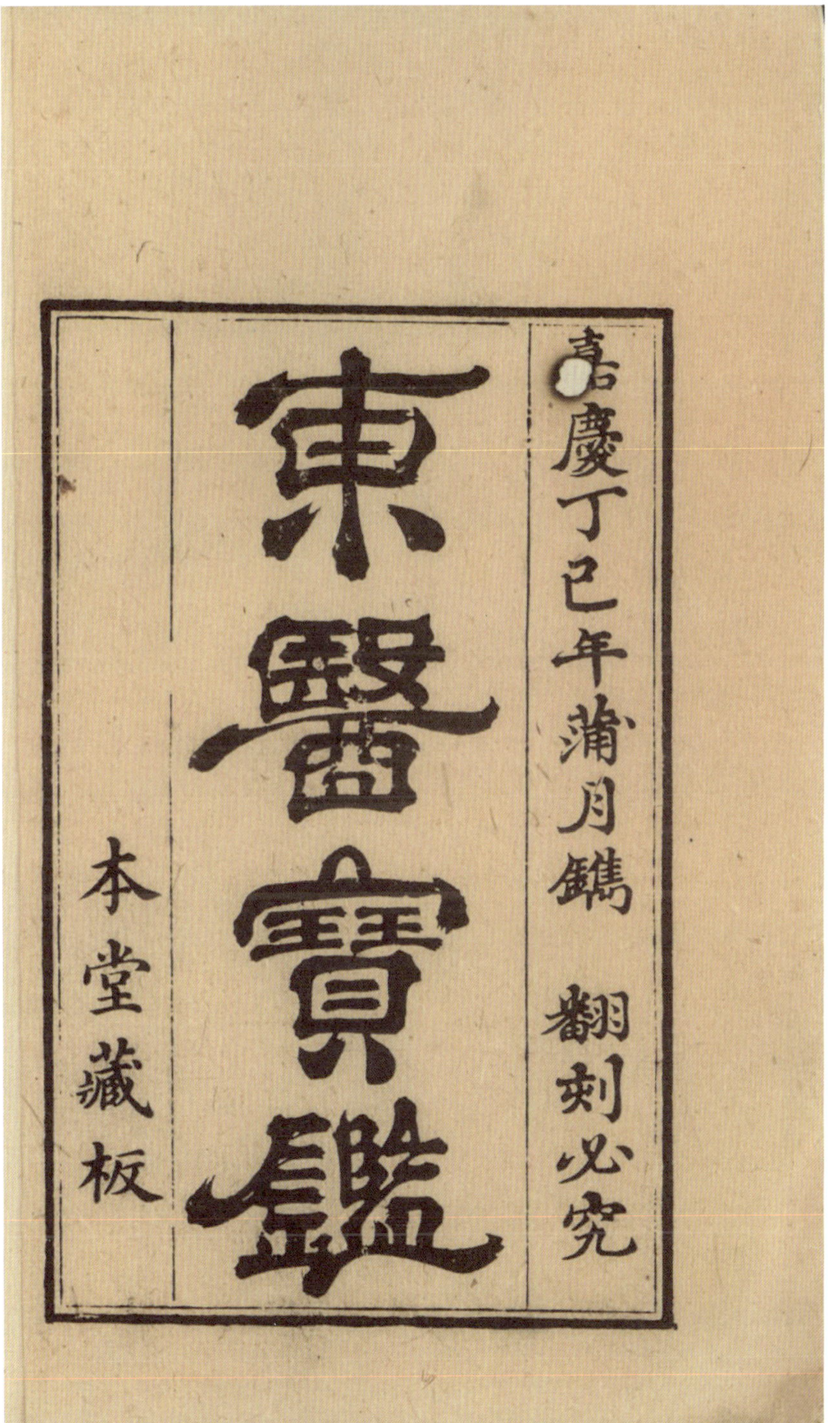

《东医宝鉴》，23 卷，清嘉庆刻本。

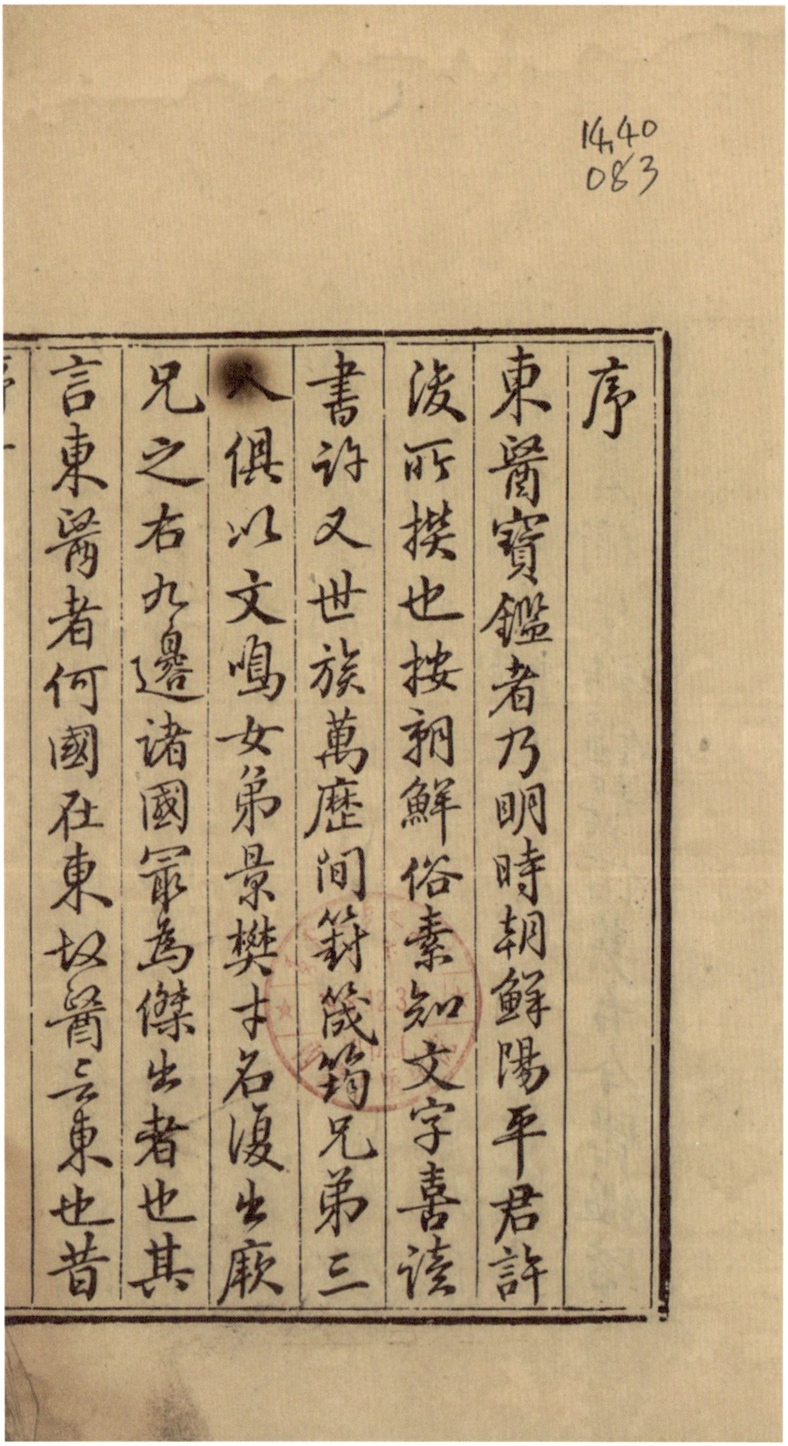

序

東醫寶鑑者乃明時朝鮮陽平君許浚所撰也按朝鮮俗素知文字喜讀書詩又世族萬歷間篈筬筠兄弟三人俱以文鳴女弟景樊才名復出厥兄之右九邊諸國最為傑出者也其言東醫者何國在東故醫云東也昔

《东医宝鉴》为朝鲜李氏王朝著名医家许浚于公元1610年编纂，十数年乃成。书中辑录了我国明朝以前诸多医籍，通过分类而编，所以内容丰富，是朝鲜医家所编的汉方医著中最负盛名者。

许浚（1546–1615），汉川人，为许碖之后裔，字清原，号阳平君，自小拜名医柳义泰为师，1574年经医科科举，准予行医。30岁被任命为太医院医官，并成为李朝宣祖之御医。许浚博学多才，医术精湛，著有《医东宝鉴》《痘疮集要》《胎产集要》《救急方》等书，在朝鲜半岛久负盛誉。

该书有《内景篇》4卷、《外形篇》4卷、《杂病篇》11卷、《汤液篇》3卷及《针灸篇》1卷，共列108门，详细论述生理、病因、病理、治则、处方用药、单方等中医药理论。在《内景篇》《外形篇》《杂病篇》中提出的病症总数为1130余种。全书共收古今名方4541首，其中复方为3626首，单方为915首。采用医籍上迄晋周之《肘后方》《伤寒论》《范汪方》《集验方》等，中至隋唐、宋金元之《千金方》《外台秘要》《本事方》《局方》《易简方》《瑞竹堂经验方》《得效方》，下达明时《袖珍方》《奇效良方》《经验良方》《种杏仙方》《古今医鉴》等，其中某些是现已佚医籍的内容，如《古今录验方》《海上方》《卫生方》《经验秘方》等，但收方以元明时期为主。书中另附注有主治、组成、用量、炮制及出处的简便单方近2000首。

本书内容丰富、系统、临证实用，值得重视的是其引用内容出处明确，所以具有较高的文献价值和实用价值。《汤液篇》详细记述了中药的采集、三品药性、修制炮制方法、汤散丸药制法、七方、十二剂、斤两升斗计量、煎煮药法、服药法、五味药性、气味升降、渍药酒法等，其次论述水部、土部、谷部、人部、禽部、兽部、鱼部、虫部、果部、菜部、草部、木部、玉部、石部、金部等16部1400种药材的形状、性味、采用方法、主治；《针灸篇》则分述经络腧穴及灸法。

该书自1613年初刊后，有30余种不同版本，广泛流传于亚洲各地。该书主要引用或选摘了明万历以前的中国医书，保存了我国失传的古医书或早期医书的内容，所以具有重要的文献价值。朝鲜版《东医宝鉴》最早的有明万历四十一年（1613）朝鲜内医院活字本，即初刻本，又名癸丑本或万历本，此本现藏韩国首尔大学奎章阁图书馆。朝鲜李朝时期由内医院对《东宝医鉴》进行了多次校正刻印，存世的有己亥岭营开刊本、甲戌岭营开刊本和甲戌完营重刊本等。日本1724年对《东医宝鉴》重校正刊行，此即日本享保九年甲辰（1724）大阪书林刻本，又称京都本。中国最早的刊本为清乾隆二十八年（1763）璧鱼堂沃根园刻本。内蒙古医科大学图书馆藏为清嘉庆刻本。

参考文献

1. 高光震等校释. 东医宝鉴校释[M]. 北京：人民卫生出版社，2001年.

2. 朱建平. 许浚与《东医宝鉴》[J]. 中国中医基础医学杂志，2009年.

（张明锐）

尚论篇

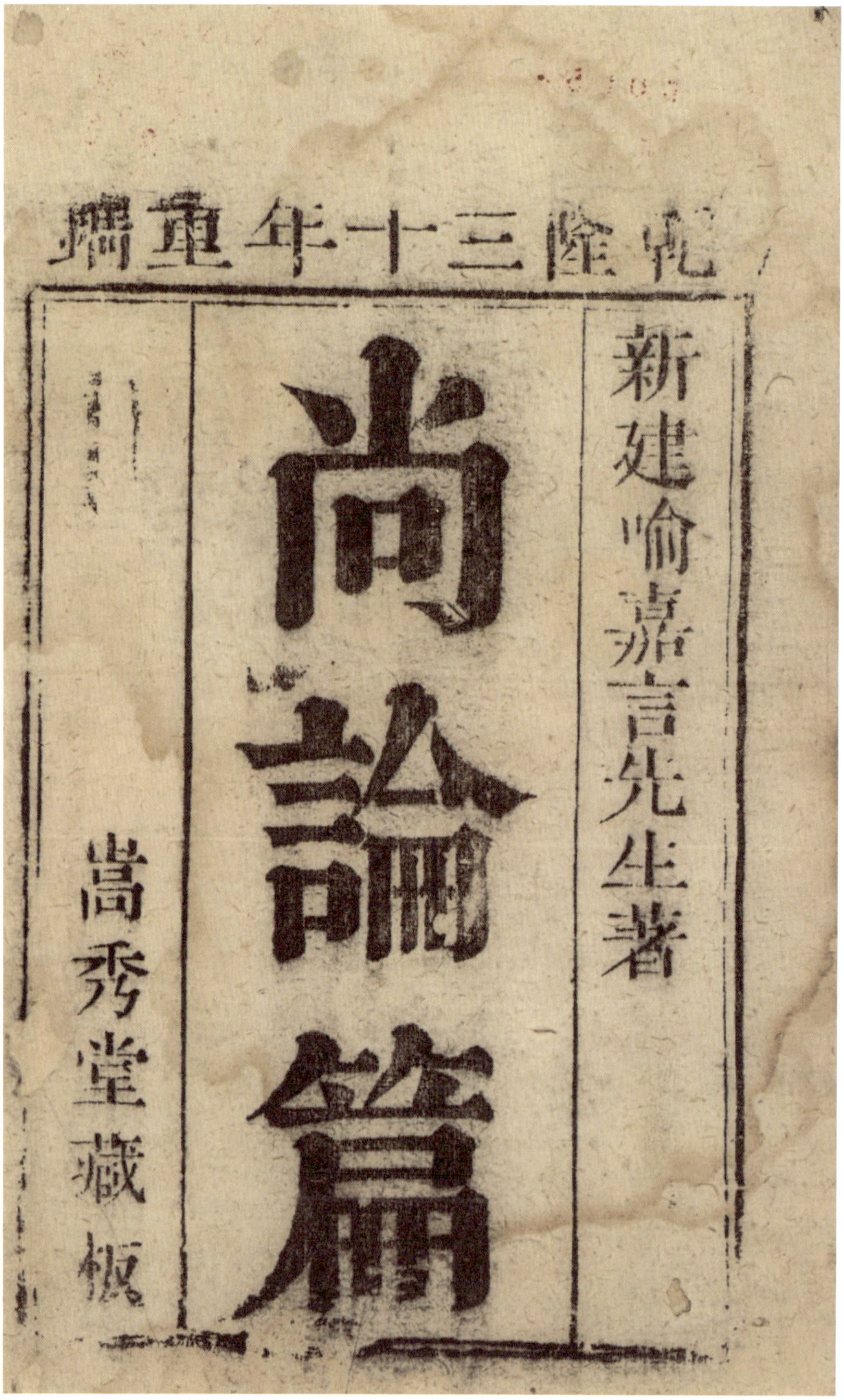

《尚论篇》清乾隆十三年刻本，嵩秀堂藏版。

五運六氣主病加臨轉移之圖

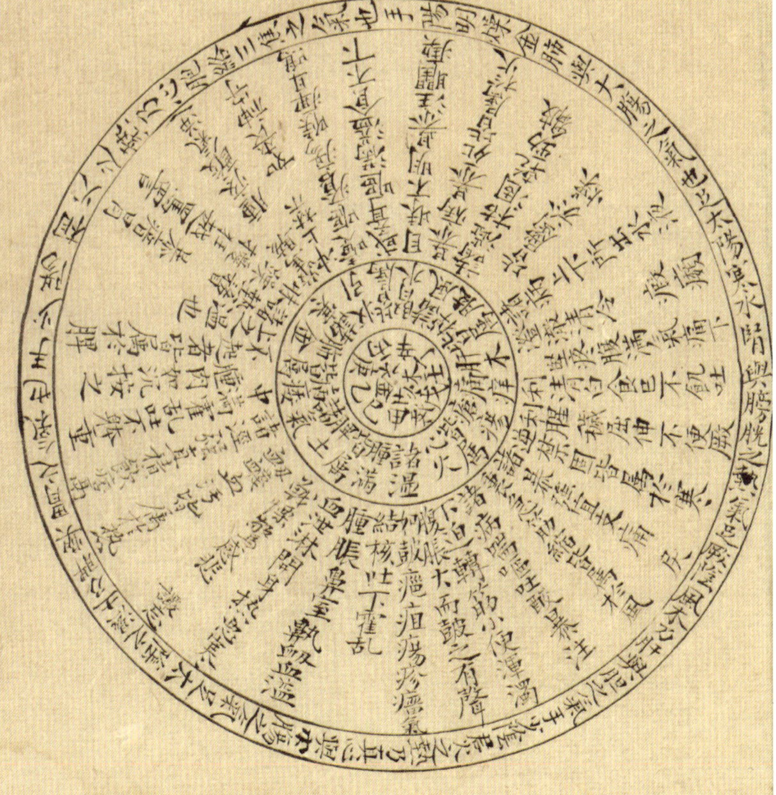

《尚论篇》又名《尚论张仲景伤寒论重编三百九十七法》，8卷，为明末清初名医喻昌撰，为医家经典之作。

喻昌（1585–1664），字嘉言，号西昌老人，明末清初医家，新建（今江西南昌）人。喻氏自幼聪颖，博览群书，才辩纵横，明崇祯三年（1630）中副榜，入京上书言国事，欲有所为，不被纳，未几又遭国变，遂削发为僧，隐于禅。其后又蓄发归俗，以医为业。往来于南昌、靖安等地。清代初期，喻氏又移居江苏常熟，医名卓著，冠绝一时，成为明末清初著名医家，与张路玉、吴谦齐名，号称清初三大家。晚年潜心著述授徒，撰有《寓意草》《医门法律》《尚论篇》等著作。

喻昌推崇方有执之论，否认王叔和编次、林亿校订的《伤寒论》之功。认为方氏《伤寒论条辨》“削去叔和序例，大得尊经之旨”，“以风寒之伤营卫者分属”以改编太阳篇，可谓“卓识超越前人”。同时，喻氏还认为林亿、成无已二人过于尊信叔和，“将叔和纬翼仲景之辞，且混编为仲景之书”，而庞安常、朱肱、韩祗和等人虽亦发挥仲景之学，但不过“叔和之功臣止耳，未见为仲景之功臣也”。但又认为其“未免失之过激，不若爱礼存羊，取而驳正之，是非既定，功罪自名也”，而且“叔和序例传习已久，中人已深，欲削去之，而坊刻盛行，难掩众目”。因此，喻氏未削去叔和序例，而是开篇即辨驳叔和编次及林亿、成无已校注之失，并对叔和序例逐条批驳。

《尚论篇》分前后两篇，前篇为《尚论篇》三部四卷本，后篇为《尚论后篇》三部四卷本。《尚论篇》4卷，主论伤寒六经证，397法，对于《伤寒论》条文的重新编次有自己特色，并细究三纲之说的来源，可其明为三纲，实为以法统方，以法统证。详孙思邈提出桂枝、麻黄、青龙之标目，即是言法不言证。至宋臣林亿校定医书，更是创立三百九十七法之说。喻氏以三纲立论，但注重从法立论，将《伤寒论》按照三纲鼎立、以法统纲的原则进行重新编次。喻昌认为《伤寒论》有纲有目，四时外感，尤其是冬伤于寒是《伤寒论》的大纲，三阴、三阳是分辨伤寒病的大纲，太阳篇里风伤卫、寒伤营、风寒两伤营卫，又是分析太阳病的大纲。即六经是分析伤寒病的大纲，风伤卫、寒伤营、风寒两伤营卫又是辨证的大纲，因此他确立伤寒病研究的“三纲鼎立”之说。另外，喻氏将桂枝汤、麻黄汤、青龙汤作为鼎足三纲的三大治法。因为三纲之说只能解决太阳篇的重新编次，而其余诸经的编次需依据法来完成。所以，喻氏更注重治法，从其定书名为“尚论张仲景伤寒论重编三百九十七法”以及每卷目录下必标明计多少法即可见一斑。

《尚论后篇》4卷，推广春温、夏秋暑湿热病，以及温病证治方药，并附以与门人所论诸篇。订春温30法，阐发温病三纲证：冬伤于寒，春必病温；冬不藏精，春必病温；两感温病，既冬伤于寒，又冬不藏精之温病。本书对前人思想做了极大发挥与创新，从而将仲景之书及喻氏自己对温证的理解加以补充，以法为纲，使理法方药归于一统。

纵观喻氏论述六经各篇，每一经之前，先述证治大意，其次以法为目，法下分列条文，再详加注释，并将合病、并病、坏病、痰病四类附于三阳经末，将过经不解、瘥后劳复、阴阳易病等则附于三阴末。至于六经诸方，亦是以法统方，同一法下，分列诸方。从而使理法方药归于一统。

该书版本较多，《尚论篇》有清康熙刻本，《尚论后篇》有乾隆二十八年癸未（1763）黎川陈守诚刻本集思堂藏板，有清光绪三十一年乙巳（1905）新化三味书局刻本、豫章丛书本。本书版本为乾隆十三年刻本，嵩秀堂藏版，为内蒙古医科大学图书馆所藏。

参考文献

1. 张海鹏，陈润花校注. 尚论篇[M]. 北京：学苑出版社，2009年.

2. 蒋力生等校注. 喻嘉言医学三书[M]. 北京：

中国古籍出版社，2004 年.

3. 陈熠主编. 喻嘉言医学全书[M]. 北京：中国中医药出版社，2003 年.

4. 龙奉玺，唐东昕. 喻昌学术思想的六个研究要点之探讨[J]. 时珍国医国药，2012 年.

5. 龙奉玺，蒋力生. 关于《喻昌医学三书》之研究[J]. 江西中医学院学报，2010 年.

6. 吕健，施旭光. 喻嘉言《尚论篇》的学术思想[J]. 山西中医学院学报，2005 年.

7. 苏凤哲，徐国仟. 喻昌《尚论篇》学术思想探讨——兼谈对后世的影响[J]. 山东中医学院学报，1990 年.

（李紫慕）

瘟疫论

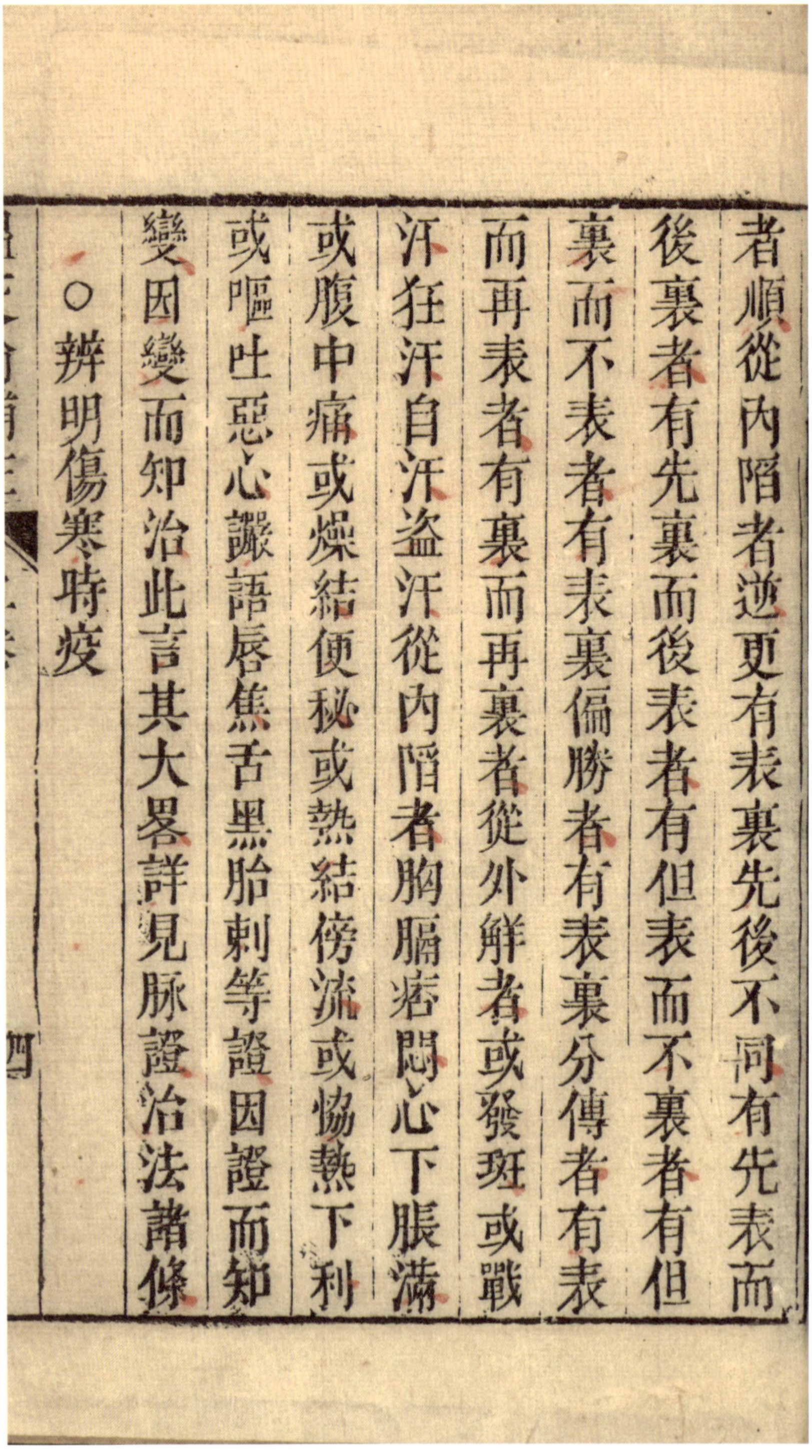
者順從內陷者逆更有表裏先後不同有先表而後裏者有先裏而後表者有但表而不裏者有但裏而不表者有表裏偏勝者有表裏分傳者有表而再表者有裏而再裏者從外觧者或發斑或戰汗狂汗自汗盜汗從內陷者胸膈痞悶心下脹滿或腹中痛或燥結便秘或熱結傍流或協熱下利或嘔吐惡心譫語唇焦舌黑胎刺等證因證而知變因變而知治此言其大畧詳見脉證治法諸條

○辨明傷寒時疫

《瘟疫论》2 卷，清同治甲子（1864）樊川文成堂藏版。

者但出表爲順卽不藥亦自愈也伏邪未潰所有之汗止得衛氣暫通熱亦暫減逾時復熱午後潮熱者至是鬱甚陽氣與時消息也自後加熱而不惡寒者陽氣之積也其惡寒或微或甚者因其人陽氣之盛衰也其發熱或久或不久或晝夜純熱或黎明稍減者因其感邪之重輕也疫邪與瘧彷彿但瘧不內傳惟疫乃傳胃始則皆凜凜惡寒既而發熱又非若傷寒發熱而兼惡寒也至於伏邪發作方有變證其迹或從外解或從內陷從外解

《瘟疫论》又称《温疫论》，明末医学家吴有性于崇祯十五年（1642）撰写，是中国第一部系统研究急性传染病的医学书籍。

吴有性（1582–1652），字又可，是中国历史上一位极具改革性、创新性的医学大家，明末姑苏（今江苏吴县）人。吴氏是明清期间对传染病理论贡献最大的医学家，其学说在传染病的病原体、传染途径及特异性等方面都有卓越的见地，代表作为《温疫论》。

《温疫论》是我国医学发展史上的第一部温疫学专著，全书共2卷，成书于崇祯十五年（1642）。该书是吴有性随笔记录而成，体现了吴有性对温疫的新认识。卷上共载文50篇，主要论述温疫之病因、病机、证候、治疗、变证、宜忌，并从多方面论述温疫与伤寒的不同；卷下载论文36篇，着重论述温疫的兼证，有数篇论述温疫名实和疫疠证治，分析前人对温疫认识的错误及原因，并对有代表性的错误观点进行了分析批判。《温疫论》开创了中医外感病防治的新局面，创立了较为完整的温病学理论体系：在病因上，吴氏认为瘟疫之因“非风非寒，非暑非湿，乃天地间别有一种异气所感”，此即无形之“戾气”。从而把瘟疫与其他热性病区别开来，使传染病病因突破了前人“六气学说”的束缚。而戾气又有多种，且各有“特适”性和“偏中”性，即戾气的特异性。对发病的认识，吴氏十分重视机体抵抗力的重要性，在我国第一次建立了以机体抗病功能不良、感染戾气为发病原因的新论点。在传播途径上，吴氏提出戾气侵入途径分为“自天受”（空气传染）和“传染受”（接触传染），既可形成流行之疫，也可出现散发之疫。另外，《瘟疫论》记载了不少治疗传染病的新方法，如“达原”“三消”等，都为后世传染病的治疗奠定了基础。

传染病对人类的危害很大，我国历代医家对传染病的防治都十分重视，如《黄帝内经》《伤寒论》《诸病源候论》《千金方》《外台秘要》等著名医著中都有防治传染病经验的记载，但这些记载都不系统。吴氏《温疫论》创论外感瘟疫病因及传受途径，实开我国传染病学之先河，对后世戴天章等医家有很大影响。清代一些著名医家如戴北山、杨栗山、刘松峰、叶天士、吴鞠通等，都或多或少地在《温疫论》的基础上有所发挥，有所创造。

《温疫论》作为我国第一部治疗传染病的专著，其贡献是很大的。直至今天，我国仍应用温病学说的理、法、方、药治疗一些传染病，如流行性乙型脑炎、流行性感冒、麻疹、猩红热、痢疾等，并取得了很高的疗效，而其中很多地方就是继承和发扬了《温疫论》的理论和经验。

该书版本除崇祯原本外，清代有多种刻本，如清代积秀堂、绿荫堂、文光堂刻本，康熙三十年（1691）金陵长庆堂刻本，张以增（容旃）葆真堂本，清道光二年（1822）刻本等。另外还有四库全书本、抄本。此本为内蒙古医科大学图书馆藏同治甲子（1864年）樊川文成堂藏版。

参考文献

1. 李经纬. 中医史[M]. 海口：海南出版社，2007年.

2. 明·吴又可. 瘟疫论[M]. 北京: 人民卫生出版社，2007年.

（杨景月）

白氏辑要

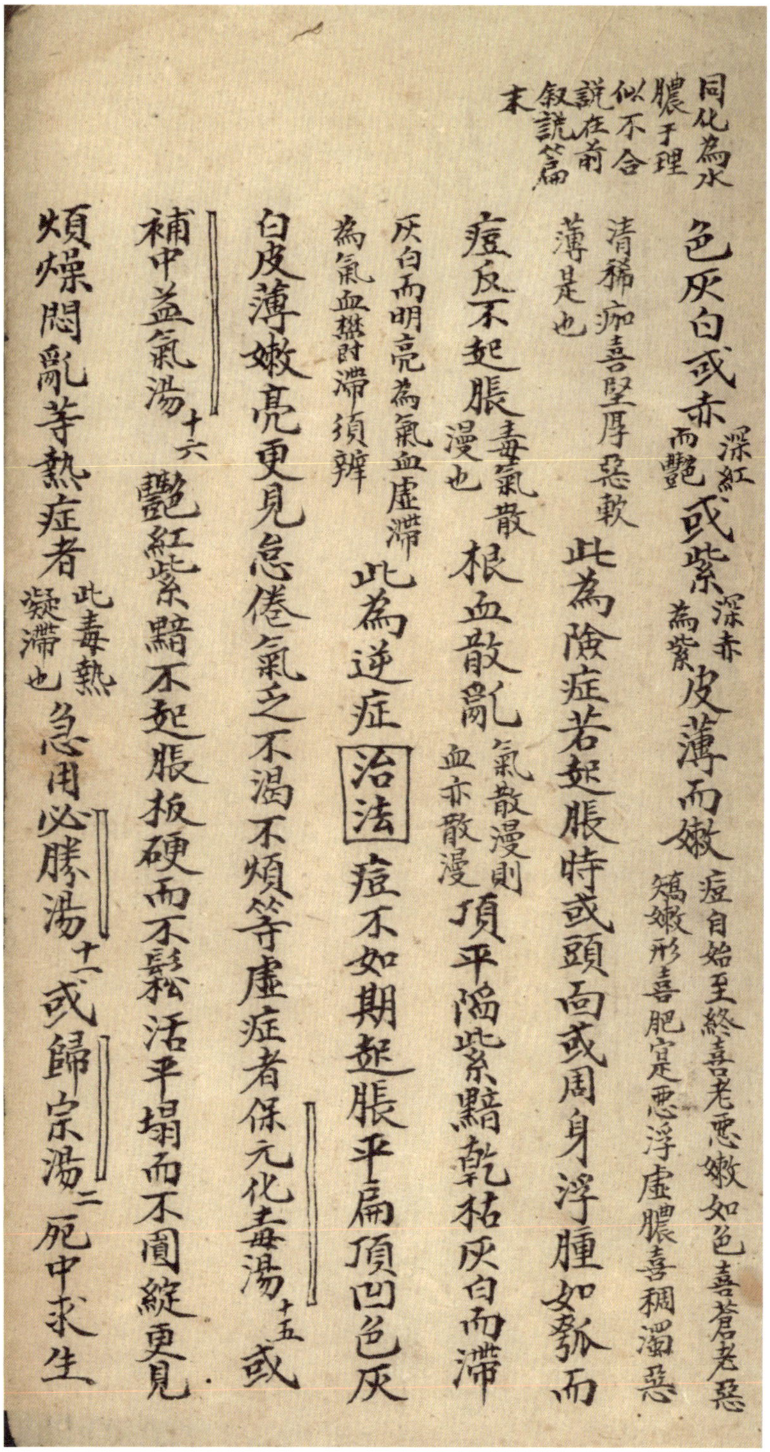
同化為水膿乎理似不合說在前敘說篇末

色灰白或赤(深紅而艷)或紫(深赤為紫)皮薄而嫩(痘自始至終喜老惡嫩如色喜蒼老惡嬌嫩形喜肥寔惡浮虛膿喜稠濁惡清稀痂喜堅厚惡軟薄是也)此為險症若起脹特或頭面或周身浮腫如瓠而痘反不起脹(毒氣散漫也)根血散亂(氣散漫則血亦散漫)頂平陷紫黯乾枯灰白而滯(灰白而明亮為氣血虛滯為氣血鬱閉滯須辨)此為逆症

治法

痘不如期起脹平扁頂凹色灰白皮薄嫩亮更見怠倦氣乏不渴不煩等虛症者保元化毒湯(十五)或補中益氣湯(十六)艷紅紫黯不起脹板硬而不鬆活平塌而不圓綻更見煩燥悶亂等熱症者(此毒熱凝滯也)急用必勝湯(十一)或歸宗湯(二)死中求生

《白氏辑要》，清嘉庆庚午年孟夏刊印本。

六

起脹症治　見点後三日即出齊矣痘形漸次起發先成細小顆粒名血泡（如初一見点初四成血泡）頂尖而體圓又漸成水泡（初五初六成水泡）以漸肥脹充滿摸之碍手磊落分明顏色潤澤皮厚堅老痘頂漸漸放白光瑩（見点本紅後漸起發脹滿色轉瑩白）根腳紅活（瑩白者氣之色紅活者血之色氣領血載送毒出至見点處故各現其色也氣親上故色于頂見血親下故色于根腳見尊卑之義也若頂不起脹是氣不上親陽失其尊即起脹亦不瑩白而紅紫是血不親下而毒參陽位皆不宜氣化為水故色瑩白痘毒乃火熱之氣毒氣也送毒之氣正氣也毒氣與正氣混合為一故正氣外達毒亦外達同化為水而轉為漿膿藉為水膿乃血所化者以其由紅轉白為言耳根腳紅活形壯詳下灌膿篇者）飲食二便調和精神如常此順症也不必用藥若痘頂凹陷形不圓綻顏

自是正氣能送毒氣出外若云毒氣與正氣混合為一

《白氏辑要》是《痘疹汇编》第4卷，由清代白振斯（之纪）撰写，刊于乾隆五十二年（1787）。

白之纪，字振斯，清代渔阳人，一生专心于医学，因独子患痘，故对于痘疹一科颇有研究。白氏精究医术，专习方书，博览古代医学文献数千卷。凡所览阅之书，均逐条采摘记录，积累了大量资料，且用药灵活变通，不拘一法，遂为名医。

《白氏辑要》序言称：此书系据《刘氏辑要》（作者未详）予以增订编成，前三卷为原“辑要”内容，卷四为白氏治痘疹之心得、治验。全书以论述痘科证治为主（除儿科痘疹外，还包括成人男女之痘疹证治），次述疹科证治等内容，并介绍儿科备用良方，另附翟氏泻黄散方、费氏化毒散方和白氏生平治验19条。白氏曾历览治痘诸书，认为翟氏偏于补者过半而方药之分数未免少，又阅读《刘氏辑要》并观其所载治论与方药，自觉应折中翟费二家之所见，如此才可对痘症缕晰条分。

书中药方相比原方，药力有减，如患者年幼症轻，效果明显，若患者年长痘重，恐怕未必都能见效。虽然白氏通晓治痘旧方，但又不泥于旧方，有始终纯用温补者，有始终专用清凉者，有始用清凉而终用温补者，有始用温补而终用清凉者，有宜用重剂又或轻剂者，服用轻剂有一日用一剂或一日用四五剂者。痘状因人而异，因此须观察患者之大小强弱，时气之寒暑邪正，形色之凸凹赤白，表里之虚实寒热，然后斟酌药方损益，不使药力对痘症有偏轻偏重之误。白氏建议治痘必求合乎四时“痘初出三日，春生时三月也；痘长三日，夏长时三月也；痘贯三日，秋成时三月也；痘靥三日，冬藏时三月也”。如若十二日内痘有不顺，则须用药以达清温补泻之功效；气有不和，应调燮裁成；有痘不出，用药无效者，可縠（谷）之蚀其生意；痘已出不能十分胀贯且用药无效，至十二日后复外泛犹得生全，是冬至阳生春又来之义。治痘也必是气为血纲，而后才能康健无恙，若气虚不能领血以亲于下而陷伏不起，或血热不受气制而亲于上而通顶紫红，一如君不能为臣纲，父不能为子纲，夫不能为妻纲，以致肆意妄行而僭乱。因此气虚宜补，血热宜清，以送毒出外而化为浆，转为脓，此为阳生阴长之意。

白氏从不泥于古方，清凉配合温补，通过观患者、察时气、审形色、辨表里，酌症之轻重给药。他认为治痘必是气为血之纲，犹君令臣行，父慈子孝，夫唱妇随自然之理。白氏认为《刘氏辑要》起胀门所论的亲上亲下之义最为详切，但所云正气与毒混合为一同化为水脓之说于理似不合，因正气即元阳，所以毒气贼邪可宰命，使元阳主内而贼邪远遁方可有生机，若云元阳与贼邪混合为一同化为水脓，则天下岂有无气之人亦可生者；又云旧谓水脓乃血所化，其理自不可易，而所谓血者亦毒血而非正血，是因正气能领正血以载毒血出外而化为水脓，若云正血亦化为水脓，则天下岂有无血之人而能生者，所以古人重补气亦有补血之说。

《白氏辑要》现有清嘉庆十五年（1810）刻本、光绪二十四年（1898）南海梁承志堂重刊本，及手抄珍本。内蒙古医科大学图书馆藏版本为嘉庆庚午年孟夏刊印本。

参考文献

1. 张立东. 浅析《白氏辑要》学术思想[J]. 内蒙古医科大学学报，2014年.

（张立东、李林）

本草万方针线

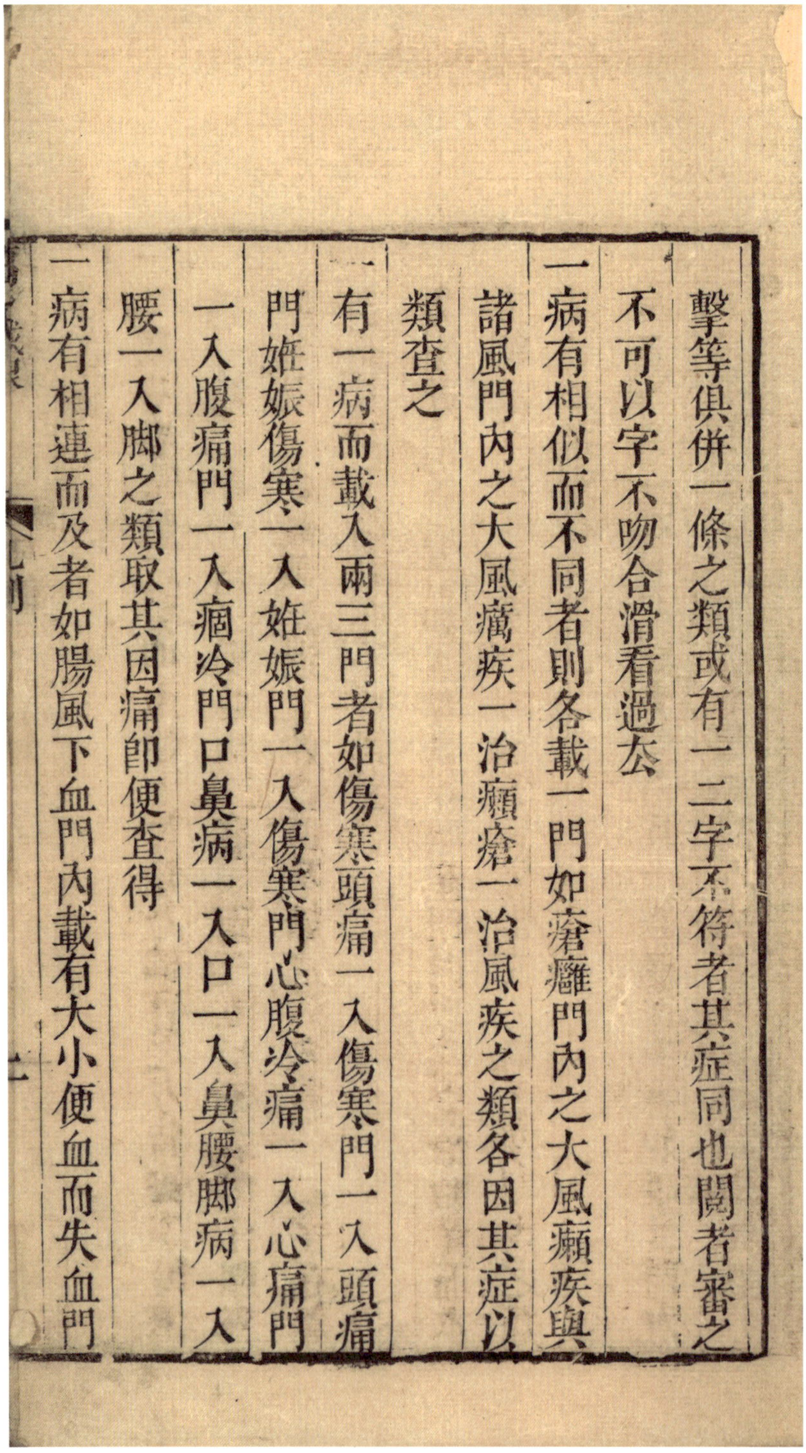
擊等俱併一條之類或有一二字不符者其症同也閱者審之
不可以字不吻合滑看過去
一病有相似而不同者則各載一門如癱瘓門內之大風癩疾與
諸風門內之大風癘疾一治癩瘡一治風疾之類各因其症以
類查之
一有一病而載入兩三門者如傷寒頭痛一入傷寒門一入頭痛
門姙娠傷寒一入姙娠門一入傷寒門心腹冷痛一入心痛門
一入腹痛門一入痼冷門口鼻病一入口一入鼻腰脚病一入
腰一入脚之類取其因痛即便查得
一病有相連而及者如腸風下血門內載有大小便血而失血門

《本草万方针线》8 卷，武林山寿堂藏版。

閱查看

一凡載某卷某篇或發明主治下等類乃確實之方特爲添出但恐一篇之中有兩三藥品兩三發明兩三主治等者須仔細查對勿以一處無載錯過至如查對某篇或病名有一二字在篇末而方在下篇者亦不可錯過

一方有兼治各症者如益母膏在胎産門内以爲當治胎産而本方細註又治折傷瘀血神効各皆標出或云備悉某門内之類其註必詳於彼

一病名不欲多載有相同者卽併爲一條緣從簡省如眼目門内之赤眼腫痛與眼暴赤腫等折跌門内之跌樸傷損與墜跌打

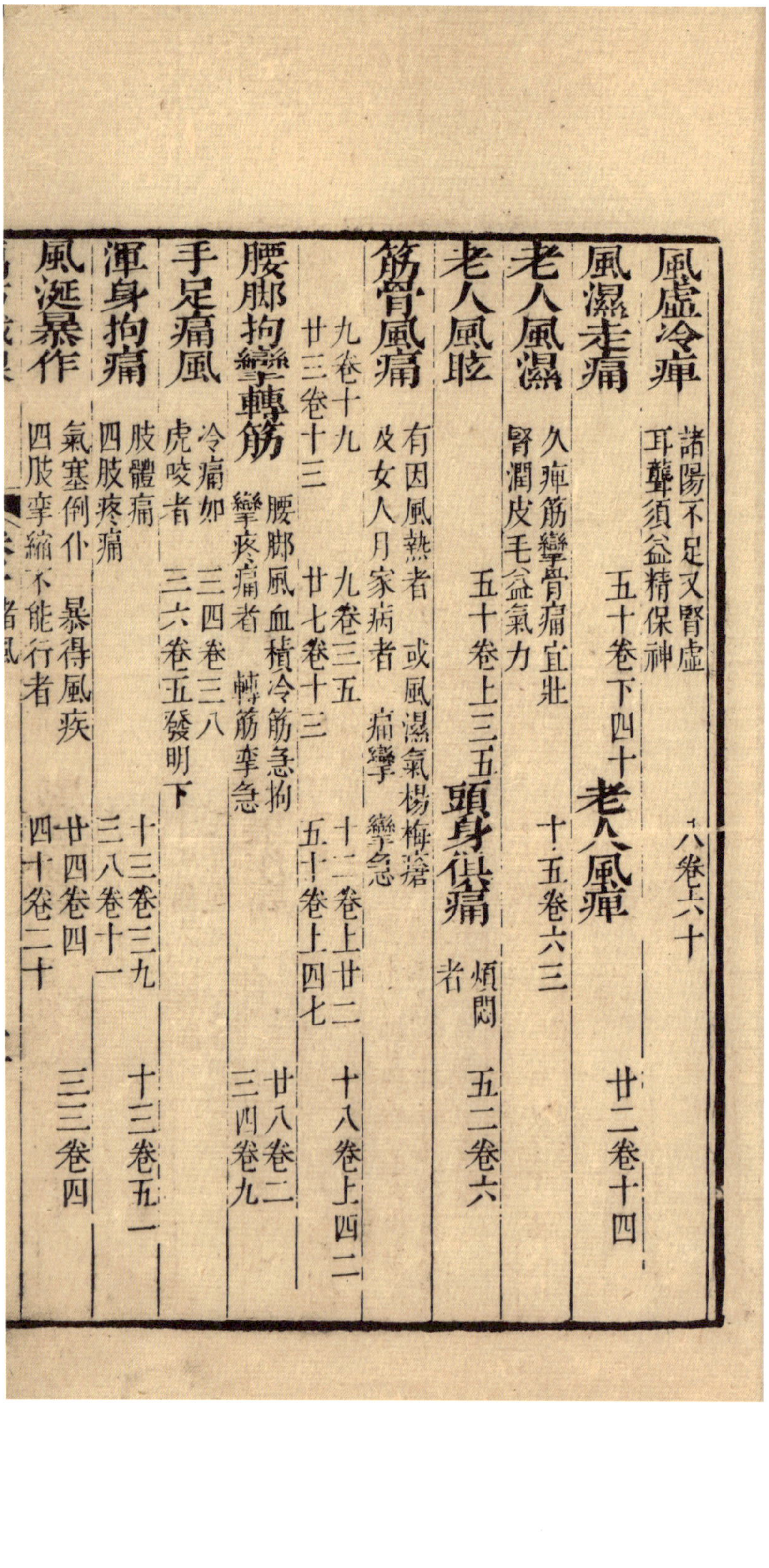

風虛冷痺 諸陽不足又腎虛 耳聾須益精保神 十八卷上六十

風濕走痛 五十卷下四十 老人風痺 廿二卷十四

老人風濕 久痺筋攣骨痛宜壯 腎潤皮毛益氣力 十五卷六三

老人風眩 五十卷上三五 頭身俱痛 煩悶者 五二卷六

筋骨風痛 有因風熱者 或風濕氣楊梅瘡 及女人月家病者 痛攣 攣急 十二卷上廿二 十八卷上四二

九卷十九 廿三卷十三 九卷三五 廿七卷十三 五十卷上四七

腰脚拘攣轉筋 腰脚風血積冷筋急拘 攣疼痛者 轉筋拳急 廿八卷二 三四卷九

手足痛風 冷痛如 虎咬者 三四卷三八 三六卷五發明下 十三卷三九 十三卷五一

渾身拘痛 肢體痛 四肢疼痛 三八卷十一

風涎暴作 氣塞倒仆 暴得風疾 廿四卷四 三三卷四 四肢拳縮不能行者 四十卷二十

《本草万方针线》是有关《本草纲目》病证治疗方剂的一种检索工具书，由清代蔡烈先编撰。

蔡烈先，字承侯，号茧斋，清代浙江山阴县人。蔡氏于方剂学颇有造诣，尝由《本草纲目》中撷取其附方部分，以病为纲，重新分类，著成《本草万方针线》。另著《本草纲目药品总录》亦行于世。

《本草万方针线》，一名《万方针线》，别称《本草验方针线》，共8卷。本书将《本草纲目》中所附的单方（包括全部附方以及发明项下的个别处方）15 000余首，按病种门类编成索引，分为通治部、外科、女科、儿科、上部、中部、下部，共7部105门。每一病证均记明该书的卷、页数。蔡烈先为了防止读者漏检，往往“一病而载入两三门”，这相当于工具书编纂中“互见法”的运用，为读者考虑得很周到。《本草万方针线》编成以后，蔡氏欣慰地说：“有《本草》者不可无此《针线》。家家有《本草》，有此《针线》，百病千方，顷刻可用，人尽医矣。于以救人，不无小补。”可见，蔡氏编《万方针线》有明确的目的，那就是提高人们查阅《本草纲目》的速度，以利于治病救人。

《本草纲目》是一部医药学巨著，收载药物1800多种。各种药名下详注其产地、形态、性味、功用等，并往往附录以该药为主药的历代方剂一个或多个，合计药方1万多个。这些药方有很大的临床价值，但由于它们散载于各种药名之下，查找起来十分不便。《本草万方针线》就是为《本草纲目》编的方剂索引，体例严谨，实用性强，为后世研究《本草纲目》提供了最直接的帮助。因此，蔡氏这部索引经常附刊于《本草纲目》之后，几乎成了它不可分割的一个组成部分。

该书现存多种清刻本如清康熙五十八年（1719）刻本，另有石印本及民国五年（1916）上海鸿宝书局刊本。本版本为内蒙古医科大学图书馆藏武林山寿堂藏版，一部4册，共8卷。

参考文献

1. 陈新谦.《本草纲目》及其后续性著作[J]. 药学通报，1982年.

2. 张同君. 试析《本草纲目》对明清药学的影响[J]. 药学通报，1988年.

3. 朱晟，何端生著. 中药简史[M]. 桂林: 广西师范大学出版社，2007年.

（杨景月）

本经逢原

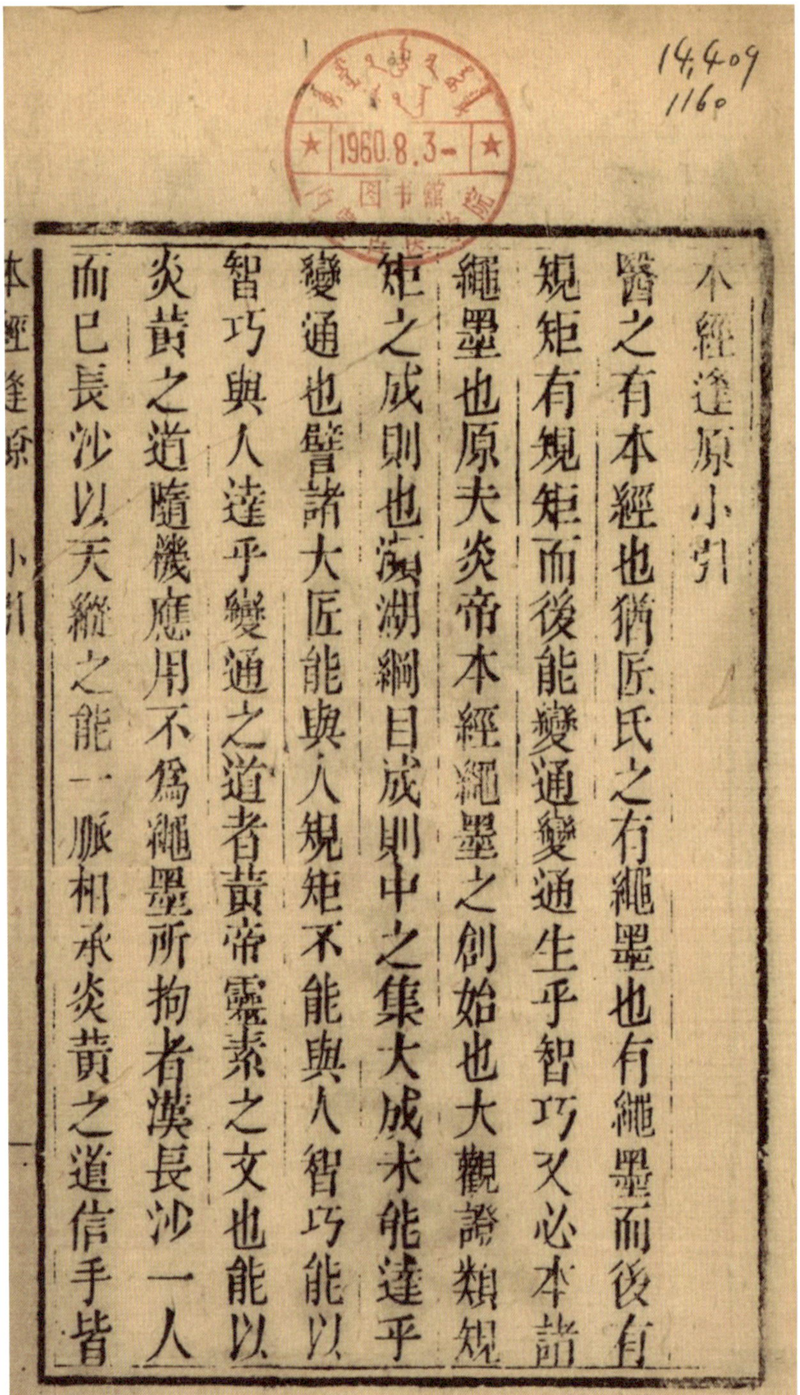
本經逢原小引

醫之有本經也猶匠氏之有繩墨也有繩墨而後有規矩有規矩而後能變通變通生乎智巧又必本諸繩墨也原夫炎帝本經繩墨之創始也大觀諸類規矩之成則也滇湖綱目成則中之集大成未能達乎變通也譬諸大匠能與人規矩不能與人智巧能以智巧與人達乎變通之道者黃帝靈素之文也能以炎黃之道隨機應用不爲繩墨所拘者漢長沙一人而已長沙以天縱之能一脈相承炎黃之道信手皆

本經逢原 小引 一

《本经逢原》4 卷，版本不详。

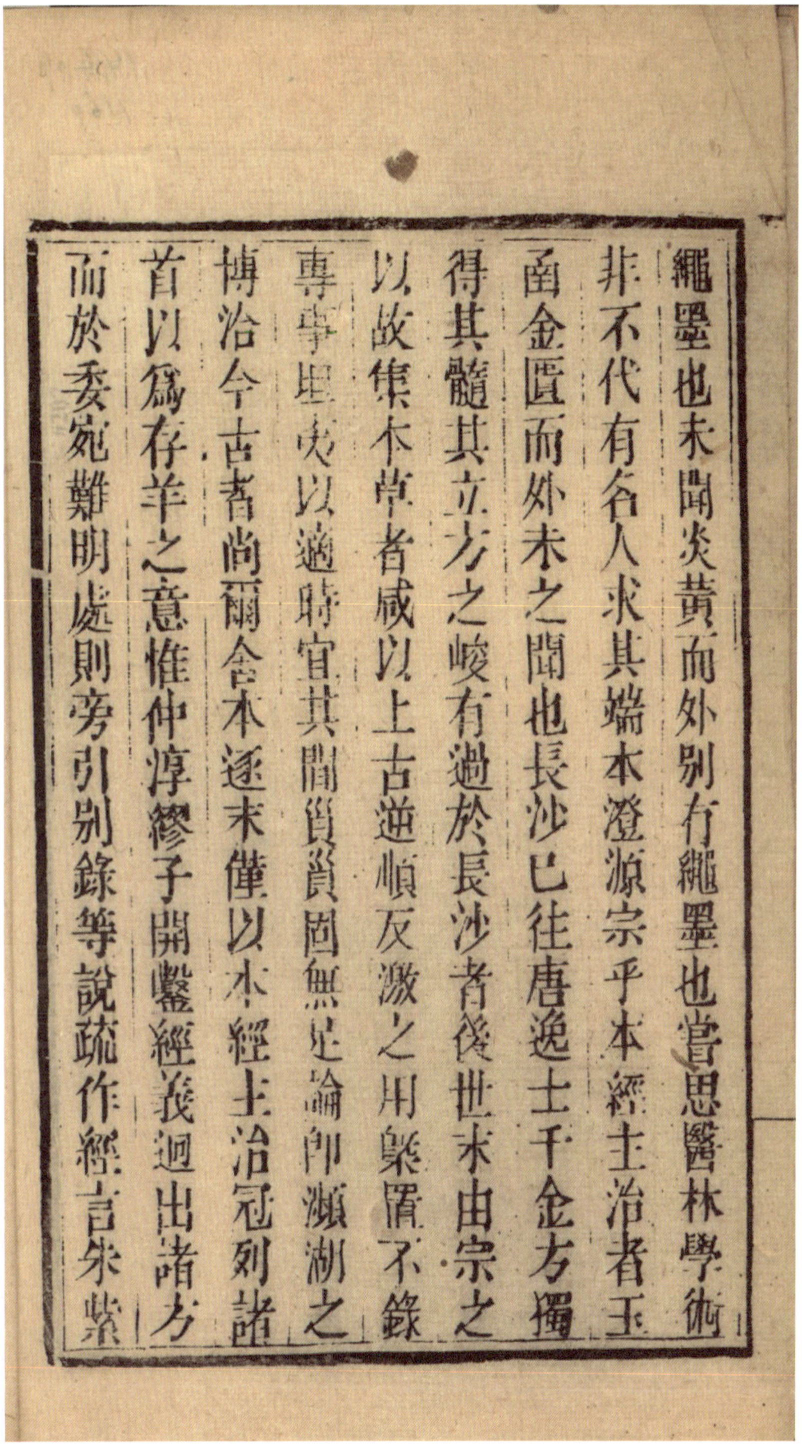
繩墨也未聞炎黃而外別有繩墨也嘗思醫林學術
非不代有名人求其端本澄源宗乎本經主治者玉
函金匱而外未之聞也長沙已往唐逸士千金方獨
得其髓其立方之峻有過於長沙者後世未由宗之
以故集本草者咸以上古逆順反激之用槩置不錄
專事坦夷以適時宜其間貿貿固無足論即瀕湖之
博洽今古者尚爾舍本逐末僅以本經主治冠列諸
首以為存羊之意惟仲淳繆子開鑿經義迴出諸方
而於委宛難明處則旁引別錄等說疏作經言朱紫

《本经逢原》是清代张璐于清康熙三十四年（1695）编著的一部药物学著作。

张璐（1617–1699），字路玉，晚号石顽老人，明清时，江苏长洲（今江苏吴县）人。初习儒，兼攻医药，明亡后弃儒从医，善治内科杂病，积累了丰富的经验，同时对伤寒学、本草学也很有研究，主要著述有《张氏医通》《伤寒绪论》《本经逢原》《千金方衍义》《伤寒缵论》《诊宗三昧》等。

《本经逢原》是一部切合临床实用的本草学著作，初刊于康熙乙亥年（1695），原书4卷。卷首无序文、凡例，有作者“小引”一篇，叙其著述宗旨。全书以《神农本草经》为基础，兼收后世医家常用之品，共收载药786条。张氏参考《本草纲目》“物以类从”的分类方法，将所载药物列为32部，分四卷。卷一为水、火、土、金、石、卤石、山草部；卷二为芳草、隰草、毒草、蔓草、水草、石草、苔草部；卷三为谷、菜、果、水果、味、香木、乔木、灌木、寓木、苞木、藏器部；卷四为虫、龙蛇、鱼、介、禽、兽、人部。值得注意的是，本书部分分类与《本草纲目》分类略有不同，如本书将“玉”归于石部，改《本草纲目》“服器”为“藏器”。每味药于其药名之下，先录其别名、性味、产地、形态、鉴别等，次录《本经》原文，非《本经》药物则直接阐述其功用主治，然后为“发明”。“发明”一项，阐释药理、临床应用，附以个人学术见解、用药经验等，或引前代文献、诸家治法，或录个人见闻，加以阐释说明，对前人所述不当者即予指正；对药物质量、药材来源与药效之关系，以及药物真伪鉴别等亦有论述；对药物之辨证选取及配伍应用，尤为重视并多有发挥。所述药物以临床实用为主，且论述中颇多作者独到见解与经验心得，使人阅后一目了然，发人思微。《四库全书总目提要》评其书曰：“时珍书多主考订，希雍书颇喜博辩，璐书则惟取发明性味，辨别功过，使制方者易明”。

《本经逢原》作为注解类本草学著作，并不只是研究《神农本草经》的专著，而是一部综合性本草。张璐鉴于当时医家不宗《本经》主治，不得《本经》要旨，在用药过程中又有“舍本逐末”“朱紫之混”之流弊，未能较好地发挥《神农本草经》之学术，并极力推崇前辈缪希雍所撰《神农本草经疏》“开凿经义”的学术思想，遂于晚年著《本经逢原》4卷，专论药物性效及临床应用，开创清代注解《神农本草经》类本草学著作的先河，具有较高的学术价值。《本经逢原》又不单是注解类本草学著作，从临床角度上看，此书又是张璐先生六十年用药经验的总结，扩充了部分药物的主治功效，是他临床用药的经验心得集。而从中医教育角度上言，此书更是一位中医大师对其学生谆谆教诲的语录集，对中医传统的传承教育方式具有一定的启发意义。此书后来与清代著名医家陈修园的《伤寒论浅注方论合编》《金匮要略浅注方论合编》及吴鞠通的《温病条辨》，被严式海于光绪三十四年（1908）收录于丛书《医学初阶》之中，足见《本经逢原》在当时的影响之大。

《本经逢原》自清康熙三十四年（1695）首刊以来，流传版本较多，现存有两种刊本，三个体系，共计十四个版本。单行本：清康熙乙亥年（1695）长州张隽永堂刻本、清康熙三十四年（1695）金阊书业堂刻本、清天禄堂刻本（刊刻年代不详）；合刊本有《张氏医书七种》（清康熙三十四年同德堂刻本、清康熙四十八年宝翰楼刻本、清嘉庆六年刻本、日本文化元年长庵前田再订东都书肆翻刻本、清光绪二十年甲午上海图书集成印书局刊本、光绪二十五年浙江官书局重印日本前田安宅订本、清光绪三十三年上海书局刊本、民国十四年上海广益书局陈莲舫校刊本、民国十四年上海锦章图书局刊本等9种）和《医学初阶》（光绪三十四年严式海《医学初阶》刊本、民国十三年成都渭南严氏刊本）。此书一部6册，共4卷，版本不详。

参考文献

1. 赵小青，赵婕.《本经逢原》述评[J]. 中医文献杂志，1995年.

2. 黄亚俊，陈仁寿. 张璐与《本经逢原》述评[J]. 四川中医，2011年.

3. 清·张璐著. 本经逢原[M]. 北京：中国医药科技出版社，2011年.

（杨景月）

傅青主女科

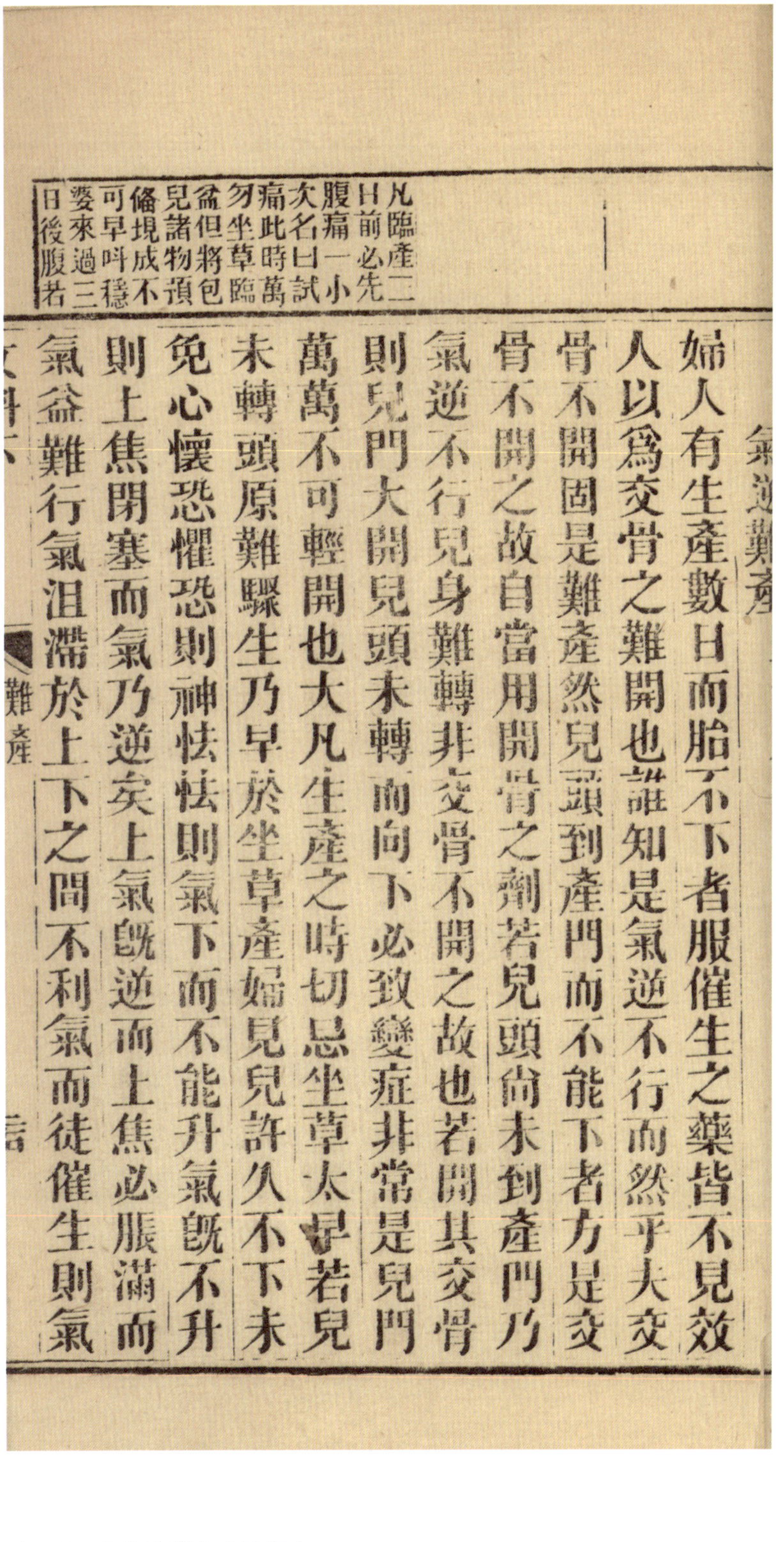
凡臨產二日前必先腹痛一小次名曰試痛此時萬勿坐草臨盆但將包兒諸物預備現成不可早叫穩婆來過三日後腹若

氣逆難產

婦人有生產數日而胎不下者服催生之藥皆不見效人以爲交骨之難開也誰知是氣逆不行而然乎夫交骨不開固是難產然兒頭到產門而不能下者方是交骨不開之故自當用開骨之劑若兒頭尚未到產門乃氣逆不行兒身難轉非交骨不開之故也若開其交骨則兒門大開兒頭未轉而向下必致變症非常是兒門萬萬不可輕開也大凡生產之時切忌坐草太早若兒未轉頭原難驟生乃早於坐草產婦見兒許久不下未免心懷恐懼恐則神怯怯則氣下而不能升氣既不升則上焦閉塞而氣乃逆矣上氣既逆而上焦必脹滿而氣益難行氣沮滯於上下之間不利氣而徒催生則氣

女科下　難產

《傅青主女科》2 卷，清同治八年湖北崇文书局版本。

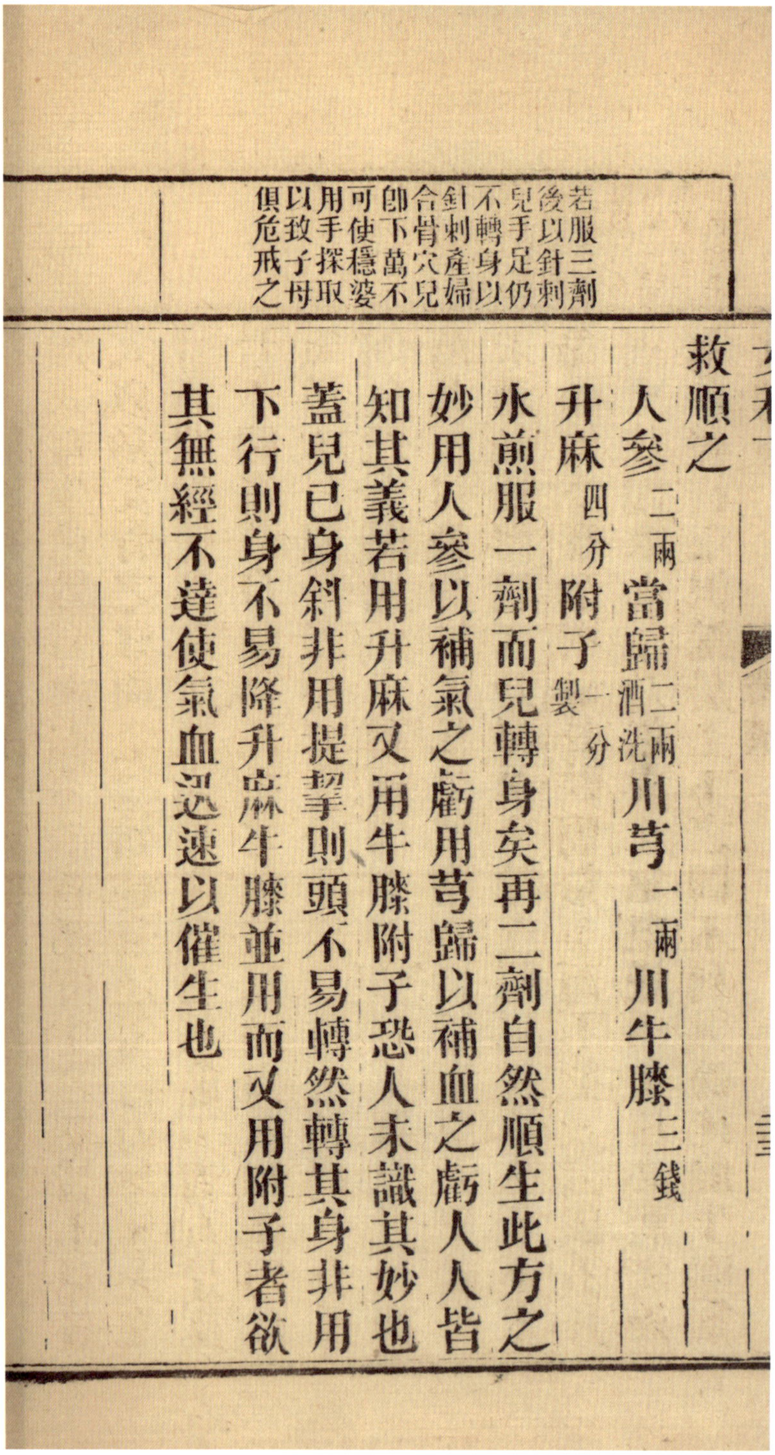

若服三劑後以針刺兒手足仍不轉身以針刺產婦合骨穴兒即下萬不可使穩婆用手探取以致子母俱危戒之

救順之

人參二兩　當歸二兩酒洗　川芎一兩　川牛膝三錢

升麻四分　附子一分製

水煎服一劑而兒轉身矣再二劑自然順生此方之妙用人參以補氣之虧用芎歸以補血之虧人人皆知其義若用升麻又用牛膝附子恐人未識其妙也蓋兒已身斜非用提挈則頭不易轉然轉其身非用下行則身不易降升麻牛膝並用而又用附子者欲其無經不達使氣血迅速以催生也

《傅青主女科》是明末清初医家傅山撰著的中医妇产科著作。

傅青主（1607–1684），名傅山，字青竹，后改字青主，山西阳曲人，是明末清初著名的医学家。傅氏著有《傅青主女科》《傅青主男科》等传世之作，在当时有“医圣”之名。明清交替之际，他绝意功名，弃青衿，为黄冠，自名朱衣道人，择批草履，身负药笼，遨游四方，名重于世，被认为是明末清初保持民族气节的典范人物。

《傅青主女科》又名《女科》，共上、下2卷，约成书于清康熙十二年（1673），至道光七年（1827）方有初刊本，后收入《傅青主男女科》中，合刊本为《傅氏女科全集》。

《傅青主女科》上卷载带下、血崩、鬼胎、调经、种子等五门，每门下又分若干病候，计38条、39症、41方；下卷则包括妊娠、小产、难产、正产、产后诸症，亦五门，共39条、41症、42方。《产后编》上卷包括产后总论、产前产后方症宜忌及产后诸症治法三部，分列为17症；下卷继之而分列26症，并附补篇一章。

书中每一种疾病分为几个类型，每一类型先有理论，后列方药，在论述中，先叙述一般人对这个病症的理解，然后提出自己的意见，加以辨析。书中的方剂，大多由他自己创制。如论带下一门，分白带下、青带下、黄带下、黑带下、赤带下五种，白带属脾虚湿盛，方用完带汤；青带属肝经湿热，方用加减逍遥散；黄带乃任脉湿热，用易黄汤；赤带属火热，方用清肝止淋汤；黑带为火热之极，方用利火汤。如论述调经，有经水先期，方用清经散或两地汤；经水后期，方用温经摄血汤；经水先后无定期，方用定经汤；经水数月一行，方名助仙丹；年老经水复行，方用安老汤；经水忽来忽断时疼时止，方用加味四物汤；经水未来腹先疼，方用宣郁通经汤；行经后少腹疼痛，方用调肝汤；经前腹疼吐血，方用顺经汤；经水将来脐下先疼痛，方用温脐化湿汤；经水过多，方用加减四物汤；经前泄水，方用健固汤；经前大便下血，方用顺经两安汤；年未老经水断，方用益经汤。

全书文字朴实，论述简明扼要，理法方药谨严而实用，重视脏腑、气血、经络理论，重视肝脾肾辨证；在治疗上，遵循中医的“辨证论治”原则，既守其常，亦明其变，重视调补气血、健脾益胃、虚者补之、实者泻之、寒者温之、热者清之。用药简而精，药性平稳，主张“攻补兼施”的治疗方法，正所谓“谈症不落古人窠臼，制方不失古人准绳，用药纯和，无一峻品，辨证详明，一目了然”（《傅青主女科》祁序）。

《傅青主女科》单行本有道光年间太邑友文堂刻本、祁尔诚序刊本、澧州刻本、江南吴康古刻本；咸丰年间古长安乐知草堂刻本、大兴官彤绅刻本、江都官署刻本；同治年间聚星楼刻本、吴兴丁氏刻本、湖北崇文书局刻本；光绪年间维发堂刻本、丙子刻本、大荔李致远堂刻本、广信立德刻本、北京文成堂刻本、书业德记刻本、善成堂刻本、扫叶山房刻本、闽浙都署刻本；上海图书集成印书局铅印本、上海书局石印本、槐荫山房刻本、山西文兴斋葛英繁刻本、民国间的石印本、建国间铅印本等不同书局、不同时期、不同类型的版本67种之多。加之男女科合刊本、丛书本、同书异名本、辨证录本等各种达250余种之多。本版本是同治八年湖北崇文书局版本，为内蒙古医科大学图书馆藏。

参考文献

1. 欧阳兵整理. 傅青主女科[M]. 北京：人民卫生出版社，2006年.

2. 张保春. 傅青主女科白话解[M]. 北京：人民军医出版社，2007年.

3. 卫云英点校. 傅青主男女科[M]. 北京：学苑出版社，2009年.

4. 韩延华，吴聪聪，冯华等.《傅青主女科》对中医妇科临床的贡献[J]. 四川中医，2011年.

5. 王桂生，谭凤森.《傅青主女科》论治特点探析[J]. 中国中医基础医学杂志，1999年.

6. 陈继山. 探析《傅青主女科》学术特点[J]. 中国现代药物应用，2009年.

7. 卫云英.《傅青主女科》太邑友文堂本不是现存最早刊本[J]. 中医文献杂志，2011年.

（李紫慕）

寒温条辨

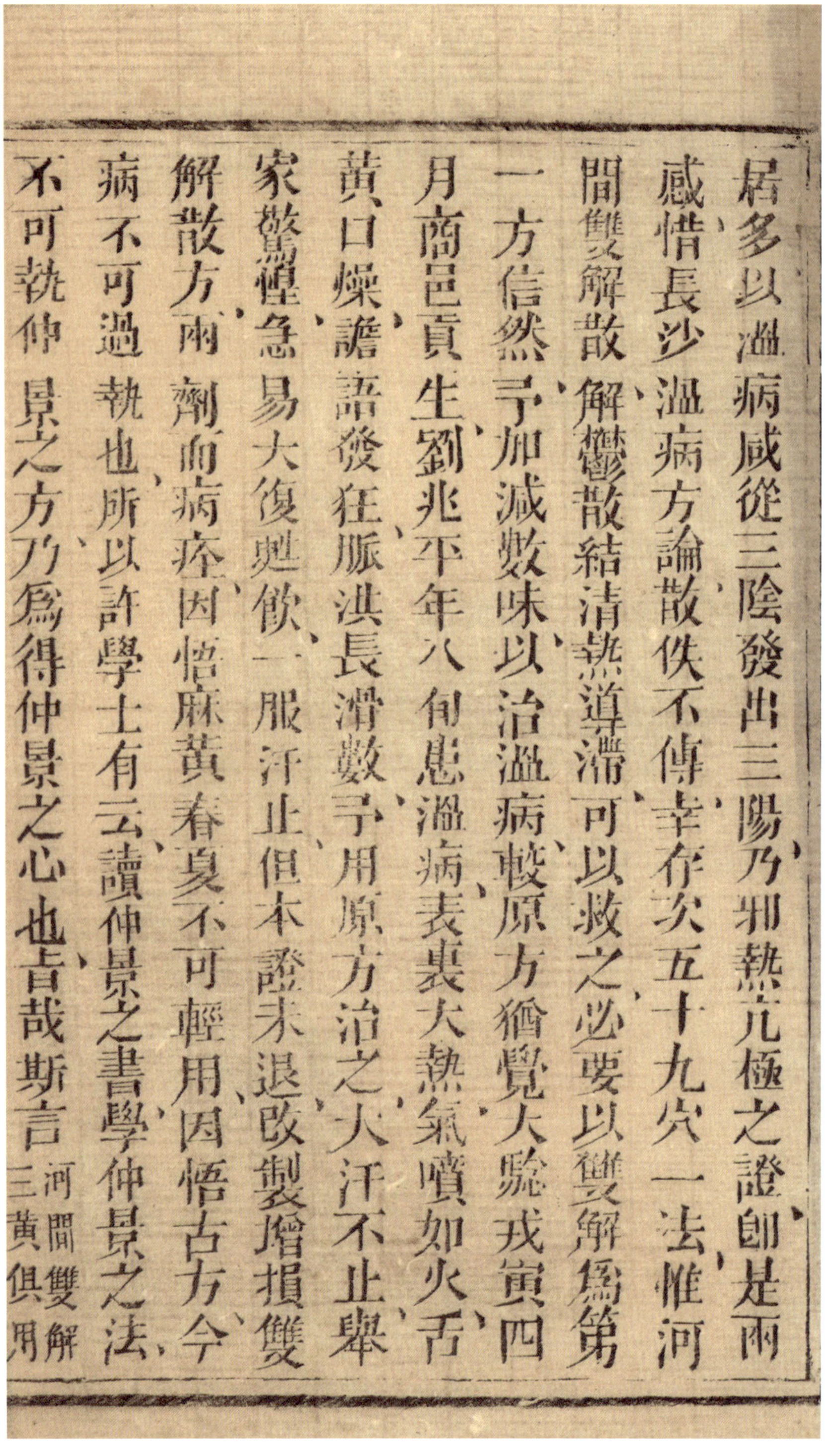
居多以溫病感從三陰發出三陽乃邪熱亢極之證卽是兩
感惜長沙溫病方論散佚不傳幸存穴五十九穴一法惟河
間雙解散解鬱散結清熱導滯可以救之必要以雙解爲第
一方信然予加減數味以治溫病較原方猶覺大驗戊寅四
月商邑貢生劉兆平年八旬患溫病表裏大熱氣噴如火舌
黃口燥譫語發狂脈洪長滑數予用原方治之大汗不止舉
家驚惶急易大復煎飲一服汗止但本證未退改製增損雙
解散方兩劑而病痊因悟麻黃春夏不可輕用因悟古方今
病不可過執也所以許學士有云讀仲景之書學仲景之法
不可執仲景之方乃爲得仲景之心也旨哉斯言 河間雙解三黃俱用

《寒温条辨》6卷，清同治八年刻本。

白殭蠶酒炒三錢 全蟬脫十二枚 薑黃七分 防風一錢 薄荷一錢
荆芥一錢 當歸一錢 白芍一錢 黃連一錢 連翹去心一錢
梔子一錢 黃芩二錢 桔梗二錢 石膏六錢 滑石三錢
甘草一錢 大黃酒浸二錢 芒硝二錢 水煎去渣充芒硝入
蜜三匙 黃酒半杯 和匀冷服

按溫病本末身涼不渴、小便不赤、脈不洪數者、未之有也、河
間以傷寒爲雜病、溫病爲大病、特立雙解散以兩解溫病表
裏之熱毒、以發明溫病與傷寒異治之秘、與其見高出千古、
深得長沙不傳之秘、且長沙以兩感爲不治之證、傷寒病兩
感者亦少、一部傷寒論僅見麻黃附子細辛湯一證、惟溫病

《寒温条辨》为清代杨璿所撰，成书于1784年，并于同年刻印发行。

杨璿（1416–1474），字玉衡，号栗山，河南夏邑县人。他自幼天资聪颖，能诗善文，清代乾隆年间被选为贡生，后几经参与科考，却屡试不第。仕途的不顺并没有使他气馁，返回家乡专心致力于医学，于伤寒、温病皆有研究。著有《伤寒瘟疫条辨眉批》《温病条辨医方撮要》，现有多种刻本问世。本书是杨璿集多家学派之精华，择千失一得，零星采辑，撰成于1784年。清代袁枚十分推崇他的医术，该书写成后，即对其进行刊刻，并发行全国。

该书共6卷92则，卷一论伤寒和温疫的区别，载医论二十余篇，从伤寒、温疫的病因、脉法、证候、治法等方面，一一予以详辨；卷二、卷三记载并分析了温疫病可能出现的发热、恶寒、恶风、头痛等七十余种症候；卷四、卷五为医方辨，载方剂二百余首；卷六为本草辨，载常用药一百八十余种。该书还将瘟病和伤寒各分为一门，以其各自的病因、脉症、治法，用不同的方法和药物治疗，故其实为一部论瘟疫之作。

书中力倡吴又可“温病杂气”说，反复强调“杂气”之客体“无形无声”，明确地指出了温病的由来是因“杂气由口鼻入三焦，怫郁内治”的理论，且推重张璐“温病由血分而发出气分”之论，独重温热火郁证治。杨氏认为中焦受邪则清浊相干，邪毒散漫，充斥上下，自内而外，一发则邪气充斥，上行极而下，下行极而上，其临床表现，因属杂气为病，症状复杂多变，全身均可发生。温病属火热毒邪，病变部位虽在中焦，但病机关键却为火毒蕴滞，气机升降失调，故治法以解散热毒、升清降浊为要。然而临证用药须根据患者发病部位、病邪轻重，稍予变化，因此制升降散一方，此即杨氏“治温十五方”之一，并为后世称颂。而此十五方中，升降散又为杨氏创制“治温十五方”的基础方。均以僵蚕、蝉蜕为主药，取僵蚕、蝉蜕以升阳中之清阳；黄连、黄芩、黄柏、大黄、姜黄等苦寒之品仅次于僵蚕、蝉蜕，取其清热解毒、逐秽作用，以降阴中之浊阴。杨氏善用黄连，突破了吴又可治温疫畏忌黄连的禁区，对温病临床治疗做出了贡献。《寒温条辨》已揭开了温疫病的本质：有特殊的病原，有强烈的传染性，病位相对固定，有一定的传变规律，应该用针对性药物治疗。

该书秉承《黄帝内经》和《伤寒论》的旨意，推崇吴又可《温疫论》的学说，对温疫进行了比较系统全面的论述。杨氏自称本书为“集群言之粹，择千失之零星，采辑参以管见”。杨璿的这部《伤寒瘟疫条辨》不仅在理论上解决了伤寒和温病的区别，而且对治疗温病有较高的实用价值，被称为“追之仲景之精微”的“救世宝书”，为医治温病、伤寒病做出了极大的贡献，也大大地丰富了祖国医学宝库。《寒温条辨》已有理法方药较完整的内容，成为别具一格的杨氏温疫学。该书问世以后，临床医家一直沿用至今。

《寒温条辨》现存初刻本等十余种，清刻本及1941年上海医学书局铅印本等。

参考文献

1. 刘祖贻. 孙光荣主编. 中国历代名医名术[M]. 第1版. 北京：中医古籍出版社，2002年

2. 黎明质.《寒温条辨》精义撮要[J]. 四川中医，1994年.

3. 李鸿琦. 杨栗山与《寒温条辨》[J]. 山西中医，1992年.

4. 沈敏南. 杨璇温疫学评述[J]. 四川中医，1988年.

（张立东、李林）

黄氏医书八种

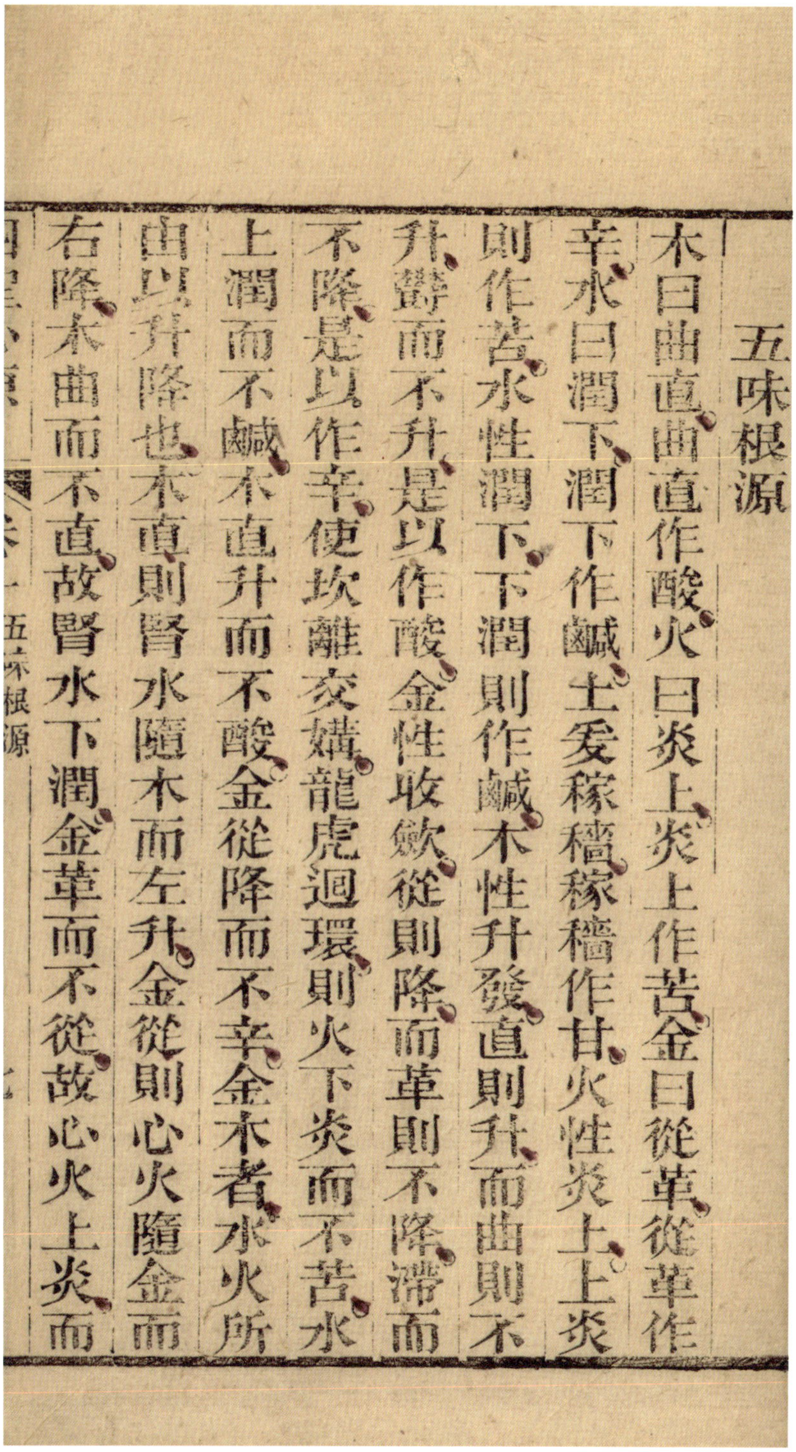

五味根源

木曰曲直曲直作酸火曰炎上炎上作苦金曰從革從革作辛水曰潤下潤下作鹹土爰稼穡稼穡作甘火性炎上上炎則作苦水性潤下下潤則作鹹木性升發直則升而曲則不升鬱而不升是以作酸金性收斂從則降而革則不降滯而不降是以作辛使坎離交媾龍虎迴環則火下炎而不苦水上潤而不鹹木直升而不酸金從降而不辛金木者水火所由以升降也木直則腎水隨木而左升金從則心火隨金而右降木曲而不直故腎水下潤金革而不從故心火上炎而

四聖心源　卷一　五味根源

《黄氏医书八种》77 卷，清同治七年刻本。

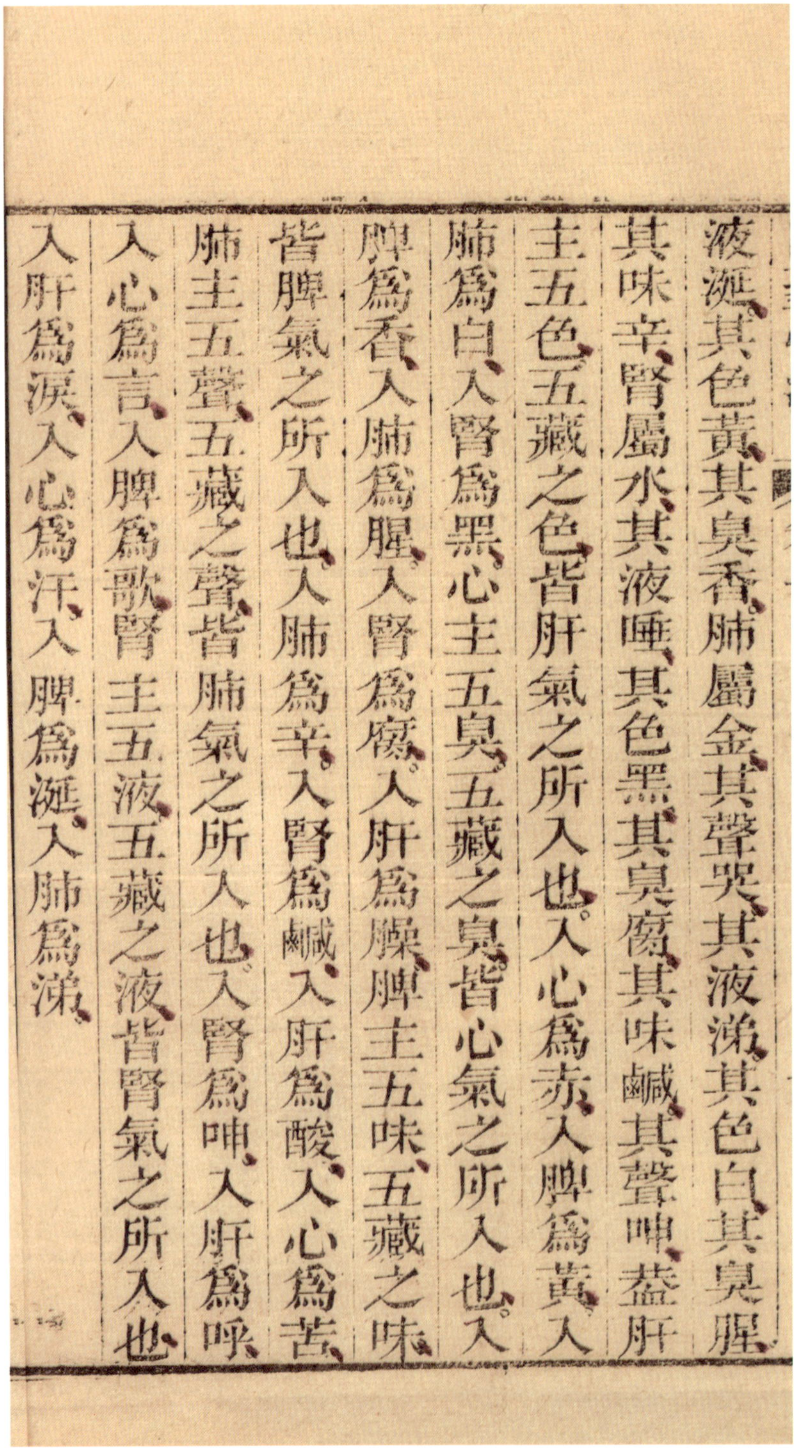
液涎其色黃其臭香肺屬金其聲哭其液涕其色白其臭腥
其味辛腎屬水其液唾其色黑其臭腐其味鹹其聲呻蓋肝
主五色五藏之色皆肝氣之所入也入心爲赤入脾爲黃入
肺爲白入腎爲黑心主五臭五藏之臭皆心氣之所入也入
脾爲香入肺爲腥入腎爲腐入肝爲臊脾主五味五藏之味
皆脾氣之所入也入肺爲辛入腎爲鹹入肝爲酸入心爲苦
肺主五聲五藏之聲皆肺氣之所入也入腎爲呻入肝爲呼
入心爲言入脾爲歌腎 主五液五藏之液皆腎氣之所入也
入肝爲淚入心爲汗入 脾爲涎入肺爲涕

《黄氏医书八种》共8册，77卷，清代黄元御撰。

该书系医学丛书，最早刊于乾隆年间，包括《四圣心源》《素灵微蕴》《四圣悬枢》《伤寒悬解》《伤寒说意》《金匮悬解》《长沙药解》《玉楸药解》8种。

黄元御（1705–1758），名玉璐，字元御，一字坤载，号研农，别号玉楸子，清代著名医学家，尊经派代表人物。他继承和发展了博大精深的祖国医学理论，对后世医家影响深远，被誉为“一代宗师”。黄元御为明代名臣黄福十一世孙。祖运贞，廪贡生，侯选训导；叔祖运启，顺治戊戌科进士，官至兵科给事中；父钟，邑庠生；兄德润，增生；德淳，监生。黄元御出身于这样一个世代簪缨的书香门第，自幼深受家学影响。少年时代，其父为之延请侨寓昌邑的名儒于子遽先生为师，学习举业制艺，遍览经史著作，希望他能够登科入仕，光耀门庭。黄元御也“常欲奋志青云，以功名高天下”，效其先祖黄福，做出轰轰烈烈的勋业。

《黄氏医书八种》之《四圣心源》10卷，成书于乾隆十八年癸酉（1753）。此书是一部以论述临床病证为主，且与基础理论紧密结合的综合性医著。前三卷为基础理论部分：卷一“天人解”，论述了阴阳五行、脏腑、精、气、血、营卫、经络等；卷二“六气解”，论述了六气名目、从化偏见、本气衰旺、六气为病及治法等；卷三“脉法解”，详细论述了各种病症的脉象；后七卷“劳伤解”“杂病解”“七窍解”“疮痒解”“妇人解”，论述内科、外科、妇科病证之“原始要络”。《四圣心源》乃黄元御“诸书之会极”，是黄氏学术思想的主要代表作之一，后人评价甚高。清·张琦云：“世之为医者，能读黄氏书，则推脉义而得诊法，究药解而正物性，伤寒无夭折之民，杂病无膏肓之叹，上可得黄岐秦张之精，次可通叔和思邈之说，下可除河间丹溪之弊，昭先圣之大德，作生人之大卫，不亦懿哉！”《四库全书》评价说：“元御谓张机著《金匮玉函经》，以治内伤杂病，大旨主于扶阳气，以为运化之本。自滋阴之说盛，而阳自阴升，阴由阳降之理迄无解者，因推明其意，以成此书。于四诊九候之法，言之颇详”。

《四圣悬枢》5卷，成书于乾隆十八年癸酉（1753）。此书前四卷分别论述温病、疫病、痘病、疹病之原始要略，均以六经辨证；卷五设为问答，补述前四卷之未详者，使“疫疠之义，元之又元”。其于治疗，温病、温疫、疹病，注重透表清气、凉营泄热、益阴伐阳；痘病、寒疫，强调其寒因，力辟混同温病、瘟疫、疹病之讹，痛斥苦寒攻痘、戕伐阳气之谬。书中黄氏自拟方亦颇多，审其源流，亦均宗四圣之旨，立方旨意彰显，遣药简洁，配伍精当，施之临床，卓有良效，实为论述急性传染病诊治之实用之作。

《玉楸药解》8卷，成书于乾隆十九年甲戌（1754）。此书乃黄氏撰《长沙药解》之后，取仲景未用而临证常用之药291种，按类分部，为正错讹而惠将来，以己之验，并参以前人论述，正其性而释其用者也。此书分为草部、木部、金石部、果部、禽兽部、鳞介鱼虫部、人部、杂类部8卷。每药之下，亦首述其性味归经，继述其功用治症，除个别药物引录《本经》之论及前人论述外，均系黄元御之心得见解。该书结合病因病机阐述药物功效，注重分析对比以别药物异同，强调药物配伍以明相辅相成，力主用药求本以使获得良效，力辟服石求仙滥用剧毒药物，依据临床实践而述独到见解诸端，为其他本草所不及。乃羽翼《长沙药解》之佳作，堪称临床之珍籍也。

《金匮悬解》22卷，成书于乾隆十三年戊辰（1748）。在此书中，黄氏破《金匮要略方论》之旧卷，重新撰次，分为脏腑经络、外感、外感杂病、内伤、内伤杂病、外科、妇人七类，每类前撰文述其概略，每节经文后均予诠释。释文深入浅出，扼要精当。鉴于饮食宜忌等3卷有方无论，黄氏未加妄释，仅作2卷录之。

《伤寒悬解》14卷，成书于乾隆十三年戊辰（1748）。黄氏诠释《伤寒》，错简重订，“复其次第之旧”。此书不但于卷首设气化专篇，且于每经篇首，亦均以气化开论，持论颇高，实为诸家所未及，也是此书精湛之一端。书中力驳“传经为热”之论，曰：“风寒之伤也，不能为寒，不能为热，视乎人之里气而为变者也”，“里气非平，而表邪外束，腑阳盛者则阳郁而生内热，腑阴盛者，则阴郁而生内寒”，强调里气、阳气在伤寒发病、传经、治疗、预后中的重要性，是其抉仲景《伤寒》之秘奥的心得结晶，亦是其朴素的辩证唯物观点在伤寒学中的具体体现。

《长沙药解》4卷，成书于乾隆十八年癸酉（1753）。此书乃取《伤寒论》《金匮要略》所载药物162种，每药之下，首述其气味归经，性质功用，继录《伤寒论》《金匮要略》凡用此药之方，是方治证，以印证其功用。名为药解，实为论药释证，抉其机理，以药系方，以方言证，参病机辨证于其间，对比类同之药于其内，理法方药相贯，以彰药物功用之作，为后世本草所不及，羽翼《伤寒悬解》《金匮悬解》之佳作也。

《伤寒说意》10卷，成书于乾隆十九年甲戌（1754）。此书亦如《四圣心源》，系抽暇写成，而非一气撰成者。黄氏精研《伤寒论》有得，既撰《伤寒悬解》之后，深觉言犹未尽，乃复撰《伤寒说意》。是书不在于诠释《伤寒论》之经文，而在于彰显《伤寒论》之微意。对《伤寒论》一理、一法、一方、一药、一脉、一证，逐一剖析阐扬，强调里气的重要意义和阳气的主导作用，更具有独到见解。与《伤寒悬解》一纵一横，相互羽翼。

《素灵微蕴》4卷，成书于乾隆十九年甲戌（1754）。此书前两卷，包括胎化解、脏象解、经脉解、营卫解、脏候解、五色解、五声解、问法解、诊法解、医方解10篇，归纳阐释四圣所述人之生理、病理、疾病、诊疗等基本理论，兼及前人论述、诊疗之得失。后两卷，包括齁喘解、吐血解、惊悸解、悲恐解、飧泄解、肠滞解、脾胃解、火逆解、消渴解、气鼓解、噎膈解、反胃解、中风解、带下解、耳聋解、目病解16篇，以其经治之病历及自身所患之目疾为本，阐释内科、妇科、五官科16种病证之原始要络，以概其内伤杂病辨证施治之理法方药的建树。既属医案，又非同一般医案。于病因、病机、诊断，据四圣之旨，探讨分析得至精至微；于治疗，宗四圣之旨，调理中洲以治其本，升清降浊以理其乱，而达阴平阳秘、气血调和、祛病延年之目的。全书一脉相承，理论临床相得益彰，其精识卓见，非同凡响。

据《全国中医图书联合目录》记载，《黄氏医书八种》仅有一种乾隆刻本存世，多为道光咸丰刻本。存书版刻精致，有断版补版现象，依照《伤寒说意》末附道光十四年赵汝毅跋文等综合分析，暂定为道光十四年甲午长沙刻本，与联合目录中所载“咸丰十一年辛酉（1861）家塾刻本”和“清黄氏家塾刻本”是否为同一刻板，有待考证。内蒙古医科大学所藏版本为清同治七年刻本。

参考文献

1. 刘祖贻，孙光荣主编. 中国历代名医名术[M]. 北京：中医古籍出版社，2002年.

2. 孙凤.《黄氏医书十一种》版本考略[J]. 光明中医，1996年

3. 姜绍华. 名医黄元御与《黄氏医书十一种》[C]. 北京第二届扶阳论坛论文集，2008年.

（李林、高斐宏）

洄溪医案

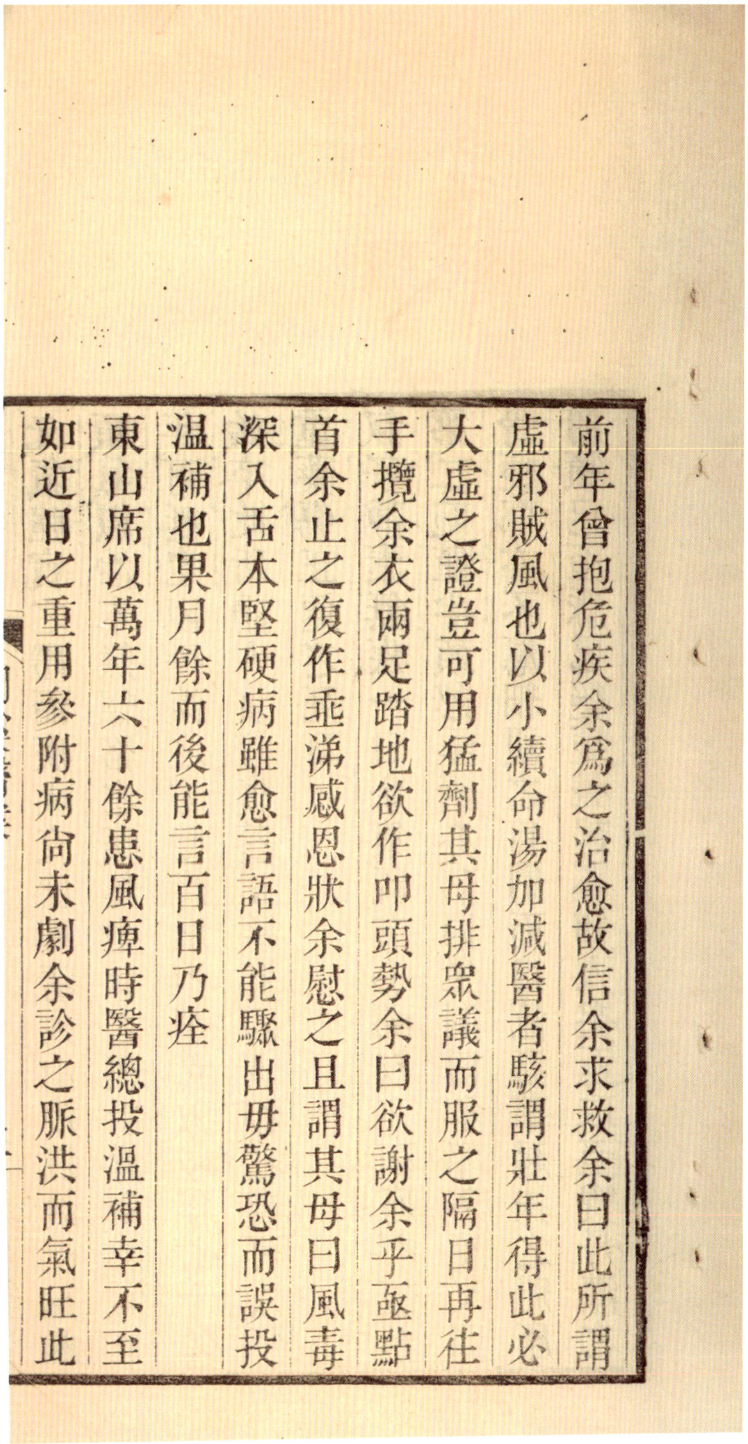
前年曾抱危疾余爲之治愈故信余求救余曰此所謂虛邪賊風也以小續命湯加減醫者駭謂壯年得此必大虛之證豈可用猛劑其母排衆議而服之隔日再往手攬余衣兩足踏地欲作叩頭勢余曰欲謝余乎亟點首余止之復作垂涕感恩狀余慰之且謂其母曰風毒深入舌本堅硬病雖愈言語不能驟出毋驚恐而誤投溫補也果月餘而後能言百日乃痊

東山席以萬年六十餘患風痺時醫總投溫補幸不至如近日之重用參附病尚未劇余診之脈洪而氣旺此

《洄溪医案》1卷，清咸丰十年刻本。

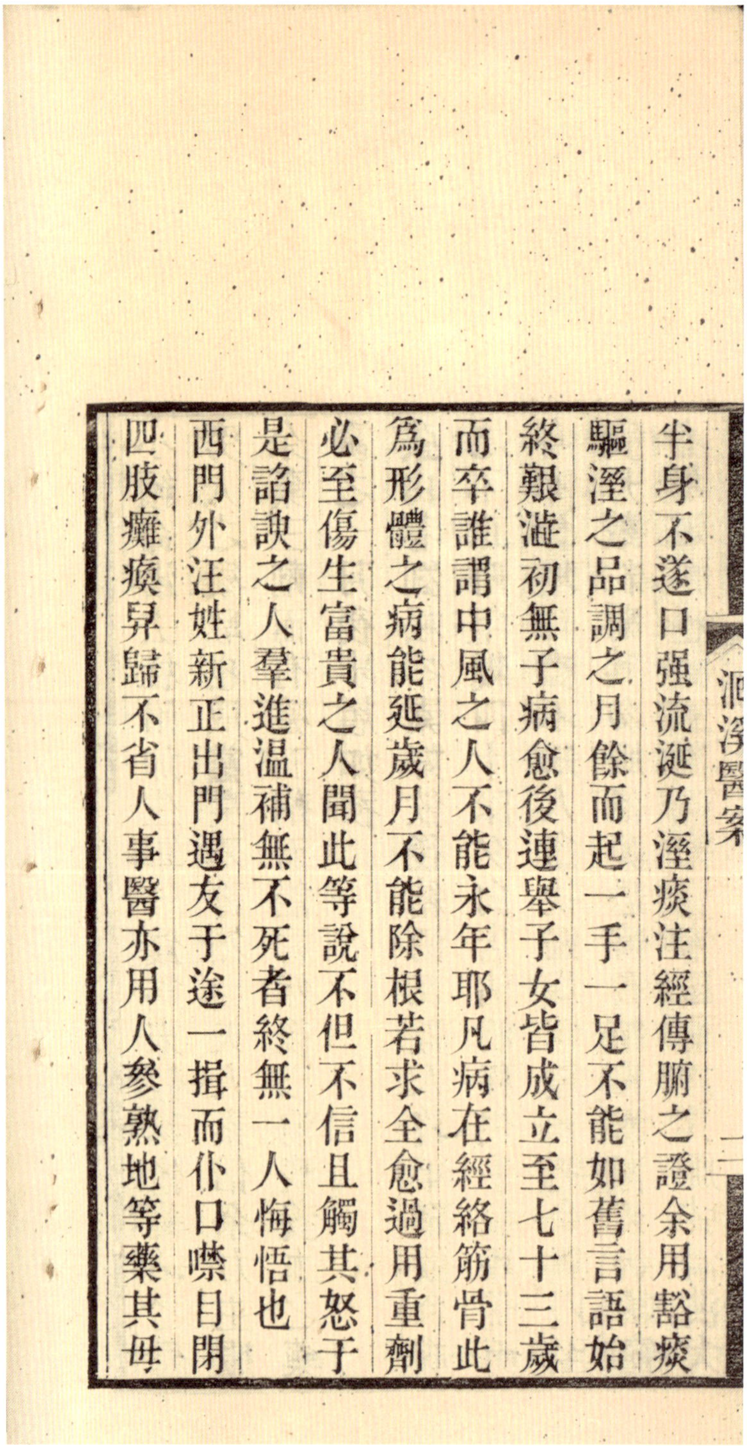

洄溪醫案

半身不遂口强流涎乃溼痰注經傳腑之證余用豁痰驅溼之品調之月餘而起一手一足不能如舊言語始終艱澁初無子病愈後連舉子女皆成立至七十三歲而卒誰謂中風之人不能永年耶凡病在經絡筋骨此爲形體之病能延歲月不能除根若求全愈過用重劑必至傷生富貴之人聞此等說不但不信且觸其怒于是諂諛之人羣進溫補無不死者終無一人悔悟也

西門外汪姓新正出門遇友于途一揖而仆口噤目閉四肢癱瘓舁歸不省人事醫亦用人參熟地等藥其母

《洄溪医案》为医案著作，清·徐大椿撰。该书1卷，共48条医案，其中内科32条，妇科4条，外科12条。初未刻印，1855年由王士雄根据抄本编辑并加按语刊行。

徐大椿（1693–1771），原名大业，字灵胎，晚号洄溪老人。江苏吴江松陵镇人。祖父徐釚，康熙十八年（1679）鸿词科翰林，任检讨职，纂修明史。父徐养浩，精水利之学，曾聘修《吴中水利志》。大椿自幼习儒，旁及百家，聪明过人。年近三十，因家人多病而致力医学，攻研历代名医之书，速成深邃。悬壶济世，洞明药性，虽至重之疾，每能手到病除。

《洄溪医案》为徐氏晚年著作，由其弟子金复村珍藏，后辗转被清代著名医家王士雄所阅，称其为“虽秘本而方药不甚详，然其穿穴膏肓，神施鬼设之伎，足以垂医鉴而活苍生”。在徐灵胎去世后80余年，王士雄对原书进行编次加按，于清咸丰五年（1855）刊刻问世。该书系徐氏治病验案，载有中风、周痹、伤寒、温疫、崩、产后风热、肠痈、肺痈、下疳等五十六证，凡九十一案，涉及内科、外科和妇产科。徐氏淹贯前贤学术精萃，善于比较，区别不同治法，在辨治过程中，有自己独特见解。书中有不少危重急症的医疗经验纪实，言简意赅，描述生动，所用手法平实，不尚奇方，时至今日，仍有重要的临床参考价值。

徐氏重元气存亡，《洄溪医案》中所列案例，主要是通过诊脉和察形来鉴别元气之存亡。如脉微或浮大中空、脉绝等皆为元气欲竭之象。两目直视、肢冷汗出、遗尿谵语、寻衣摸床、面赤气短等皆为元气已脱，阳越于外之危象。徐氏在临证治疗上则以救阳固脱为先，以人参、附子或加童便急以回阳，回阳以后再辨病、辨证加以治疗。如《洄溪医案》中暑病9则案例，其中有4则因大汗出现亡阳的危急重症，徐氏均以人参、附子进之，回阳之后再处以清暑养阴之方。

徐氏重阴精，慎温补，明清时期，命门学说的研究颇为时兴，赵养葵认为两肾俱属水，命门居中属火，命火养于肾水，而为生机之所系，习用六味地黄丸、八味肾气丸补肾水、命火，成为论治诸病的纲领。张介宾提出“阳非有余，阴常不足”的观点，并制右归饮、右归丸等补阳名方。随之兴起了温补风，一些时医认为“邪之所凑，其气必虚”，而滥施“六味”“八味”等补正之方。徐氏针对流弊，在《医学源流论·中风论》中明确指出：“邪之所凑，其气必虚，故补正即所以祛邪，此大谬也。惟其正虚而邪凑，尤当急祛其邪，以卫其正，若更补其邪气，则正气益不能支矣。即使正气全虚，不能托邪于外，亦宜于祛风药中，少加扶正之品，以助祛邪之力，从未有纯用温补者”。

《洄溪医案》中风证六则医案中，徐氏根据具体证情，分别采用开窍醒神化浊、豁痰祛湿、消痰养血、清火消痰、养血顺气等法而奏效，反映了徐氏慎温补的学术思想及临床特点，并明确指出中风即“《内经》所谓虚邪贼风也，以辛热刚燥治之固非，以补阴滋腻治之亦谬，治以辛凉，佐以甘温”。

《洄溪医案》以内科杂证为主，治法灵活，随证加减，并有不少独到的临床见解，对后世习医者颇多启发，从清代始，广为流传，现存多种清刻本，内蒙古医科大学所藏为咸丰十年衍芬草堂校梓版本。

参考文献

1．刘洋主编．徐灵胎医学全书[M]．第1版．北京：中国中医药出版社，1999年．

2．刘祖贻，孙光荣主编．中国历代名医名术[M]．第1版．北京：中医古籍出版社，2002年．

3．张琳叶等．洄溪医案述要[J]．福建中医药，2007年．

4．徐景藩．徐灵胎《洄溪医案》学术思想探讨[J]．中医杂志，1994年．

（李林、高斐宏）

世补斋医书三易稿

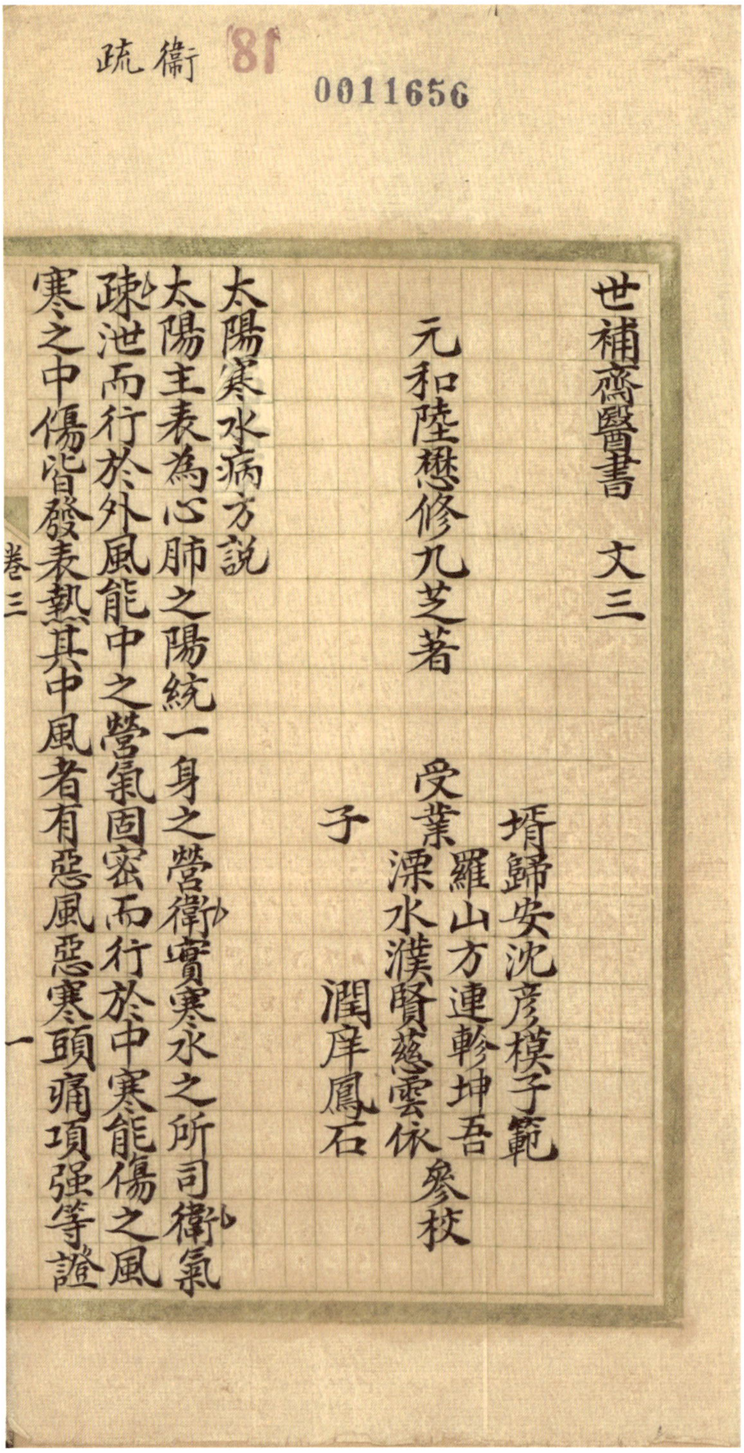
疏衛 18
0011656

世補齋醫書 文三
元和陸懋修九芝著
壻歸安沈彥模子範
受業 羅山方連軫坤吾
溧水濮賢慈雲依 參校
子 潤庠鳳石
太陽寒水病方說
太陽主表為心肺之陽統一身之營衛實寒水之所司衛氣
疎泄而行於外風能中之營氣固密而行於中寒能傷之風
寒之中傷皆發表熱其中風者有惡風惡寒頭痛項强等證
卷三 一

《世补斋医书三易稿》16 卷，清元和陆懋修手抄本。

府燥屎不去即能出生入死（病變每至百出）（不可勝言）此時撤熱救陰除（舍）承氣無他法
是又為府證中緊着也而陽明之府證又有三焉其邪自太
陽來為脾約脾不能為胃行其津液用麻仁丸謂之太陽陽
明邪自少陽來為大便難木氣不能疏通其土用大柴胡湯
謂之少陽陽明二方與正陽陽明胃家實之必用三承氣者
微有不同凡攻下之法必待惡寒罷表盡解之後若惡寒者則尚有
太陽之表證尚在（未了）慎不可攻此所以有急下存陰之訓而又
曰下不厭遲者正謂有惡寒即不可議下也

少陽相火病方說

少陽主半表半裏其病發於腠理三陽經太陽為開陽明為

卷三　三

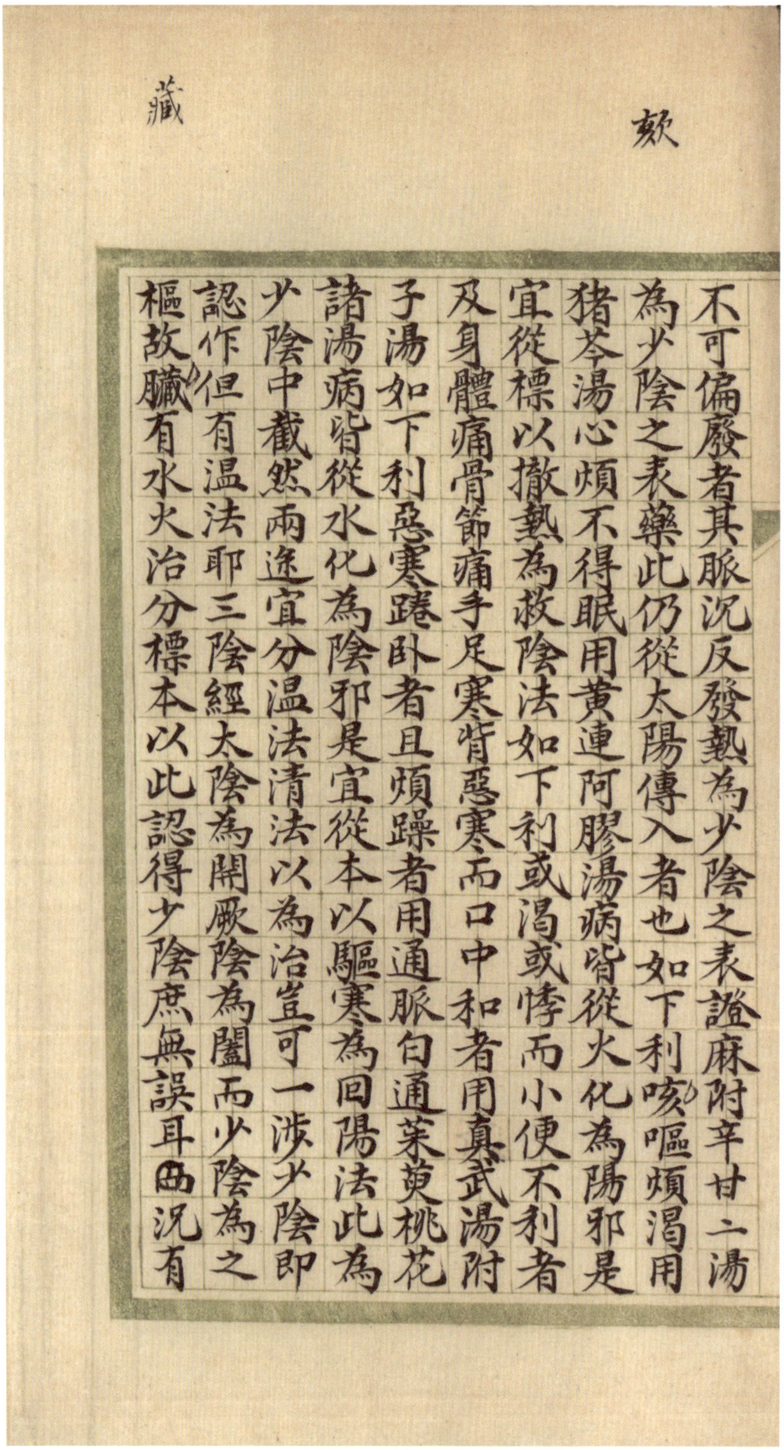
藏　欵

不可偏廢者其脈沉反發熱為少陰之表證麻附辛甘二湯為少陰之表藥此仍從太陽傳入者也如下利咳嘔煩渴用猪苓湯心煩不得眠用黃連阿膠湯病皆從火化為陽邪是宜從標以撤熱為救陰法如下利或渴或悸而小便不利者及身體痛骨節痛手足寒背惡寒而口中和者用真武湯附子湯如下利惡寒踡臥者且煩躁者用通脈白通茱萸桃花諸湯病皆從水化為陰邪是宜從本以驅寒為回陽法此為少陰中截然兩途宜分温法清法以為治豈可一涉少陰即認作但有温法耶三陰經太陰為開厥陰為闔而少陰為之樞故臟有水火治分標本以此認得少陰庶無誤耳西沉有

《世补斋医书》，医学丛书类，清代陆懋修撰，刊于1884年。

陆懋修（1818–1886），清代医家，字九芝、勉斋，号江左下工、林屋山人，文和（今江苏苏州）人。陆氏家为世医，少攻举子业，因累试不中而承家业，学以医名。学精《内经》、运气，治宗仲景家法，于柯琴与尤怡两家最为折服，常以两家结论为依据而评述他家之观点得失，平生著述甚多，著成《世补斋医书》，包括《文集》《不谢方》《伤寒论阳明病释》《内经运气病释》

《内经运气表》《内经难字音义》。且重订及校正《傅青主女科》《广温热论》《理虚元鉴》《校正王朴庄伤寒论注》，合为《世补斋医书续集》。在《清史稿》中，有"陆懋修传"记载其生平，陆懋修的医学著作《世补斋医书》亦被收入《清史稿·艺文志》中。

《世补斋医书三易稿》为《世补斋医书》的汇集，为作者自撰，其子陆润庠手抄本，计6种，33卷。包括《文集》（指有关医学的文集）16卷，《不谢方》1卷，《伤寒论阳明病释》4卷，《内经运气病释》9卷（附《内经遗篇病释》1卷），《内经运气表》1卷，《内经难字音义》1卷。

《文集》16卷，是陆懋修的医学论文集，集中体现了陆氏的医学学术思想，内容广泛，其主要内容有司天理论、伤寒学说、温病学说、瘟疫学说，以及内、外、妇、儿、针灸、脉学等各科的论述，并有对各种学术观点的评价，采用叙述体、问答体、书信体的形式写作而成。并于卷十六录有"述先""自记治验两则"。

《不谢方》1卷，选录临床应用确切有效的方剂28首，用药平和，多以祛邪为主，少补益之品。陆懋修提出"医以能治大病为上，医正以不使病大为能"，"余只问其病之愈不愈，遑计人之知不知哉"，故名为不谢方。

《伤寒论阳明病释》4卷，记载了陆懋修对阳明病的见解。鉴于伤寒阳明病每多"中焦危急之候"，不容误诊或缓治，遂取《伤寒论》阳明病篇原文共78条予以诠释。前2卷是陆懋修依据《伤寒论》原文对阳明经病、阳明腑病所作的发挥，后2卷是陆懋修总结了前人对阳明病的论述而作的集解，分为阳明经病集释、阳明腑病集释。体现了陆懋修"伤寒独重阳明"的学术观点，且将热病、温病归属于阳明，对学习和研究阳明病证治有一定的参考价值。

《内经运气病释》9卷（附《内经遗篇病释》1卷），对《黄帝内经》中"运气七篇大论"主要经文做了注释与阐发，分析运气变化与疾病的机制，指导与治疗现在的疾病。其中收录了宋代医家陈无择的"三因十六方"，对后人利用运气学说来辨证论治疾病有很大启发。在《内经遗篇病释》中，强调瘟疫病与温热病的区别，从运气角度研究《刺法》《本病》"五疫"及疫疠病的病因。

《内经运气表》1卷，将运气中"有不能图而宜于表"的，作表13幅，表后附以简要论述，为后世研究运气学说奠定了基础。

《内经难字音义》1卷，陆氏感于"医家言则一字一病，一字一治法，学者每苦《内经》有难字置而弗读，则所失多矣"，故博览群书，以《说文解字》《尔雅》《广韵》等字书和经史子集、医学论著20多部著作作为根据，对《内经》一书中的681个难懂字词予以正音、释义，显示了陆懋修深厚的儒学功底。

陆懋修在医学上的学术思想及其成就可以概括为：阐述医理必据《内经》之论，治疗疾病必依仲景之法，对于运气学说和阳明病多有创建发挥，精于临证施治，详于训诂之学。

《世补斋医书》的目前版本：清光绪十年至宣统二年（1884–1910）刻本；上海江东书局，民国元年至三年（1912–1914）石印本；山左书局，清光绪十二年（1886）刻本。《世补斋医书三易稿》属于编书时手稿，未见其他版本，为内蒙古医科大学图书馆藏。

参考文献

1. 周国琪，李海峰等. 浅析陆懋修对《内经》运气病证研究的贡献[J]. 中国中医基础医学杂志，2012年.

2. 高新彦.《内经难字音义》述要[J]. 中医文献杂志，2002年.

3. 王璟主编. 陆懋修医学全书[M]. 北京：中国中医药出版社，2009年.

4. 于峥，魏民，黄晓华等. 陆懋修学术思想探究[J]. 中医杂志，2013年.

5. 王璟. 试论陆懋修的学术思想与成就[J]. 天津中医学院学报，1999年.

（李紫慕）

胎产心法

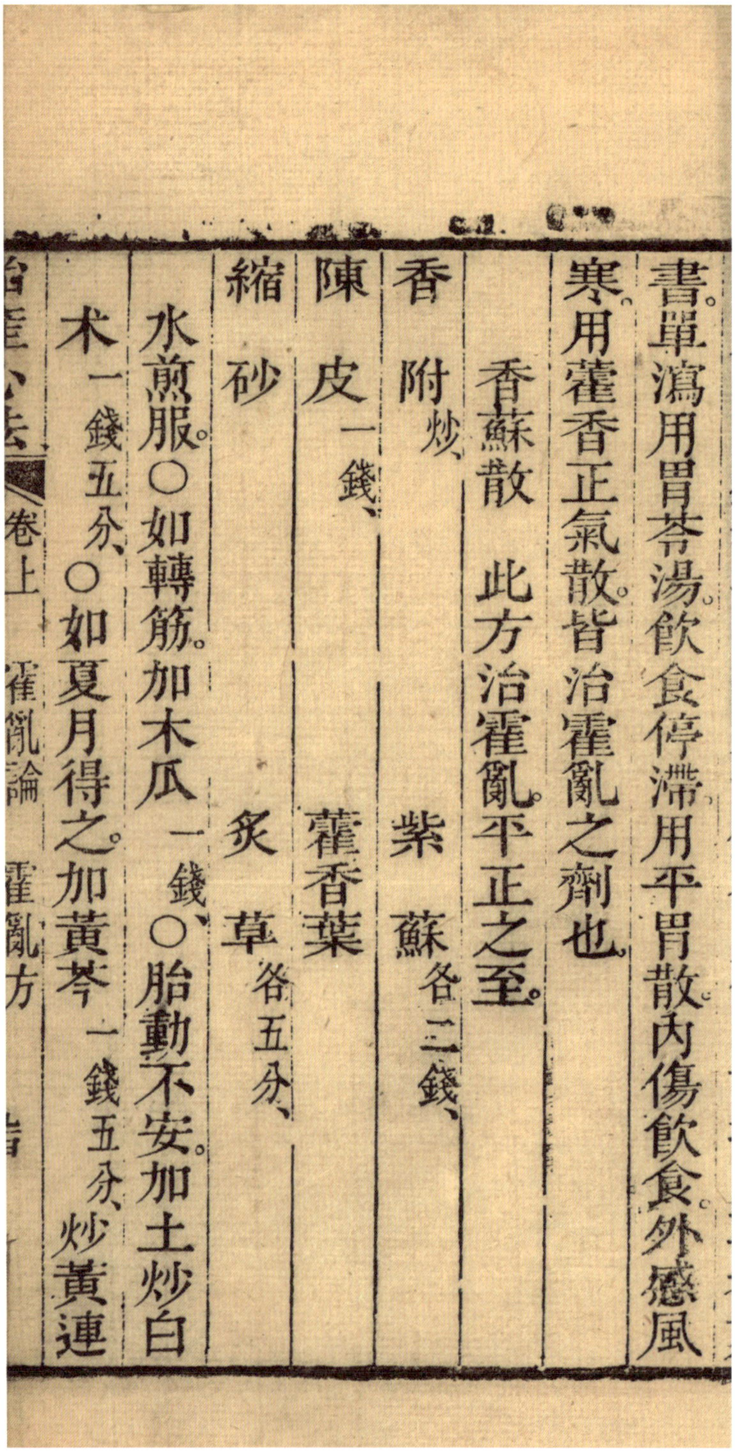
書。單瀉用胃苓湯飲食停滯用平胃散內傷飲食外感風
寒用藿香正氣散。皆治霍亂之劑也
香蘇散　此方治霍亂。平正之至。
香附炒、　紫蘇各三錢、
陳皮一錢、　藿香葉
縮砂　炙草各五分、
水煎服。○如轉筋。加木瓜一錢、○胎動不安。加土炒白
术一錢五分、○如夏月得之。加黃芩一錢五分、炒黃連
胎產心法　卷上　霍亂論　霍亂方

《胎产心法》3 卷，清光绪戊寅年重刻本。

霍亂論

妊娠因甘肥過度腐積成痰或七情鬱結氣盛爲火停蓄胃中乍因寒熱之感邪正交爭陰陽相混故令心腹絞痛吐利並作揮霍變亂謂之霍亂如邪在上則當心痛而吐多邪在下則當臍痛而利多邪在中脘則腹中痛吐利俱多吐多傷氣利多傷血血氣受傷不能護養其胎邪氣鼓擊胎元子母未有不殞者此危證不可不亟治也宜香蘇散加藿香葉或先服後探吐之又加味四味紫蘇和胎飲

《胎产心法》，产科著作，3卷。清代阎纯玺撰，刊于1730年。

阎纯玺，清代医家，字诚斋，上谷（今河北宣化）人。博采方书，专攻妇产科，历三十余年，撰《胎产心法》。

诚如阎氏自序所说："第念医以寄死生，其道固难，而胎产一门，宗嗣攸系，两命所关，尤为医道之最难者。缘是博采方书，日取先贤名论，而探求其奥理，考验揣摹，历三十余年，似有以得其要领，不为歧途所惑，乃敢折衷先代之书，参以鄙见，汇成一集，分为上、中、下三卷，颜曰《胎产心法》"，"凡妇人受胎之始，有以固其根；临产之际，有以防其变；既产之后，有以保其生"。（《胎产心法》自序）

本书分述胎前、临产、产后的多种病证，上卷胎前病症中，论述脉法的注意事项有"业医者，不深究脉理，不细玩《内经》，往往误认为阴虚、劳损、经闭之证。若非妇人之夫明以告之，鲜有不误治反成半产漏下者矣"，论述逐月养胎辨并慎择医药论、受胎试验法、胎前三禁（"所谓三禁，不可汗，不可下，不可利小便，恐亡其津液而伤其生气也"）、饮食宜忌、妊娠药忌等，以及产前常见病诊断和治疗方药，有子肿、子气、子满、恶阻、胞漏、子淋、遗尿、喘嗽、泄泻、霍乱、疟疾、伤风、便秘、腹内婴儿啼哭等32种证。卷二临产时，保产论中有"若妇女初产，原未惯经，不免惊畏失措。虽惯产之妇，然气血亦伤，又安得恃为无虞也。是以保产之方，断不可废。故达生散宜用于八九月之时，而养胎、神寝等药，当用于临月之际。倘遇过月不产，则补血行气之方不可稍缓。至于居处失宜，顿扑动胎，及身居安逸，食物不节，忧乐不常，致胎气难转，或胞浆先破，恶水来多，胎干不下，则保生、千金不换、万全、保气、滑胎等剂犹宜，按证选方制服"，有其自制"秘传达生散""保生无忧散""千金不换方""家传胎产金丹"等。记述有胎杀方位、房中游神方位（忌安床、换帐）、临产须知十四则、难产有五因、催生论（方如催生万全汤、催生佛手散、催生如意散、催生芎归汤、催生如神散、琥珀黑龙丹、尊生救生汤、神应丹等）、子死腹中用方如立候下胎散、乌金散、脱花煎、牛膝丸、千金神造散、仙传保命丹、官桂散、返魂丹等，胞衣不下用方益母丸、良方夺命丹、失笑散、下胎衣单方、三奈下胞方、花蕊石散、良方牛膝散、半夏散、生化汤、保生无忧散等。卷三论述产后病，有产后脉、产后禁忌、产后调摄、药误、产后不宜汗下利小便、新产三审（一审少腹痛与不痛，以征恶露之有无；二审大便通与不通，以征津液之盛衰；三审乳汁行与不行及饮食多少，以征胃气之充馁），其后论述产后常见疾病的病因病机、治疗方药，如产后晕厥、恶露不止、气喘、伤食、发热、便秘、浮肿、乳少、乳痈、乳岩、乳悬、前后阴诸症等43证，如乳少证，有气血滞，用行气下乳汤。若脾胃气弱，饮食少进，冲任素亏，其人面必黄色，则乳少而薄，所乳之子，亦怯弱而多病。务服滋养气血，兼通利之剂，宜十全大补汤加红花五分，或四物汤加茯苓、花粉、甘草、王不留行、麦冬、漏芦、穿山甲、通草，猪蹄汁煎服等，亦是我们现在临床常用。产后大便燥秘用养正通幽汤、济川煎等。

《胎产心法》内容系统而简要，文字较通俗，对后世有一定的影响。现有几十种清刻本。1935年又有沈桧增订本《增订胎产心法》5卷，收入《中国医学大成》中，本书为清光绪戊寅年重刻本，为内蒙古医科大学图书馆藏。

参考文献

1. 阎纯玺著. 胎产心法[M]. 上海：古籍出版社，1996年.

（李紫慕）

外科大成

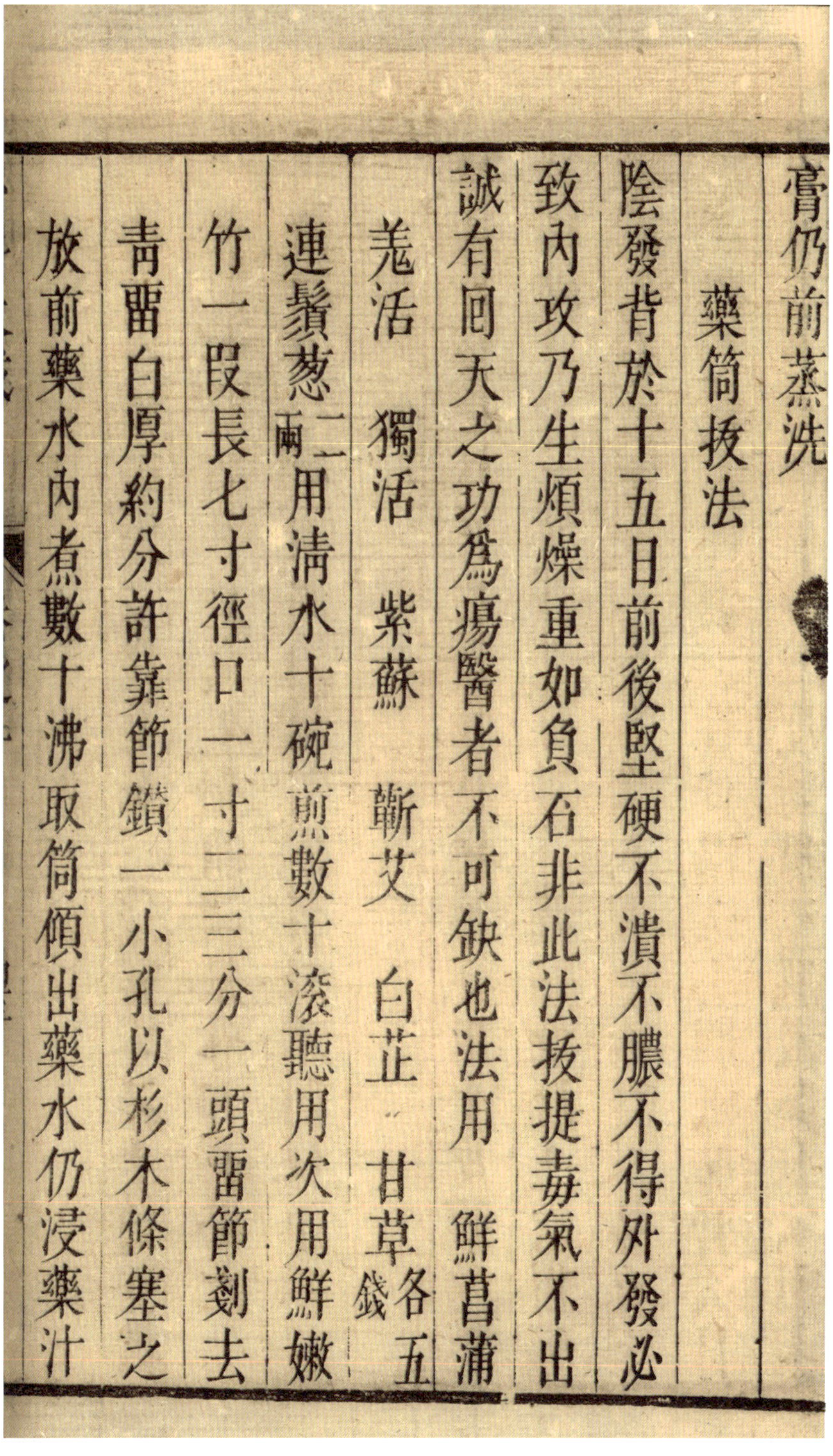
膏仍前蒸洗
藥筒拔法
陰發背於十五日前後堅硬不潰不膿不得外發必致內攻乃生煩燥重如負石非此法拔提毒氣不出誠有回天之功爲瘍醫者不可缺也法用　鮮菖蒲　羌活　獨活　紫蘇　蘄艾　白芷　甘草各五錢　連鬚葱二兩用清水十碗煎數十滾聽用次用鮮嫩竹一段長七寸徑口一寸二三分一頭留節刻去青留白厚約分許靠節鑚一小孔以杉木條塞之放前藥水內煮數十沸取筒傾出藥水仍浸藥汁

《外科大成》4 卷，善成堂刻本。

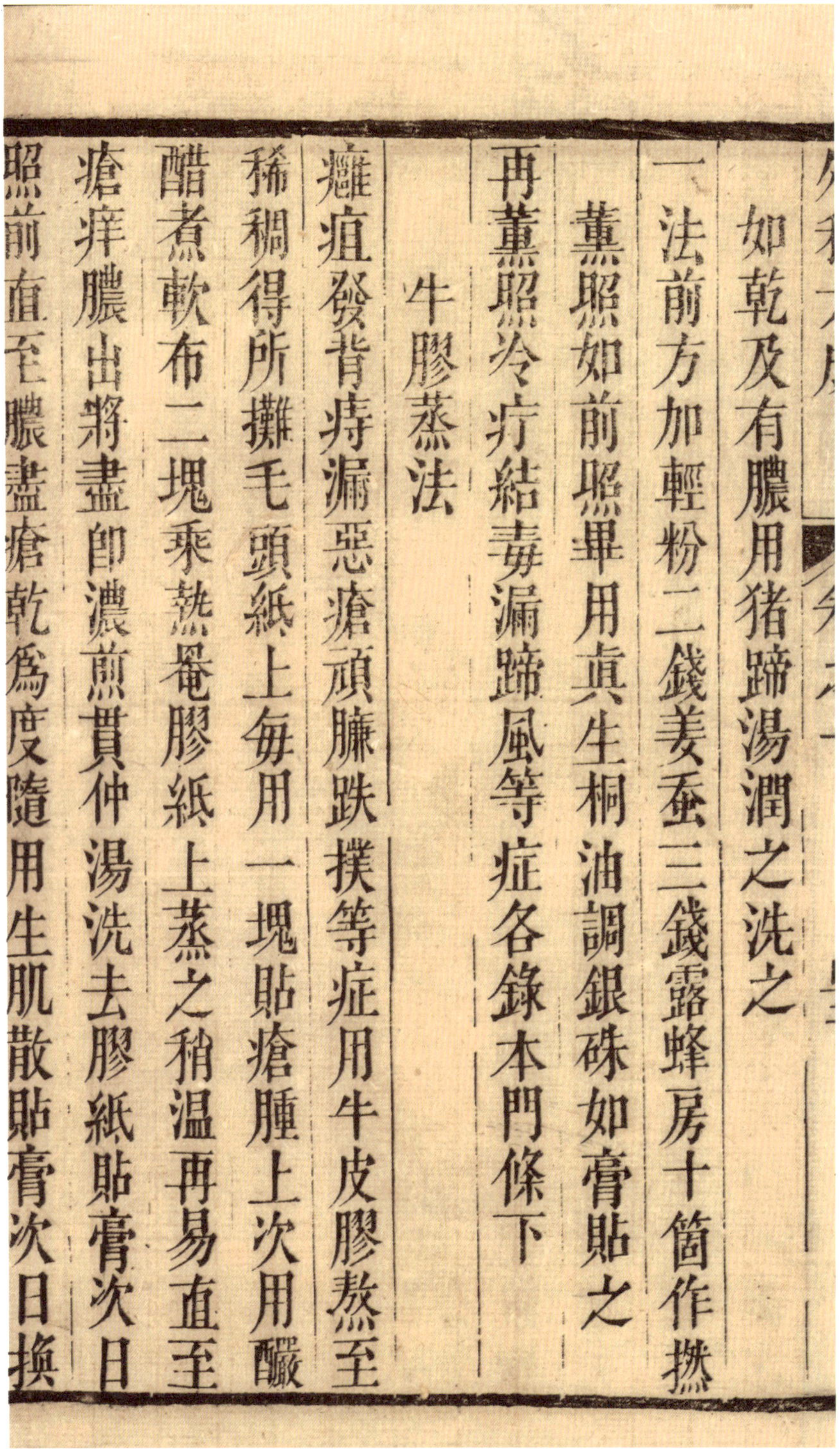

如乾及有膿用猪蹄湯潤之洗之

一法前方加輕粉二錢姜蚕三錢露蜂房十箇作撚薰照如前照畢用真生桐油調銀硃如膏貼之再薰照冷疔結毒漏蹄風等症各錄本門條下

牛膠蒸法

癰疽發背痔漏惡瘡頑臁跌撲等症用牛皮膠熬至稀稠得所攤毛頭紙上每用一塊貼瘡腫上次用釅醋煮軟布二塊乘熱罨膠紙上蒸之稍溫再易直至瘡痒膿出將盡即濃煎貫仲湯洗去膠紙貼膏次日照前直至膿盡瘡乾爲度隨用生肌散貼膏次日換

《外科大成》是清代医家祁坤于1665年编撰的外科著作，共4卷。

祁坤（约1610–1690），字广生、愧庵，号生阳子，清代著名外科学家，山阴（今浙江绍兴）人。幼而聪敏，广读经书，后从戴望之学医，于顺治间为御医，于外科尤多研究，又迁太医院院判。祁坤认为外证难于内证，而医家多重内而轻外，有失偏颇，遂参考《素问》《灵枢》奥旨，搜集古今名医之确论，写成了外科名著《外科大成》。此书内容丰富，后其孙祁宏源在参加编修《医宗金鉴》时，以之为蓝本，加以修订而为《外科心法要诀》。

该书卷一为总论部，阐述痈疽等病的诊治要点、各种治法及常用方剂；卷二、卷三为分治部，按照头面、颈项、背、腰、胸腹等身体部位分列各种外科疾病的证治、验案；卷四为不分部位的大毒与小疵（包括各种内痈、疔疮、流注、瘿瘤、金疮等全身性疾病）及小儿疮毒的证治；书末附炼取诸药法。该书对外科学理论和临床经验之论述，颇多精辟的见解，对中医外科作出了巨大的贡献。该书首列“痈疽之脉”，以肿疡和溃疡分列，对各种脉象的临床意义进行总结。如有一些脉出现在肿疡与溃疡为不同的病机，如数脉在肿疡为热，数而洪者欲脓，而在溃疡为病进，数甚者难医。同时祁坤根据痈疽的脉象来判断证的顺逆及预后，如“痈脉宜洪大而数，若沉紧者死；疽脉宜沉而实，若浮洪而散者死”等等。此外，该书还阐述了不同脉象出现时，可能会引发的外科疾病，并根据不同的脉象确定治疗原则。在辨证上，用阴阳、表里、寒热、虚实八纲辨治痈疽，设消、托等治法。同时，该书重视经络辨证和针灸治疗，认为痈疽的发生都可以归结于相应的经络和脏腑，而十二经络又各有其自身的特点，所以又要分清气血的多少进行辨证。在经络辨证之后，祁坤分“补、泻、温、凉、引经”5个方面归纳12经的用药。在治疗方面，该书提倡脓肿切开引流，在判断脓成与否的方法及治疗上都有精辟的论述，尤其对脓肿切开引流的原则和方法及深部脓肿手术切开后的引流问题，有其独到的创造性见解，指出“针锋随经络之横竖，不则难于收口；刀口宜下取，便于出脓”。并强调切开后“以绵纸捻蘸玄珠膏度之，三二时取出捻，则脓水速干矣。疮口贴呼脓膏，四围敷溃脓散”，从而使外科脓肿之切开引流的理论原则和医疗技术达到清以前的最高水平。

祁坤有感于当时外科之书博而寡要，或隐而未备，因此对外科技术潜心钻研，对外科著作精简挈要，特别是其任职太医院时，多有体验，日积月累，复取诸书折衷，撰成此书。该书在外科辨证和治法方面均较详细，章法严谨而又比较规范，对后世影响较大，清代官修的《医宗金鉴·外科心法要诀》即以此书为蓝本。

现存十多种清刻本和石印本，如清康熙四年（1665）崇文堂首刊本、雍正八年（1730）刻本、善成堂刻本、扫叶山房石印本等。此本一部8册，共4卷，为内蒙古医科大学图书馆藏善成堂刻本。

参考文献

1. 李经纬. 中医史[M]. 海口：海南出版社，2007年.

2. 庞钊. 祁坤对中医外科的贡献[J]. 中华中医药学刊，2010年.

3. 清·祁坤. 外科大成[M]. 上海: 上海科学技术出版社，1963年.

（杨景月）

外科正宗

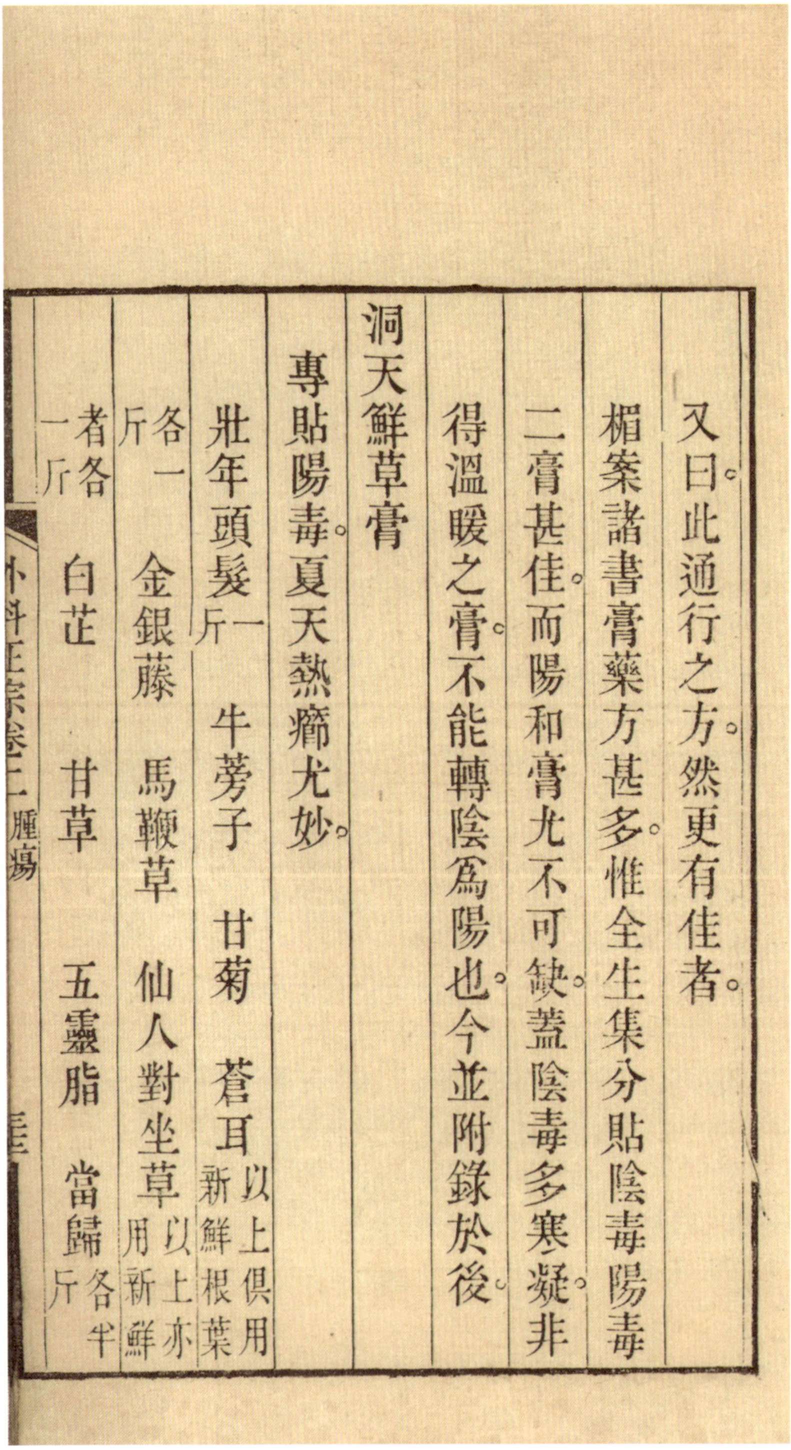
又曰此通行之方然更有佳者
楣案諸書膏藥方甚多惟全生集分貼陰毒陽毒二膏甚佳而陽和膏尤不可缺蓋陰毒多寒凝非得溫暖之膏不能轉陰爲陽也今並附錄於後

洞天鮮草膏

專貼陽毒夏天熱癤尤妙

壯年頭髮一斤　牛蒡子　甘菊　蒼耳以上俱用新鮮根葉各一斤　金銀藤　馬鞭草　仙人對坐草以上亦用新鮮者各一斤　白芷　甘草　五靈脂　當歸各半

《外科正宗》共 12 卷，清咸丰十年刻本。

後至白烟疉疉旋起氣味香馥者其膏已成即便住火將膏滴入水內須軟硬得中如老加熟油若嫩加炒丹每各少許漸漸加火務要冬夏老嫩得宜爲佳候烟盡掇下鍋來方下阿魏切成薄片散於膏面上化盡次下乳沒輕粉攪勻傾入水內以柳棍摟成一塊再換冷水浸片時乘溫每膏半斤扯拔百轉成塊又換冷水投浸用時每取小塊銅杓內烊化隨便攤貼至妙

徐曰此通治之要方

《外科正宗》系由明代陈实功编著的一本外科专著，共12卷，明代陈实功撰，清代许槤编，成书于1617年。

陈实功（1555-1636），明代医家，字毓仁，号若虚，南通（今江苏）人。陈实功幼年多病，少年时期即开始习医，师从著名文学家、医学家李沧溟。李沧溟认为："医之别内外也，治外较难于治内。何者？内之症或不及外，外之症则必根于其内也"。此话对陈实功影响颇深，并成为他数十年医疗生涯的座右铭。

陈实功于《素问》《难经》均有研读，对其中之外科更加关注，常喜用外科手术治病，日久术益精，积四十年之经验，对外科诸证，分门别类，著成《外科正宗》。陈氏主张内外兼治，手术与药物结合。在外科手术方面，有相当多创造，如鼻息肉摘除术、气管缝合术、下颌脱臼整复术等等，皆有突出的成就，受到后世好评。陈实功改变了过去外科只重技巧而不深研医理的落后状况，在发展外科医学方面起到了重要作用。除《外科正宗》外，陈实功还著有《医家五戒十要》，其中对医家的专业学习、思想修养、言行举止、服务态度及如何处理同行之间的关系等都作了正确的论述。该文被美国《生命伦理学百科全书》全文收录，被认为是世界上较早成文的医德法典。陈实功不但医术高明，而且医德高尚，作风正派，对同道之士谨慎谦和，对上进青年提携爱护，对病人无论穷富贵贱都能一视同仁，实属难能可贵。他不仅为穷人看病不收分文，而且还捐资赠物，修建山路，造福一方。在南通市段家坝南边的大街上，原先是一座木结构的桥，称为涧桥，后经陈实功出资改造为石桥。

陈实功有丰富的实践经验和理论知识，于1617年编著《外科正宗》一书，全书共12卷157篇，对痈疽、疔疮、流注、瘰疬、瘿瘤、肠痈、痔疮、白癜风、烫伤、疥疮等外、伤、皮肤、五官科疾病分门逐类，分析详尽，论治精辟，治法得当，并附若干医案，令人信服。

《外科正宗》总结了明朝以前外科学的成就，是中医外科学重要的著作。在学术思想上，陈氏兼顾内外，较重外治，强调"开户逐贼"，"使毒外出为第一"，常用刀针及腐蚀药清除坏死组织，以扩创引流。在护理上主张加强营养，反对无原则禁忌。在当时外科普遍重视内治的气氛中，他的这些主张，具有革新倾向。《外科正宗》载方丰富，集唐以来外科外敷内服方药之大成，创造和记叙了当时多种外科先进技术，以及用枯痔散、枯痔酊、挂线法治疗痔瘘等方法。该书还记载了多种肿瘤，其中对乳癌的描述和预后判断，全面具体，切合实际。其所创的和荣散坚丸、阿魏化坚膏，能缓和恶性肿瘤"失荣"患者之症状，延长其存活期。后世对《外科正宗》的评价甚高，《四库全书总目提要》评为："列证最详，论治最精"。

《外科正宗》各种版本达50多种，流传甚广，并流传到日本等国，影响之深居历代外科著作之冠。陈实功的《外科正宗》实际上是代表了明代外科学发展的水平，内蒙古医科大学所藏版本为清咸丰十年刻本。

参考文献

1. 刘祖贻，孙光荣主编. 中国历代名医名术[M]. 第1版. 北京：中医古籍出版社，2002年.

2. 傅维康著. 中国医学通史[M]. 第1版. 北京：人民卫生出版社，2000年.

3. 明・陈实功. 外科正宗[M]. 北京：人民卫生出版社.1956年.

4. 李经纬等. 发展外科学的杰出医家——陈实功，见《中医史话文选》[M]. 北京：人民卫生出版社，1981年.

（李林、高斐宏）

温病条辨

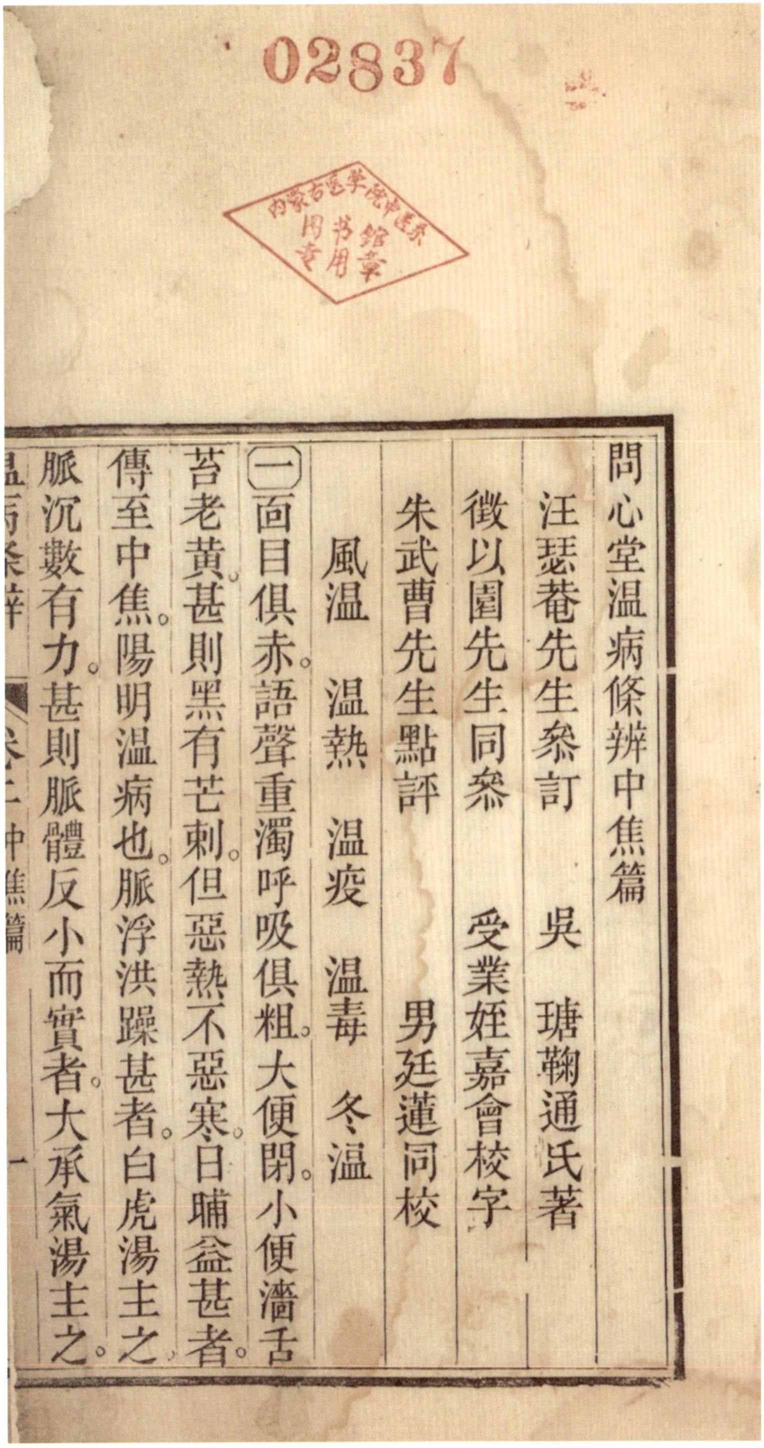

問心堂温病條辨中焦篇

汪瑟菴先生叅訂　吳　瑭鞠通氏著

徵以園先生同叅　受業姪嘉會校字

朱武曹先生點評　男廷蓮同校

風温　温熱　温疫　温毒　冬温

一　面目俱赤。語聲重濁。呼吸俱粗。大便閉。小便濇。舌苔老黄。甚則黑有芒刺。但惡熱。不惡寒。日晡益甚者。傳至中焦。陽明温病也。脈浮洪躁甚者。白虎湯主之。脈沉數有力。甚則脈體反小而實者。大承氣湯主之。

温病條辨　卷二中焦篇　一

《温病条辨》5 卷，卷一佚，清光绪三十一年（1905）扫叶山房刻本。

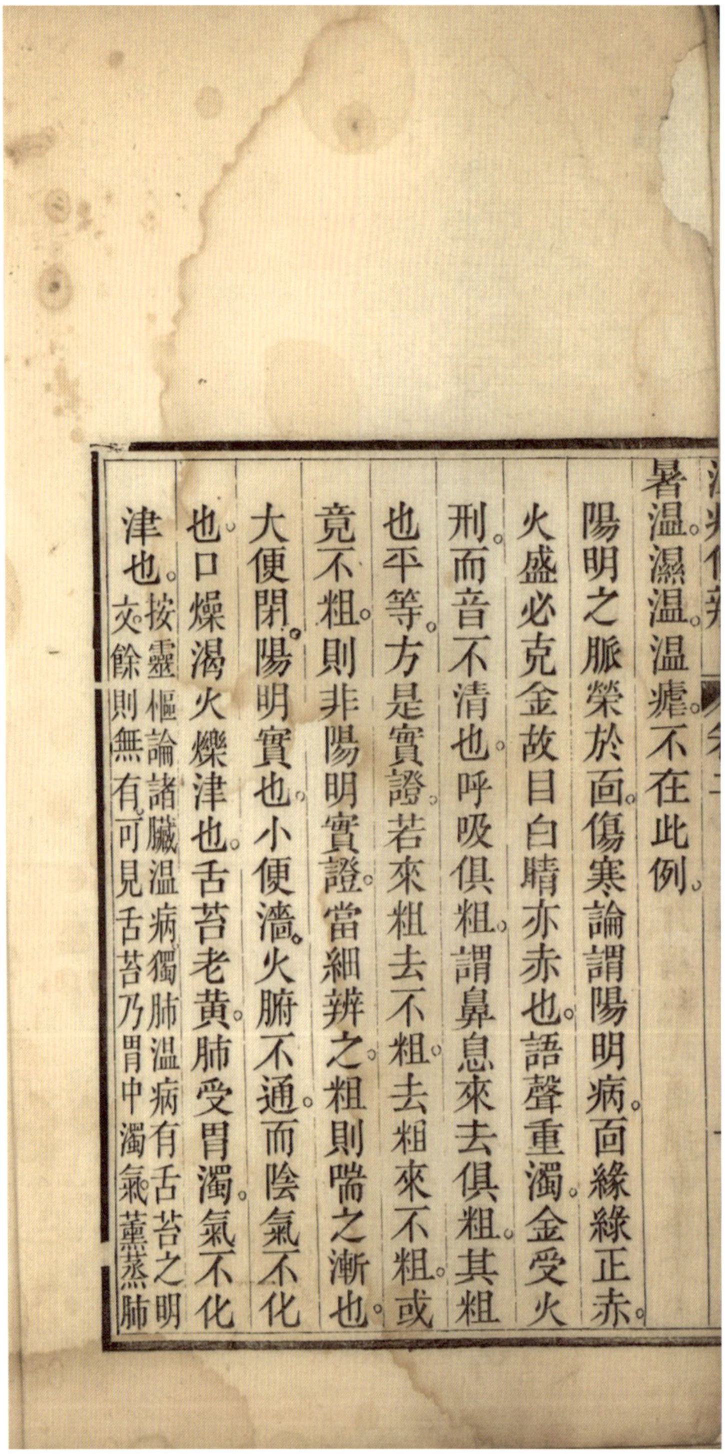

《温病条辨》是清代著名医家吴瑭撰写的温病学著作。

吴瑭（1758-1836），字鞠通，清代著名医家，江苏淮阴人，是中国医学史上不可多得的具有建设性的代表人物之一。吴氏少习儒，后专事医学，学验俱丰，既是一位温病学理论家，也是一位颇有声望的温病治疗大家，为清代温病四大家之一，主要著作有《温病条辨》《吴鞠通医案》等。

《温病条辨》成书于1798年，全书共6卷。

卷首载“原病篇”，引《内经》原文计十九条为纲，分注为目，以溯温病学说之源。卷一至卷三将风温、温热、温疫、温毒、冬温等四时温病证治分录于上、中、下三焦篇，详尽阐述其辨证纲要、传变规律及其证治方法，为全书中心内容。其中卷一为上焦篇，载治法58条，方46首；卷二为中焦篇，载治法102条，方88首；卷三为下焦篇，载治法78条，方64首，并附图一帧。卷四为杂说，设短篇论文18篇，包括评论、伤寒注论、伪病名论、温病起手太阴论等内容，专门讨论温病学理论中有待进一步探究辨明的问题。卷五为“解产难”，专论产妇患温病的证型及症状治疗。卷六为“解儿难”，结合温病理论研讨小儿急、慢惊风和痘症等。该书的学术思想渊源是师承吴又可《瘟疫论》的理论观点和治疗经验，并对前辈叶天士的温病理论和经验尤为推崇。吴瑭根据叶天士论述刘河间“温热须究三焦”的论点，创造性提出了温病的三焦辨证论治理论，即：“温病由口鼻而入，鼻气通于肺，口气通于胃，肺病逆传则为心包，上焦病不治，则传中焦，胃与脾也；中焦病不治，则传下焦。始上焦，终下焦”，“治上焦如羽，非轻不举；治中焦如衡，非平不安；治下焦如权，非重不沉”。在《温病条辨》中，分温病为九种，吴又可所说的温疫是其中最具传染性的一种，除此之外，还有风温、温热、温毒、暑温、湿温、秋燥、冬温、温疟八种，并各以条文的形式，分别辨述其病因、病机、证候表现、诊治原则和处方用药等，文字简明、条理清楚，这是对于温病很完整的一种分类方法。该书除在理论上对治疗温病有创造性总结外，在创设新的有效方药上也做出了很显著的成就，如在叶天士经验基础上，确定温病的治疗原则：清络、清营、育阴等，在指导临床处方用药上有着较高的价值。书中所载吴氏创造的常用方剂很多，如：银翘散、桑菊饮、清络饮、清营汤、清宫汤、犀角地黄汤、羚翘解毒丸、雪梨浆、五汁饮等，都是后世医家极为常用的方剂。

《温病条辨》为吴瑭多年温病学术研究和临床总结的力作，在中医发展史上居重要地位。其对中医学的贡献，在于对中医立法上的革新和理论上的完善，尤其对于温热性疾病的治疗。他对理论的发挥和留下的诸多方剂，可以说使得中医的基本治法在外感病和热性病方面得到了进一步的完善。其学术贡献主要为：（1）使温病学成为一门具有完整理论体系的学科；（2）提高了中医临床诊治温热性疾病的水平；（3）是书虽为温病而设，实可羽翼伤寒，补充了《伤寒论》之不足，使中医内科有关时病辨证论治的内容大致完备；（4）吴氏汇八纲辨证、卫气营血辨证、三焦辨证、脏腑经络辨证于一书，且未舍去六经辨证，故为融会中医辨证理论提供了门径。今之温病学教材，取该书之说亦最多。

该书效仿张仲景《伤寒论》的做法，以条文分证，使读者便于记诵，条文后又自加分注，使读者一目了然，便于理解。因此，本书是学习和研究中医学必读的经典之著。

此书出版后，广为刊行，版本颇多，增批评注本亦较多。最早为清嘉庆十八年（1813）问心堂刻本；后咸丰、同治年间有刻本，如咸丰九年（1859）天津孙氏刻本、同治九年（1870）六安求我斋刻本等；光绪年间有光绪十九年（1893）上海图书集成局铅印本及光绪三十一年（1905）扫叶山房刻本；民国时期亦有多种刻本、石印本；解放后出版过铅印本。此本存3册，5卷，卷一佚，为内蒙古医科大学图书馆藏清光绪三十一年（1905）扫叶山房刻本。

参考文献

1. 李经纬. 中医史[M]. 海南：海南出版社，2007年.

2. 清・吴瑭著. 温病条辨[M]. 北京：人民卫生出版社，2012年.

3. 清・吴瑭著. 温病条辨[M]. 北京：中医古籍出版社，2010年.

（杨景月）

温热经纬

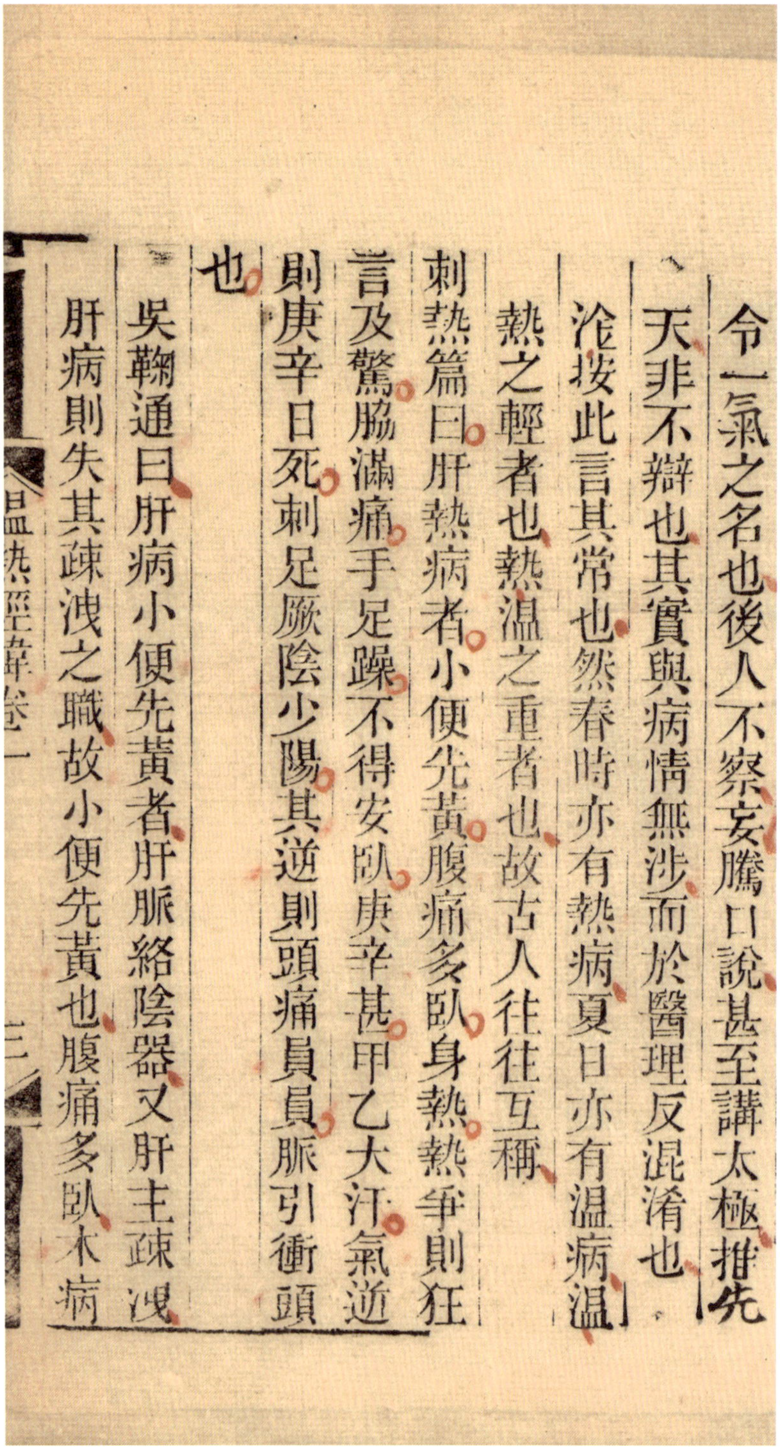
令一氣之名也後人不察妄騰口說甚至講太極推先
天非不辯也其實與病情無涉而於醫理反混淆也
沧按此言其常也然春時亦有熱病夏日亦有溫病溫
熱之輕者也熱溫之重者也故古人往往互稱
刺熱篇曰肝熱病者小便先黃腹痛多臥身熱熱爭則狂
言及驚脇滿痛手足躁不得安臥庚辛甚甲乙大汗氣逆
則庚辛日死刺足厥陰少陽其逆則頭痛員員脈引衝頭
也
吳鞠通曰肝病小便先黃者肝脈絡陰器又肝主疏泄
肝病則失其疏泄之職故小便先黃也腹痛多臥木病
溫熱經緯卷一　　三

《温热经纬》5 卷，清光绪十一年（1885）松韵阁刻本。

沈堯封曰傷寒有五熱病乃其一耳餘論俱散失矣

章虛谷曰此言凡病傷寒則不獨指冬時之寒也蓋寒邪化熱隨時皆有也

雄按脈要精微論曰彼春之暖爲夏之暑夫暖即溫也熱之漸也然夏未至則不熱故病發猶曰溫其首先犯肺者乃外感溫邪若夏至後則漸熱故病發名曰暑蓋六月節曰小暑六月中曰大暑與冬至後之小寒大寒相對待是病暑即病熱也乃仲聖以夏月外感熱病名曰暍者別於伏氣之熱病而言也說文云暍傷暑也漢書武帝紀云夏大旱民多暍死故暑也熱也暍也皆夏

《温热经纬》是清代医家王孟英撰于1852年的温病学著作。

王孟英，名士雄，号梦隐、半痴山人，是一位知识渊博、才华内蕴、医术精湛、医德高尚的清代著名医学家、温病学专家。王氏生于1808年，其卒年则史料记述不详（约1868年），浙江海宁人，温病四大家之一。王氏著述及评注参订他人之作甚多，较著名者有：《王氏医案》（原名《回春录》）、《王氏医案续编》（原名《仁术志》）、《霍乱论》《归砚录》《乘桴医影》《潜斋简效方》《鸡鸣录》《重庆堂随笔》《女科辑要按》《古今医案按选》《医砭》《言医选评》《校正愿体医话良方》《柳洲医话良方》《洄溪医案按》《叶案批谬》等。代表作《温热经纬》为中医温病学重要著述之一。

《温热经纬》共5卷，成书于1852年。卷一引录《内经》一书有关温病之论述，并参考后世名家之理解与发挥所论，同时结合自己的意见为注；卷二引录医圣张仲景《伤寒杂病论》中有关伏气温病、伏气热病、外感热病、湿温、疫病等论述，也选录历代名家关于上述各病之观点和实践经验予以为注，凡自己有体会和见解、经验者，亦以按语的形式给予说明；卷三引录叶天士关于外感温热篇、三时伏气外感篇为正文，并以温病学家章虚谷、薛生白、徐灵胎、吴鞠通等名家的观点作论、作注，在此卷中，王氏更多地阐发了个人的见解和经验；卷四则引录温病学家陈平伯关于外感温病的论述、薛生白关于湿热病的论述、余师愚关于疫病的论述，并以个人的理解和经验作了比较系统的按语；卷五为方论，收录前文论及的治疗温病的代表方113首。全书以“轩岐仲景之文为经，叶薛诸家之辨为纬”（见本书自序），众美兼收，弃瑕录瑜，故以《温热经纬》为名。

该书一方面广收各家医论，整理了经典著作中关于温病学说的原文，并选取了前人对这些原文注释之善者；另一方面补入大量个人见解，对温病的理论、证治进行了系统的论述。书中明确提出“新感”“伏邪”两大辨证纲领，对卫气营血理论、暑邪为病、温病证治方法等许多方面都有所发挥，充实并发挥了温病的发病机理和辨证施治理论，是一部温病学集大成之作。

该书以文献汇编的性质，收集了19世纪60年代以前温病学有关著作，故通过该书不仅可以学习《内经》《伤寒论》等经典著作中有关温病的理论论述，而且可以学习叶天士、薛生白、陈平伯、余师愚的主要温病学著作。同时，通过王孟英作的注释和阐述，又可以进一步了解温病学的理论并学习王氏对温病的诊治经验，是后人学习温病学的重要参考书。

本书现有初刻本等三十多种刊本，主要有：清同治十三年（1874）湖北崇文书局刻本、清光绪三年（1877）刻本、清光绪十一年（1885）松韵阁刻本、清光绪十八年（1892）上海醉六堂刻本及清光绪二十二年（1896）图书集成局铅印本，民国（1912–1949）有上海锦章图书局及上海千顷堂书局石印本。此版本为内蒙古医科大学图书馆藏清光绪十一年（1885）松韵阁刻本。

参考文献

1. 李经纬. 中医史[M]. 海口：海南出版社，2007年.

2. 清・王孟英著. 温热经纬[M]. 北京：人民卫生出版社，2005年.

3. 清・王士雄著. 温热经纬[M]. 北京：中国医药科技出版社，2011年.

（杨景月）

瘟疫明辨

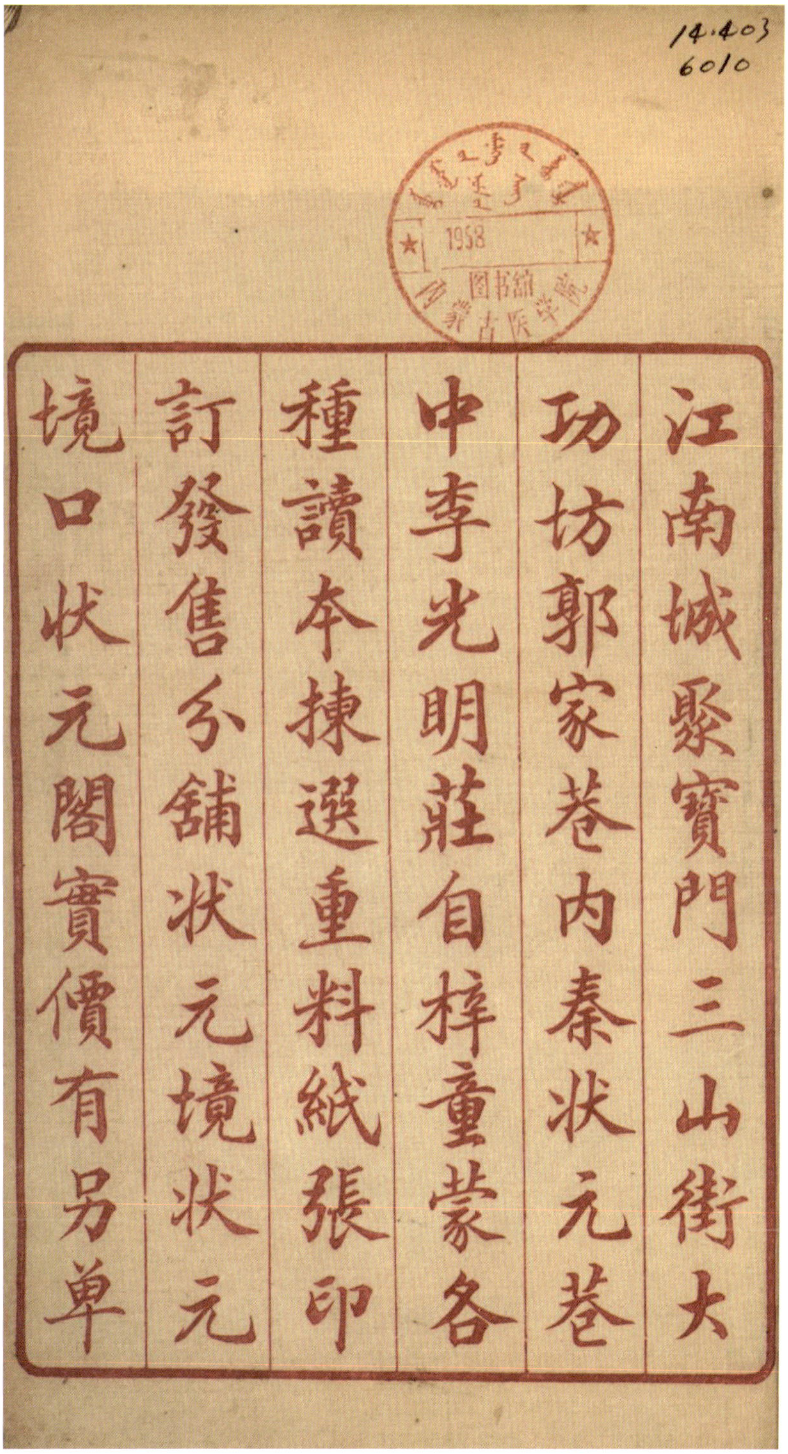

江南城聚寶門三山街大
功坊郭家巷内秦狀元巷
中李光明莊自梓童蒙各
種讀本揀選重料紙張印
訂發售分鋪狀元境狀元
境口狀元閣實價有另單

《瘟疫明辨》5卷，清乾隆庚午（1750）状元阁印。

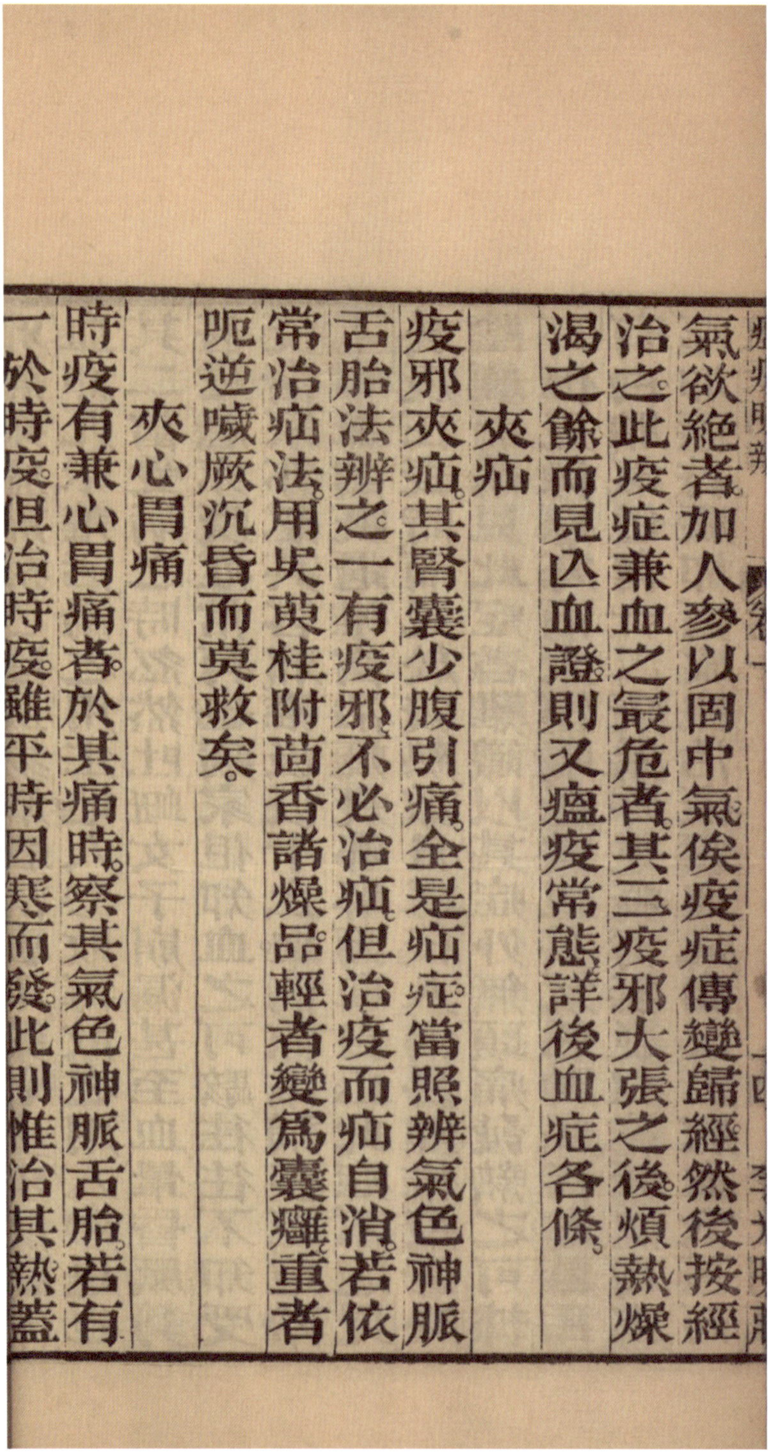

瘟疫明辨　卷一　四　李光明莊

氣欲絕者。加人參以固中氣。俟疫症傳變歸經。然後按經治之。此疫症兼血之最危者。其三疫邪大張之後。煩熱燥渴之餘而見亾血證。則又瘟疫常態。詳後血症各條。

夾疝

疫邪夾疝。其腎囊少腹引痛。全是疝症。當照辨氣色神脈舌胎法辨之。一有疫邪。不必治疝。但治疫而疝自消。若依常治疝法。用吳萸桂附茴香諸燥品。輕者變爲囊癰。重者呃逆噦厥沉昏而莫救矣。

夾心胃痛

時疫有兼心胃痛者。於其痛時。察其氣色神脈舌胎。若有一於時疫。但治時疫。雖平時因寒而發。此則惟治其熱。蓋

《瘟疫明辨》，又称《广瘟疫论》，为清代戴天章撰于1722年的温病学经典书籍。

戴天章，字麟郊，号北山，人称北山先生，江苏上元（今江苏南京江宁县）人，清代著名温病学家。戴氏少年时期曾跟随林青雷习举子业，后为诸生。他好学强记，博览群书，通晓天文、地理、数学以及琴棋书画，尤精于医学，且擅长温病。戴氏一生著述颇丰，有《伤寒》《杂病》《咳论注》《疟论注》等10余种，但多遗失。其现存著作中成就最高、影响最大的是《广瘟疫论》一书。

《广瘟疫论》分为5卷。前4卷着重介绍了瘟疫的辨识、症状表现以及治疗方法：其中第一卷主要介绍了瘟疫的辨识，包括辨气（嗅尸气）、色（面之色泽垢晦）、舌（舌苔积粉）、神（神情昏谵）、脉（初起多沉，继则模糊不清），五辨皆以寒温对比论述，发前人所未发，为全书精华之一。另外辨时行疫疠与风寒的区别，并列举了瘟疫的5种兼证和10种夹证，说明其病因和发病机制、治疗原则。第二、三卷专为瘟疫的鉴别辨证诊断而设，提出："疫邪见证千变万化，然总不离表里二者"，以五辨作为主要诊断方法，辅以五兼十夹之表现，列出71个常见表里症状（其中表证常见症状31个，里证常见症状40个）的鉴别诊断，在各症状下，戴氏又分别阐明不同的病机并详述其鉴别要领和治疗方药，对它们及兼夹证的不同治疗方药也作了详细归纳，成为后世论瘟疫症状鉴别辨治所不可缺少的内容。第四卷主要论述了五大治疗方法，包括汗、下、清、和、补等，除阐明其概念范围及五法间的相互灵活应用外，并与伤寒之治法进行对照，分别出二者的不同。对于临床上各种常与变的证候，还详列了方药随常、变的加减进退，显示了戴氏的丰富临床经验。另外，卷四将疫证后遗证、妇人、孕妇、小儿等疫证辨治专门列出，使整个体系更加完备。而卷末主要是列举了84首治疗瘟疫的常用方药，皆出自戴氏平时临床习用的处方，也是后世宝贵的临床用药参考。

《广瘟疫论》一书把伤寒与瘟疫分别对比论述，发前人对寒温病所未曾有的对比论述手段，并融合作者之临床经验，成为辨证寒温病不可多得的专书，也是迄今瘟疫病中，集理法方药于一体的重要著作，为后世认识寒温病的诊治奠定了如"经典要法"的范本。此书不但使温病学理论从《伤寒》中脱颖而出，更充实了自立门户的基础，流传至今倍受推崇，在温病学的发展过程中功不可没，是对温病学作更进一步探讨及研究的重要参考书。

该书流传的版本较多，现今仍广为流传的主要是《广瘟疫论》《广温热论》《重订广温热论》和《瘟疫明辨》4个版本。《广瘟疫论》为清代戴天章于1722年撰时之名，清乾隆年间郑奠一改《广瘟疫论》为《瘟疫明辨》刊行于世，后1866年经陆九芝增删后易名为《广温热论》，又于1909年经何廉臣再次增减后更名为《重订广温热论》。最后经过曹炳章先生的校注更名为《瘟疫明辨》，收录于《中国医学大成》第十四册。目前主要版本有清乾隆十五年（1889）扫叶山房刻本、清乾隆十七年（1752）抄本、清光绪三十二年（1906）果育轩铅印本等。此版本为内蒙古医科大学图书馆藏乾隆庚午（1750）状元阁印。

参考文献

1. 陈枝伯，陈扬荣. 戴天章与《广瘟疫论》[J]. 福建中医学院学报，2002年.

2. 李奕祺，林立元. 浅析《广瘟疫论》的流传版本及其学术成就[J]. 山西中医学院学报，2011年.

3. 陈大舜. 从《瘟疫明辨》探讨戴天章学术思想[J]. 湖南中医学院学报，1984年.

4. 清・戴天章著. 广瘟疫论[M]. 北京：人民卫生出版社，1992年.

（杨景月）

徐氏医书六种

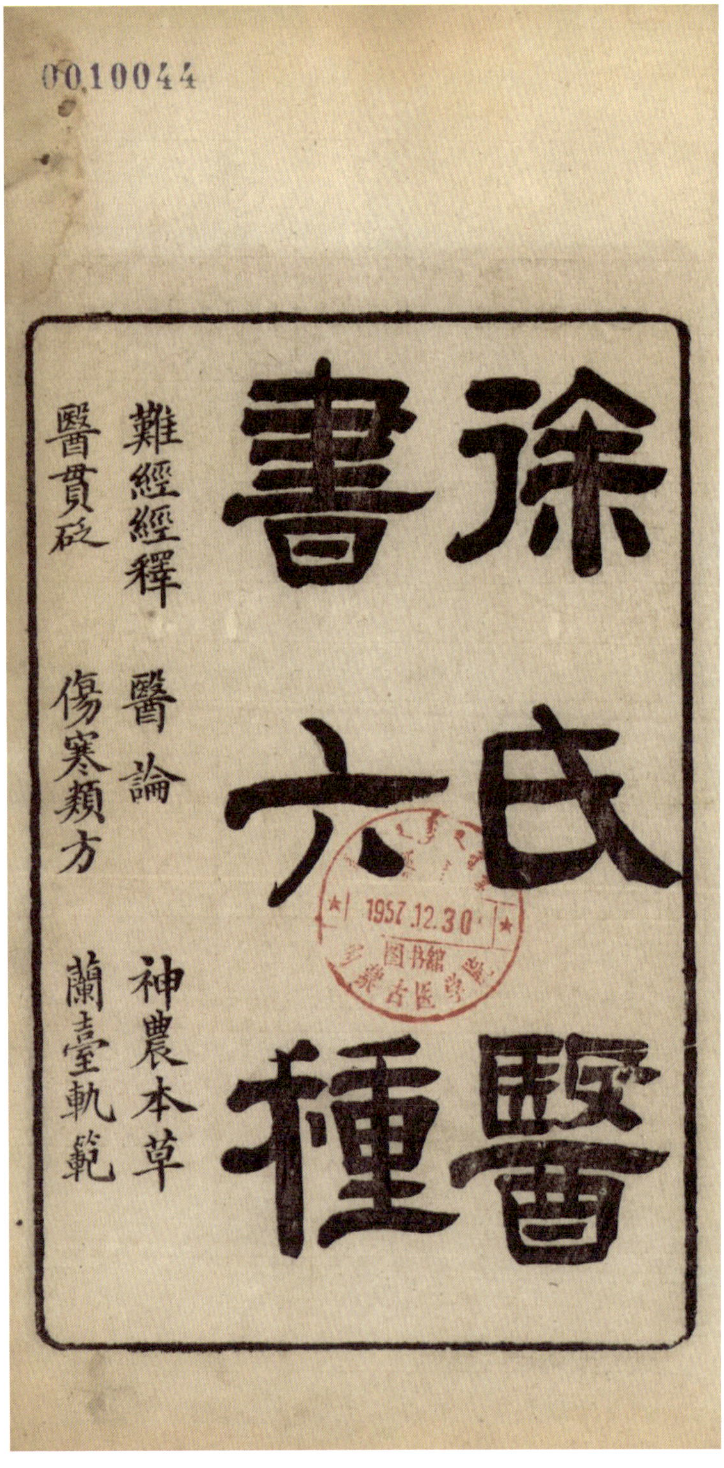

徐氏醫書六種

難經經釋　醫論　神農本草

醫貫砭　傷寒類方　蘭臺軌範

《徐氏医书六种》，清同治十二年（1873）湖北崇文书局重雕本。

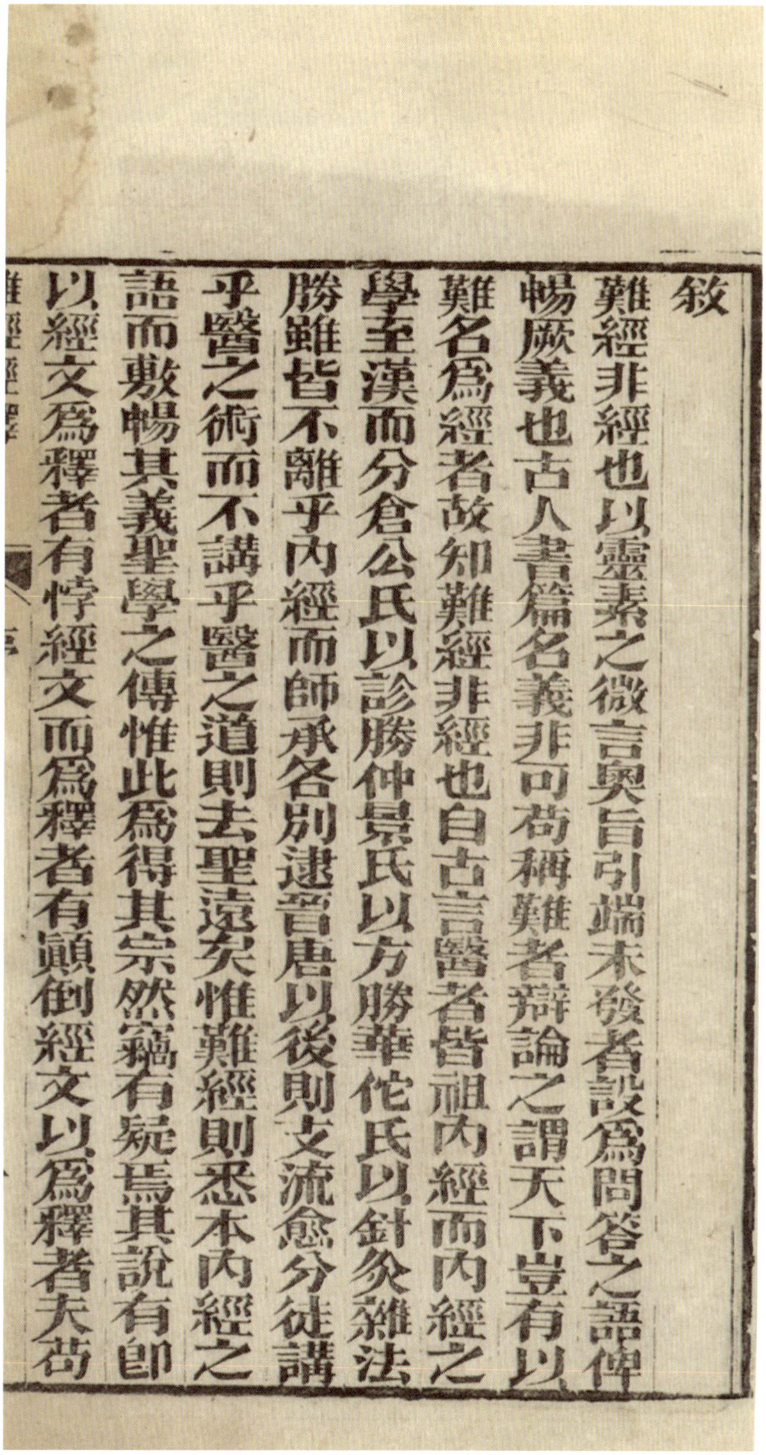
敘
難經非經也以靈素之微言奧旨引端未發者設爲問荅之語俾暢厥義也古人書篇名義非可苟稱難者辯論之謂天下豈有以難名爲經者故知難經非經也自古言醫者皆祖內經而內經之學至漢而分倉公氏以診勝仲景氏以方勝華佗氏以針灸雜法勝雖皆不離乎內經而師承各別逮晉唐以後則支流愈分徒講乎醫之術而不講乎醫之道則去聖遠矣惟難經則悉本內經之語而敷暢其義聖學之傳惟此爲得其宗然竊有疑焉其說有卽以經文爲釋者有悖經文而爲釋者有顚倒經文以爲釋者夫苟

《徐氏医书六种》，清代医家徐大椿的著作集，包括《难经经释》《神农本草经百种录》《医贯砭》《医学源流论》《兰台轨范》《伤寒类方》6种著作。

徐大椿（1693–1771），原名大业，字灵胎，晚号洄溪老人，江苏吴江人，清乾隆年间名医。徐氏对天文地理、音律技击等无不爱好，医术尤精，著述也颇多，撰有《难经经释》2卷、《神农本草经百种录》1卷、《医贯砭》2卷、《医学源流论》2卷、《伤寒类方》1卷、《兰台轨范》8卷、

《慎疾刍言》1卷、《内经要略》1卷、《脉诀启悟》2卷（附《经络诊视图》）、《药性切用》6卷、《伤寒约编》6卷（附《舌鉴图》）、《杂病证治》9卷、《女科指要》6卷（附《女科治验》）等。医书之外，尚著有《道德经注释》《阴符经注释》《乐府传声》《洄溪道情》等，亦为世所称。

《难经经释》为徐氏最早的医学著作，成书于1727年。该书用《内经》和《难经》互相比勘，从而疏释《难经》。本书分上、下两卷，按81难顺序逐条进行诠释。其特点为结合《灵枢》《素问》以解释《难经》经义，并有所阐发。其注释明晰翔尽，对经文有辨论、考证和校勘，立意新颖而晓畅。本书与诸家注《难经》者相比，声望颇著。

《神农本草经百种录》著于1736年。在该书中，徐氏从《神农本草经》上、中、下三品中采掇出上品63种，中品25种，下品12种，依据药物本身的形状、颜色、气味及土宜、时令来辨明药性，阐发义蕴。同时结合人体脏腑经络，探本溯源，论说它所以能治病之理，并阐其治病之所以然。

《医贯砭》为徐氏评议明代医家赵献可《医贯》而作，成书约在乾隆六年（1741），上、下两卷。书中针对《医贯》阐述的“肾间命门说”，徐氏节录《医贯》原文，逐段加评，阐述自己见解。本书观点鲜明，继承经典学说，倡导辨证论治，从而揭示当时医界中拘泥于一二成方治病之弊，对推动学术繁荣起了重要作用。

《医学源流论》是徐灵胎医学论文专集，成书于1757年，共两卷。上卷论文52篇，下卷论文47篇。这些论文涉及经络脏腑、脉、病、方药、治法及书论、古今等各方面。主要是对当时医界现状和弊端，从医学方面结合《内经》《伤寒论》进行论说，明其渊源，正其异说，体现徐氏辨证论治的医学思想。此书最能代表徐氏学术思想，对于后世医家、病家均有启发。

《伤寒类方》著于1759年，是对张仲景《伤寒论》的笺释和重编。该书用以方类症之法，将《伤寒论》113方分为桂枝汤、麻黄汤、葛根汤、柴胡汤、栀子汤、承气汤、泻心汤、白虎汤、五苓散、四逆汤、理中汤、杂法方等12类，每类以主方起分析论说，随文诠释，使读之一目了然，与仲景原意亦多吻合，具有独到见识，为研究仲景学说之佳作。

《兰台轨范》，成书于1764年。本书从方剂着手进行归类、汇集，以内科杂病的证治为主，除卷一通治和末卷为妇人、小儿证治外，都按照病证的性质，分列为三十六门，每病先叙病原，撷取《内经》《难经》《伤寒杂病论》《千金方》等书的精义，间亦采集宋以后的论述，阐明病因证象的异同。各门选录的古方，均采其方义易解、疗效显著者，选择甚为谨严，并以病名确指、药味精切者为标准。方后对配合施用的要点，多加以附注说明，于疑似出入之处，辨别甚详。使学者有所采，不致临证无措，故颇适用于临证之参考。

徐氏医书，后世刊有《徐氏医书六种》《徐灵胎医略六书》《徐氏医书八种》《徐氏医学十六种》等多种丛书本。版本主要有清同治十二年（1873）湖北崇文书局刊本（六种）、清光绪四年（1878）扫叶山房刊本、铅印本（八种）、民国上海锦文堂刊本（十六种）等。此《徐氏医书六种》为内蒙古医科大学馆藏的清同治十二年（1873）湖北崇文书局重雕本，包括《难经经释》2卷、《神农本草经百种录》1卷、《医贯砭》2卷、《医学源流论》2卷、《兰台轨范》8卷、《伤寒类方》1卷，6种著作，一部共10册。

参考文献

1. 李经纬. 中医史[M]. 海口：海南出版社，2007年.

2. 刘洋，高传印. 浅论徐灵胎的医学成就[J]. 中医杂志，1999年.

3. 张蕾.《难经经释》的内容与学术成就[J]. 国医论坛，2012年.

4. 何任. 徐灵胎及其医学著作[J]. 浙江中医学院学报，2002年.

（杨景月）

验方新编

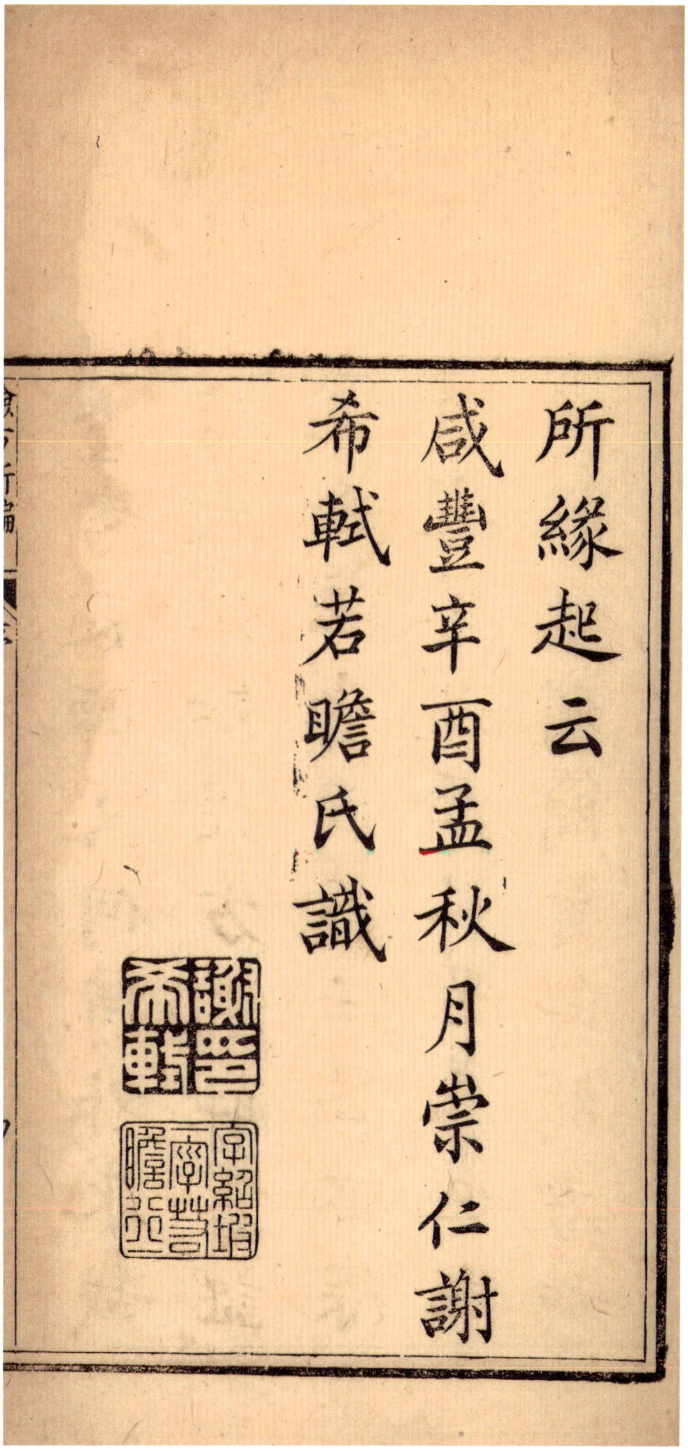
所緣起云
咸豐辛酉孟秋月崇仁謝
希軾若瞻氏識

《验方新编》16卷，咸丰辛酉孟秋月重刊，江西崇文谢氏镜水楼藏版本。

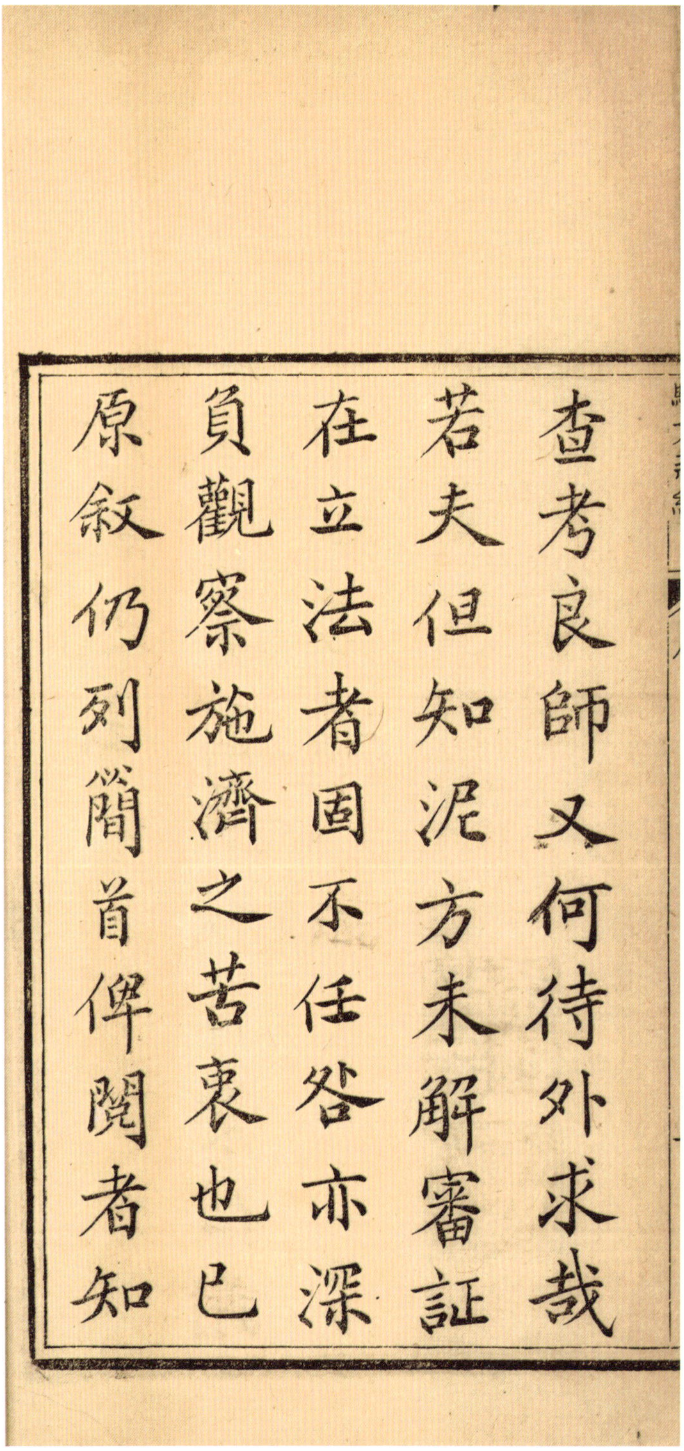
查考良師又何待外求哉
若夫但知泥方未解審証
在立法者固不任咎亦深
負觀察施濟之苦衷也已
原叙仍列簡首俾閱者知

頭上生瘡乾而無膿

抱過鷄蛋殼名鳳凰窠燒灰存性研極細麻油調搽

千層瘡

此瘡生在頭面好而復發生生不已故名千層俟破口時用新鮮橄欖核無鮮者用鹽橄欖核以水煮去鹽味亦可燒灰和鷄蛋油見癰毒諸方以鴨毛調敷

禿頭瘡又名腊梨頭

香黃散　松香貳兩爲末入葱管内用線札定水煮融化去葱研末　黃丹壹兩水飛　無名異炒壹錢　宮粉炒壹錢　輕粉炒叁分　共爲細末香油調搽並治頭面黃水瘡俱極

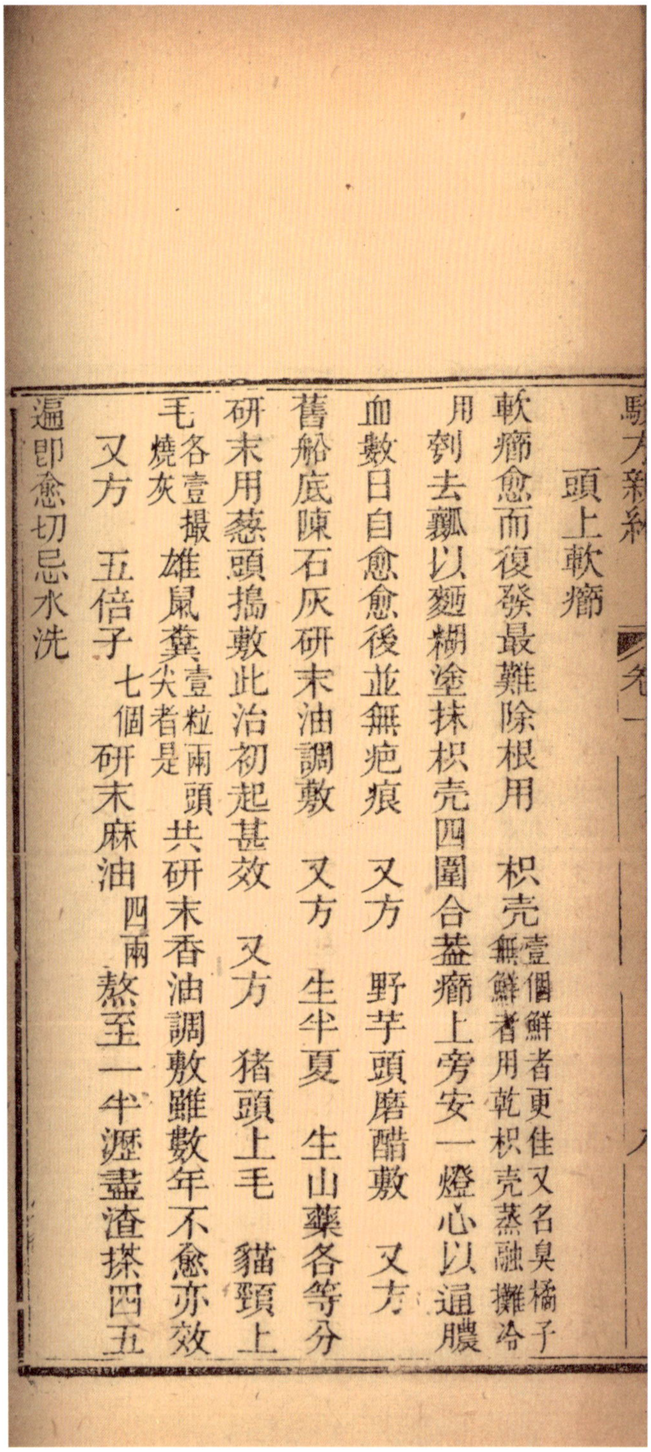
驗方新編　卷一

頭上軟癤

軟癤愈而復發最難除根用　枳殼壹個鮮者更佳又名臭橘子無鮮者用乾枳殼蒸融攤冷用刳去瓤以麵糊塗抹枳殼四圍合蓋癤上旁安一燈心以通膿血數日自愈愈後並無疤痕　又方　野芋頭磨醋敷　又方　舊船底陳石灰研末油調敷　又方　生半夏　生山藥各等分研末用蔥頭搗敷此治初起甚效　又方　猪頭上毛　貓頸上毛各壹撮燒灰　雄鼠糞壹粒兩頭尖者是　共研末香油調敷雖數年不愈亦效　又方　五倍子七個　研末麻油四兩　熬至一半瀝盡渣搽四五遍即愈切忌水洗

《验方新编》医方著作，8卷，清代鲍相璈撰，刊于1846年。

鲍相璈，具体生卒年不详，清代医家，字云韶，湖南善化（长沙）人。鲍氏曾于广西武宣任官职，因念当地治病多无良方，而持方者亦多自秘其方，遂广搜各种单方秘方之用之有验者，集为《验方新编》，分门别类，甚有便于民众采用，广为流传，大行于世。

鲍相璈于自序中言救人之心，“凡人不能无病，病必延医服药。然医有时而难逢，药有时而昂贵。富者固无虑此，贫者时有束手之忧。为方便计，自莫良于单方一门矣。单方最伙，选择宜精，果能方与症对，则药到病除，无医亦可”。其治学严谨，救世苦心，昭然如揭，“今之所存，期于有是病即有是方，有是方即有是药，且有不费一钱而其效如神者。虽至穷乡僻壤之区，马足船唇之地，无不可以仓卒立办，顷刻奏功。区区救世之苦心，校仇不倦，寝食与俱，盖二十年于兹矣”。（《验方新编》鲍相璈自序）

《验方新编》涉及范围非常广泛，总计120多个门类病证，举凡内科、外科、伤科、妇产科、小儿科、五官科、急救、食疗无所不及。其收载内容不仅包括民间流行的验方、偏方、便方，也收集了古代医学名家的各科名方，以及各种治法共6000余条。在具体施治方法上，凡内服、外敷、热敷、冷敷、穴位贴敷、取嚏、咽熏、热浴、蒸气浴、针灸、耳针、按摩、捏脊、拔罐、刮痧、引流、放血、祝由，以及相当于现代的心脏按压、人工呼吸、心理治疗、预防保健方面等无所不包。可见其主旨是收集容易施办、价格不贵、疗效明显的验方，体现了“是编方多奇验，药料亦价廉工省，贫富皆宜，家置一部，最为方便（《验方新编·凡例》）”之编书原则与特色。

《验方新编》于临证应用时注重脏腑辨证，论病注重辨证施治，重视脏腑理论，在病证目录多以脏腑虚实命名，如“肝热目痛”“肾虚耳聋”“肺痿咳嗽”“心胃气痛”“肝燥胁痛”等。本书收录内容之目的极其明确，就是切于临床疗效和简便实用，或从古籍得之，或求亲友访之，或自己历验之，在传承中医药学术方面有极为重要的贡献。如小儿痘证治验9例，有专门论述24项方，各种痘证的表现不同，痘证名亦不尽同，如蛇皮痘、空仓痘、茱萸痘、血泡痘、白浆痘、漏痘、琉璃痘等，每种痘证的治法也很详尽。如晕眩，虽然小症，然而大病皆起于晕眩，眼目一时昏花，卒致猝倒而不可救者也，宜早治之。《验方新编》用台党、半夏各三钱，白术、当归、熟地、白芍各一两，川芎五钱，茱肉五钱，天麻一钱，陈皮五分，水煎服，数剂见效。此方名防眩汤，专治气血之虚，不治头目之晕。盖气血足则阴阳和，阴阳和则邪火散，自不致于晕眩，多服数剂，受益无穷，不可因一二剂不能收功，便弃而不能用也。又方：白果二个，去壳，生捣烂，冲滚水空心服，至重五服即安，老年更效（《验方新编》卷一头部）。如妇人乳汁不通，用贝母、知母、牡蛎粉各等分，为末，用猪蹄汤调服二钱，即通，此秘方也。又方：鲜虾一斤（去皮、须、足，用肉、不拘多少），净瓷器内捣烂，陈酒热服，尽量饮汤；又方：内服前药，外用木梳梳乳周四百余遍，即通（《验方新编》卷二乳部）。痧证专篇，详述痧证种类、兼症的内外治法，尤精于民间的刮痧疗法；骨伤跌打损伤专卷，精论了伤损的检查诊断、整骨接骨、夹缚手法及民间手术。

《验方新编》刊本种类颇多，除八卷本外，另有十六卷本、十八卷本、二十四卷等，均系以原书为基础，或调整卷数，或增补内容，现存数十种清刻本及石印本、铅印本。本书为十六卷本，为内蒙古医科大学图书馆藏。

参考文献

1. 清·鲍相璈著，潘远根，旷惠桃编. 验方新编[M]. 北京：人民军医出版社，2009年.

2. 清·鲍相璈原著，孙玉信，朱平生点校. 验方新编[M]. 上海：第二军医大学出版社，2007年.

3. 朱传湘. 论《验方新编》的学术成就[J]. 湖南中医药大学学报，2009年.

4. 相鲁闽. 鲍相璈女科心身护理[J]. 中国民间疗法，2011年.

（李紫慕）

医门棒喝

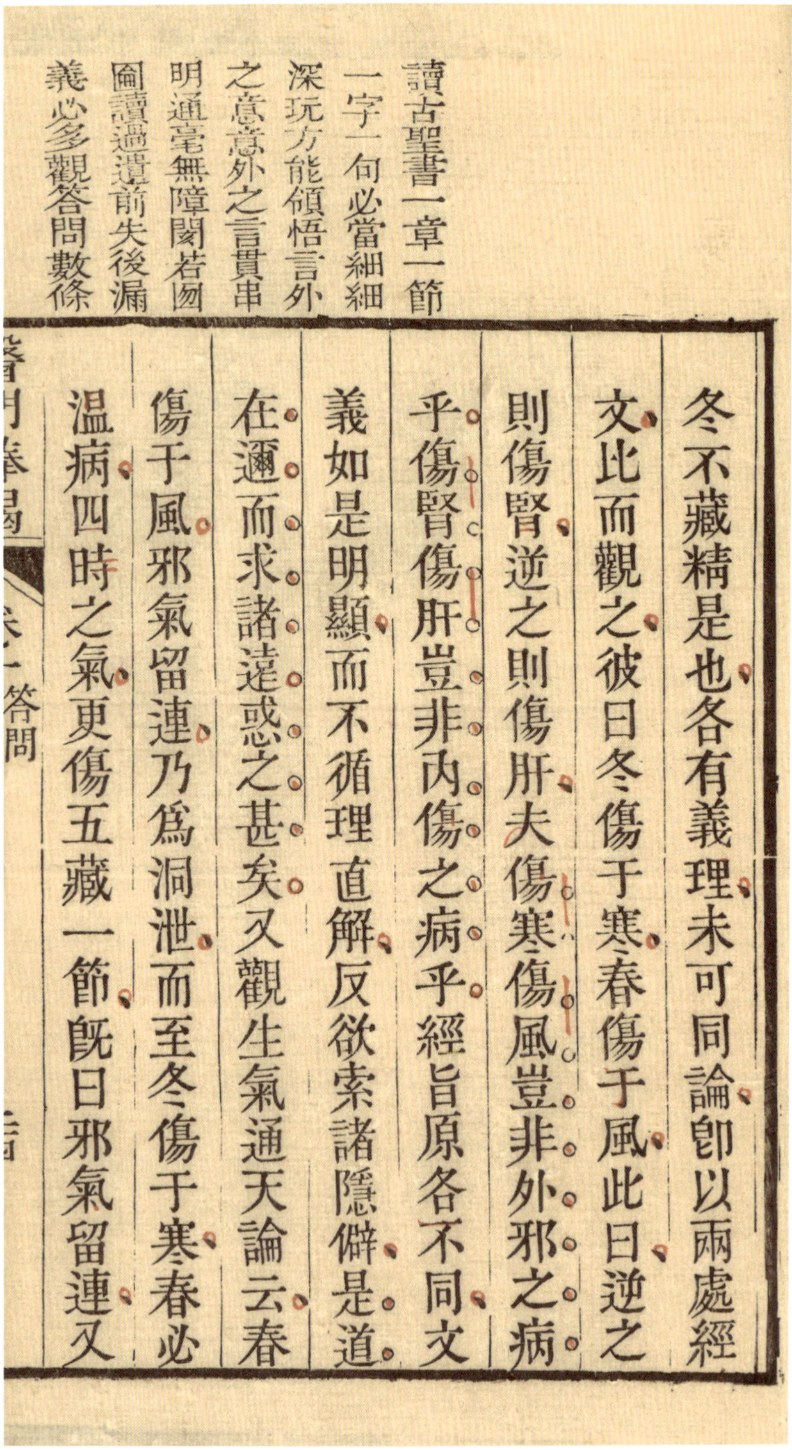
讀古聖書一章一節一字一句必當細細深玩方能領悟言外之意意外之言貫串明通毫無障閡若囫圇讀過遺前失後漏義必多觀答問數條

冬不藏精是也各有義理未可同論卽以兩處經文比而觀之彼曰冬傷于寒春傷于風此曰逆之則傷腎逆之則傷肝夫傷寒傷風豈非外邪之病乎傷腎傷肝豈非內傷之病乎經旨原各不同文義如是明顯而不循理直解反欲索諸隱僻是道在邇而求諸遠惑之甚矣又觀生氣通天論云春傷于風邪氣留連乃爲洞泄而至冬傷于寒春必温病四時之氣更傷五藏一節旣曰邪氣留連又

醫門棒喝 卷一 答問

《医门棒喝》4卷，清同治六年丁卯聚文堂刻本。

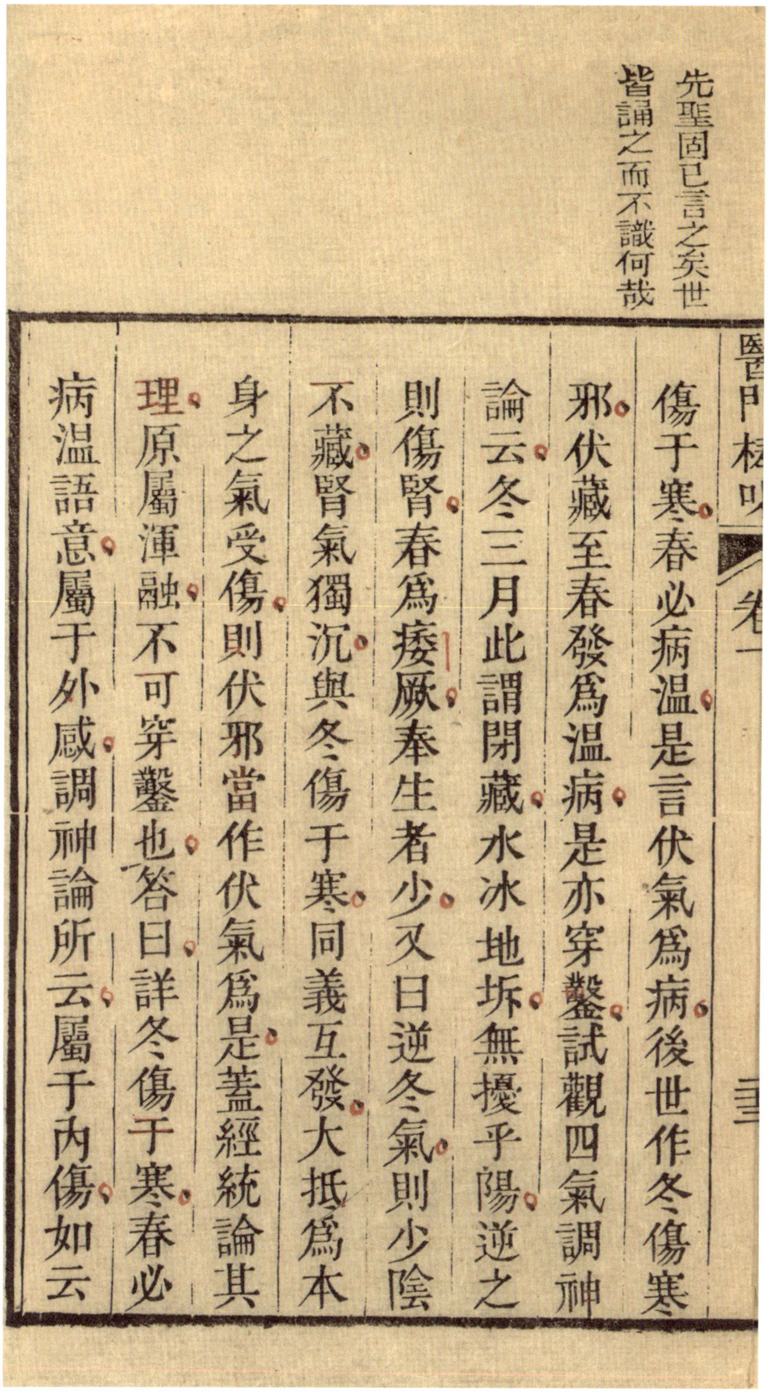
先聖固已言之矣世
皆誦之而不識何哉

醫門棒喝　卷一
三

傷于寒春必病温是言伏氣爲病後世作冬傷寒
邪伏藏至春發爲温病是亦穿鑿試觀四氣調神
論云冬三月此謂閉藏水冰地坼無擾乎陽逆之
則傷腎春爲痿厥奉生者少又曰逆冬氣則少陰
不藏腎氣獨沉與冬傷于寒同義互發大抵爲本
身之氣受傷則伏邪當作伏氣爲是蓋經統論其
理原屬渾融不可穿鑿也答曰詳冬傷于寒春必
病温語意屬于外感調神論所云屬于内傷如云

《医门棒喝》是医论著作，清代医家章楠撰于1825年。

章楠，字虚谷，清代浙江会稽县（绍兴）人，少羸多病，嗜岐黄之学，而尤殚力于仲景之书，参儒释之理，潜心研究，溯流穷源三十余年。后又游历广东、河北、苏州等地，遇同业学者，莫不趋访就正，遂精于术。既明于医经原旨，则见诸家偏伤流弊之言，冀有以补救。常谓“知我罪我，皆我师也”（《医门棒喝·初集·卷一·自题》）。著有《医门棒喝》4卷，30余篇医论，杂论医理、诊法及内儿各科病证治法，并附医案。其所载医案中有成功者，对不效者也详实记录。如对痘证初起者诊之少，也不讳言，因痘证初起者多在儿科医处诊治，转其处所诊之小儿，多为他医治之无效者，实话实说。章虚谷是明确提出“辨证论治”一词的第一人，“可知景岳先生不明六气变化之理，辨证论治岂能善哉?”（《医门棒喝·初集·卷二·论景岳书》）。《内经》奠定了中医体质学说的基础，但集中医体质学说大成的第一人是章虚谷，他明确提出：“以人体质不一，受邪虽同而病变不同”（《医门棒喝·初集·卷一·条例》），并首次将人分为阳旺阴虚之质、阴阳俱盛之质、阴盛阳虚之质、阴阳两弱之质四种类型。

《医门棒喝》共4卷，是一部医论性质的著作。卷一有六气阴阳论、太极五行发挥、人身阴阳体用论、伤寒传经论等；卷二有辨《贯珠集》温病、伤寒搀混之误、麻桂青龙汤解、方制要妙论、温暑提纲、评《温病条辨》、评王于圣《慈航集》、《千金方》房术论—虚损论等；卷三有《素问》辨疑、论景岳书、论《易》理、平心论等；卷四有痧胀论、萎仁辨、原痘论、治痘论、疹痤论、治疹论、评痘科正宗、医病须知等内容。

《医门棒喝》主要内容包括：（1）刘河间论六气皆从火化固然正确，但其发病则根据人的体质而有变异，不能概用寒凉。（2）朱丹溪“阳常有余，阴常不足”与景岳“阳常不足，阴常有余”，两家各有一偏，因为归根结底，六气皆阴阳所化，不能执枝叶之短长，即谓根本之有余不足。（3）张景岳不识阴阳六气变化，人生禀赋源，论治外邪偏涉于补，内伤证治偏执扶阳，强引大《易经》扶阳抑阴之言，不知大《易经》乃论治道，非论医理。（4）东垣言相火元气之贼，景岳言相火元气之本，东垣乃论其变，景岳道其常。两说皆各有理，不可偏废。（5）张仲景《伤寒论》中有论治温热病各条混入“伤寒例”中，虽经张璐指出而后人仍搀混不分。（6）吴又可《瘟疫论》混指一切温病为瘟疫，故详辨温病为春温、风温、暑温、湿温、瘟疫五种，分列证治。（7）六气流行之理，与为病不同，偏于火者为阳，偏于湿者为阴，体强多火成阳证，体弱多湿成阴证。（8）吴鞠通将风温瘟疫并为一类，不分轻重浅深，其冬伤寒，春病温的伏气一证，亦不分析论列。（9）叶天士论风温二十则，分营卫气血传变，治法最为精当，薛生白《湿热条辨》三十五则论治湿热甚详，吴鞠通论药物气味功能甚为精细。（10）论治虚损，当先辨阴阳，次分上下，阴虚者最忌胀气，阳虚者在禁寒凉，上损则清金为先，下损必固肾为本。（11）古论痘疹要详探其机理，《痘科正宗》言痘为毒火，有实无虚，致浅学不辨虚实，混施攻泻，治疹则必先用升葛，论治痘要分源清流，分五脏为纲，列各证为目。

章氏推崇名医叶桂、薛雪，在温病之辨证论治方面有自己的发挥，对刘河间、李东垣、朱震亨、张景岳等说，则善于撷取精华，并给予中肯的评论。由此可见，虚谷先生确是一位具有多方面学识素养和高深造诣的临床家、理论家，他著书的宗旨是“洞见本源，救正阙失”，其思路缜密细致，行文透彻，反复详辨，忠于医学，执着求索。

《医门棒喝》版本较多，有中国中医科学院图书馆所藏清同治六年丁卯（1867）聚文堂刻本，宣统元年己酉（1909）蠡城三友益斋石印本，民国八年（1919）裘吉生补刻本。本版本亦是聚文堂刻本，为内蒙古医科大学图书馆藏。

参考文献

1. 章楠著，李玉清等注释. 医门棒喝[M]. 北京：中国中医药出版社，2011 年.

2. 章楠著. 医门棒喝[M]. 北京：中医古籍出版社，1999 年.

3. 沈钦荣. 章虚谷学医心路初探[J]. 浙江中医杂志，2011 年.

4. 苟洪静，刘鹏，步瑞兰. 从《医门棒喝》看宋明理学对章楠的影响[J]. 辽宁中医药大学学报，2006 年.

（李紫慕）

御纂医宗金鉴

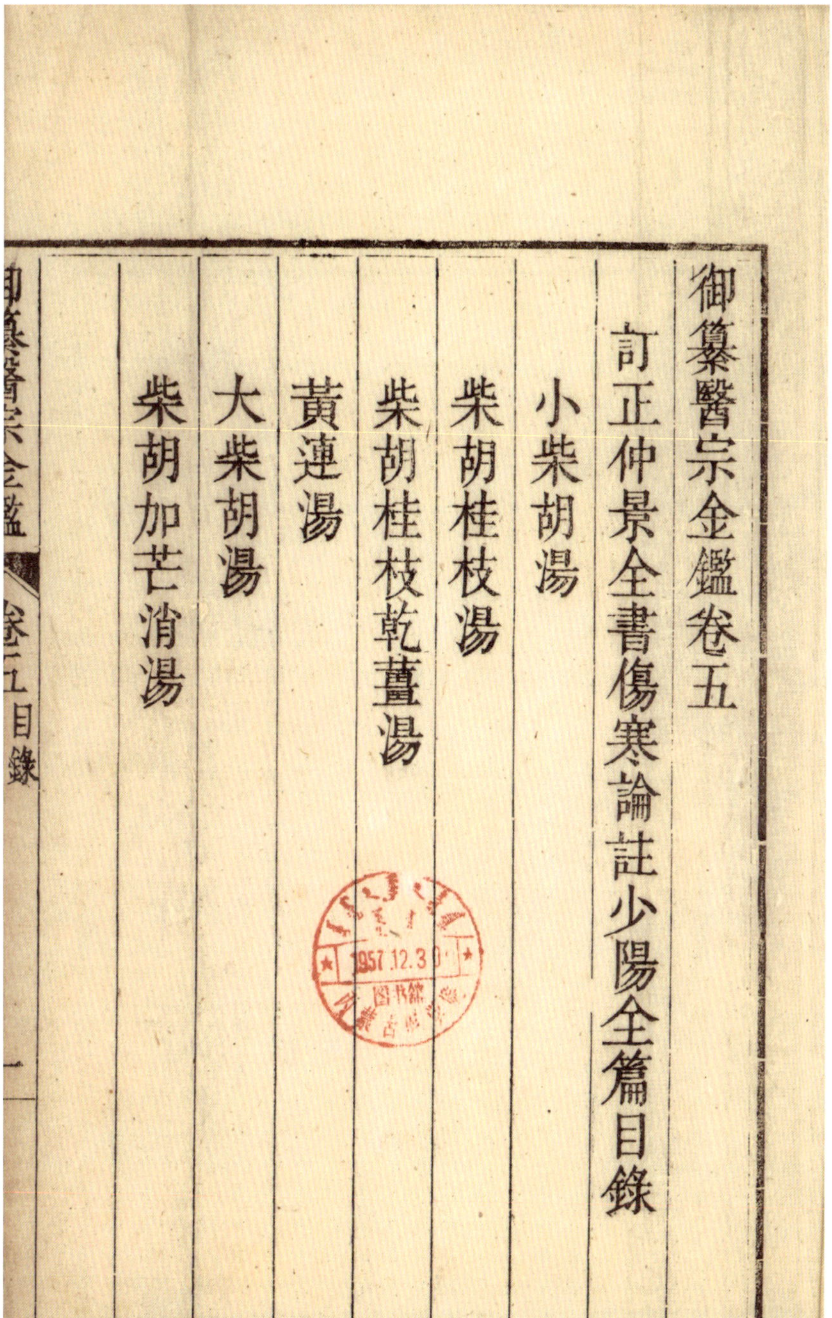

御纂醫宗金鑑卷五

訂正仲景全書傷寒論註少陽全篇目錄

小柴胡湯

柴胡桂枝湯

柴胡桂枝乾薑湯

黃連湯

大柴胡湯

柴胡加芒消湯

御纂醫宗金鑑 卷五 目錄 一

《御纂医宗金鉴》90卷，清光绪二十三年（1897）刻本。

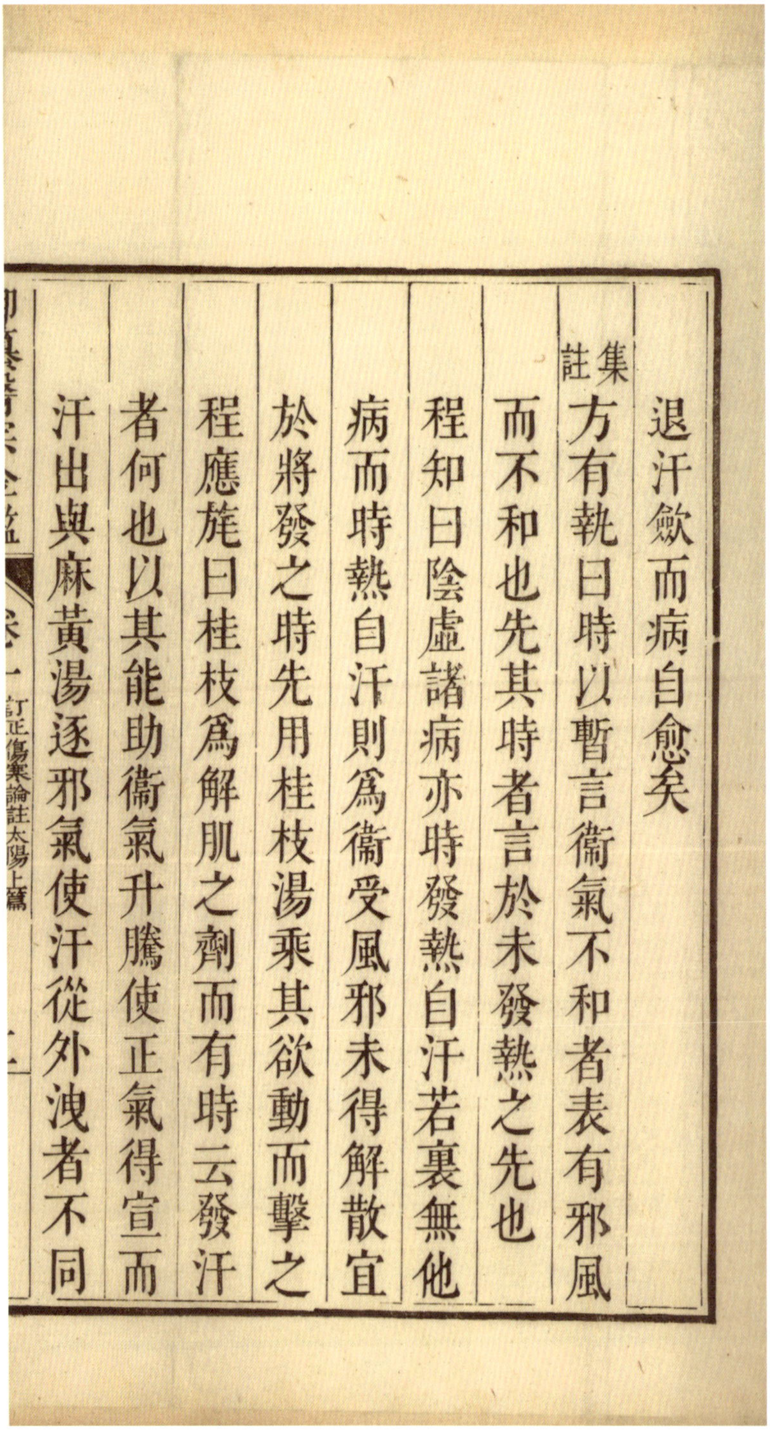
退汗斂而病自愈矣
集註 方有執曰時以暫言衛氣不和者表有邪風而不和也先其時者言於未發熱之先也
程知曰陰虛諸病亦時發熱自汗若裏無他病而時熱自汗則爲衛受風邪未得解散宜於將發之時先用桂枝湯乘其欲動而擊之
程應旄曰桂枝爲解肌之劑而有時云發汗者何也以其能助衛氣升騰使正氣得宣而汗出與麻黃湯逐邪氣使汗從外洩者不同

《御纂医宗金鉴》是清乾隆年间由政府组织太医院院判吴谦、刘裕铎等编纂的一部大型医学丛书，乾隆七年（1742）刊行。

吴谦（1689–1748），字六吉，安徽人，清雍正、乾隆年间名医，曾任太医院御医，供奉内廷，于1739年奉旨修纂《医宗金鉴》，书成后晋升太医院右判。吴氏精研张仲景《伤寒论》《金匮要略》，对之逐条进行订释，收集各家疏注，订其舛误，加以阐发，撰成《订正伤寒论注》及《订正金匮要略注》。刘裕铎（1686–1757），字辅仁，回族，北京人，曾任雍正朝太医院吏目、御医，医术高明，被雍正帝誉为“京城第一好医官”，后被革职，乾隆朝始得昭雪而受重用，与吴谦共出任《医宗金鉴》总纂修官。

《御纂医宗金鉴》共90卷，成书于乾隆七年（1742年）。此书采辑《内经》至清代诸家医著，“分门聚类，删其驳杂，采其精粹，发其余蕴，补其未备”，编成医书15种：卷一至十七为《订正仲景全书伤寒论注》，卷十八至二十五为《订正仲景全书金匮要略注》，此两种是在汉代张仲景《伤寒论》和《金匮要略》的原文之下，萃取历代注家之精论，逐条予以注释订正；另有卷二十六至三十三《删补名医方论》、卷三十四《四诊心法要诀》、卷三十五《运气要诀》、卷三十六至三十八《伤寒心法要诀》、卷三十九至四十三《杂病心法要诀》、卷四十四至四十九《妇科心法要诀》、卷五十至五十五《幼科杂病心法要诀》、卷五十六至五十九《痘疹心法要诀》、卷六十《幼科种痘心法要旨》、卷六十一至七十六《外科心法要诀》、卷七十七至七十八《眼科心法要诀》、卷七十九至八十六《刺灸心法要诀》、卷八十七至九十《正骨心法要旨》。该书特点是图、说、方、论俱备，歌诀帮助诵读，开帝皇兼重学术与普及之先河。而其更为重要的特点，即显明的时代性：清太医院，乾隆时期的医学分科为11科，而该书的学科则为15科，多出者主要为《种痘心法》1卷与《运气》1卷，体现出自身特点。特别是将小方脉科分解为《幼科心法》《痘疹心法》与《种痘心法》三个学科11卷，可见对小儿痘疹与种痘的重视，这是与康熙、乾隆时期大力推广人痘接种以预防天花的杰出成就密切相关。这也十分明显地体现了《医宗金鉴》在吸纳医学发展最新成就方面，是史无前例的。此外，《正骨心法》首次吸纳了驷院绰班处蒙古正骨士的理论与手法技巧，充分体现了汉满正骨医学交流、融合的新成果。

本书为古代医学丛书或全书中内容比较全备、简明、实用者。1742年书成后，乾隆皇帝命令颁行全国，1749年被定为太医院医学教育教科书、考试医师的标准，以“使为师者必由是而教，为弟子者必由是而学”，此后一度成为清代广为流行的医学教科书。全书内容广泛，采集了上自春秋战国，下至明清时期历代医书的精华，涉及临床各种疾病的辨证治疗；论理深入浅出，颇多圆机活法，语言简明扼要，取材切合临床实际。《四库全书总目》称赞其“有图、有说、有歌诀，俾学者既易考求，又便诵习”。

本书刊行后，流传颇广，据不完全统计，截至1949年，《御纂医宗金鉴》版本达40余种。主要版本有清乾隆七年（1742）武英殿聚珍本、尊经阁刻本、清内府精写本等。1949年后有影印、排印及点校本。此本为内蒙古医科大学图书馆藏清光绪二十三年（1897）刻本。

参考文献

1. 李经纬. 中医史[M]. 海口：海南出版社，2007年.

2. 清·吴谦等编. 医宗金鉴[M]. 北京：人民卫生出版社，2006年.

3. 清·吴谦等编. 医宗金鉴[M]. 太原：山西科技出版社，2011年.

4. 清·吴谦等编. 医宗金鉴[M]. 北京：人民卫生出版社，1998年.

（杨景月）

理瀹骈文

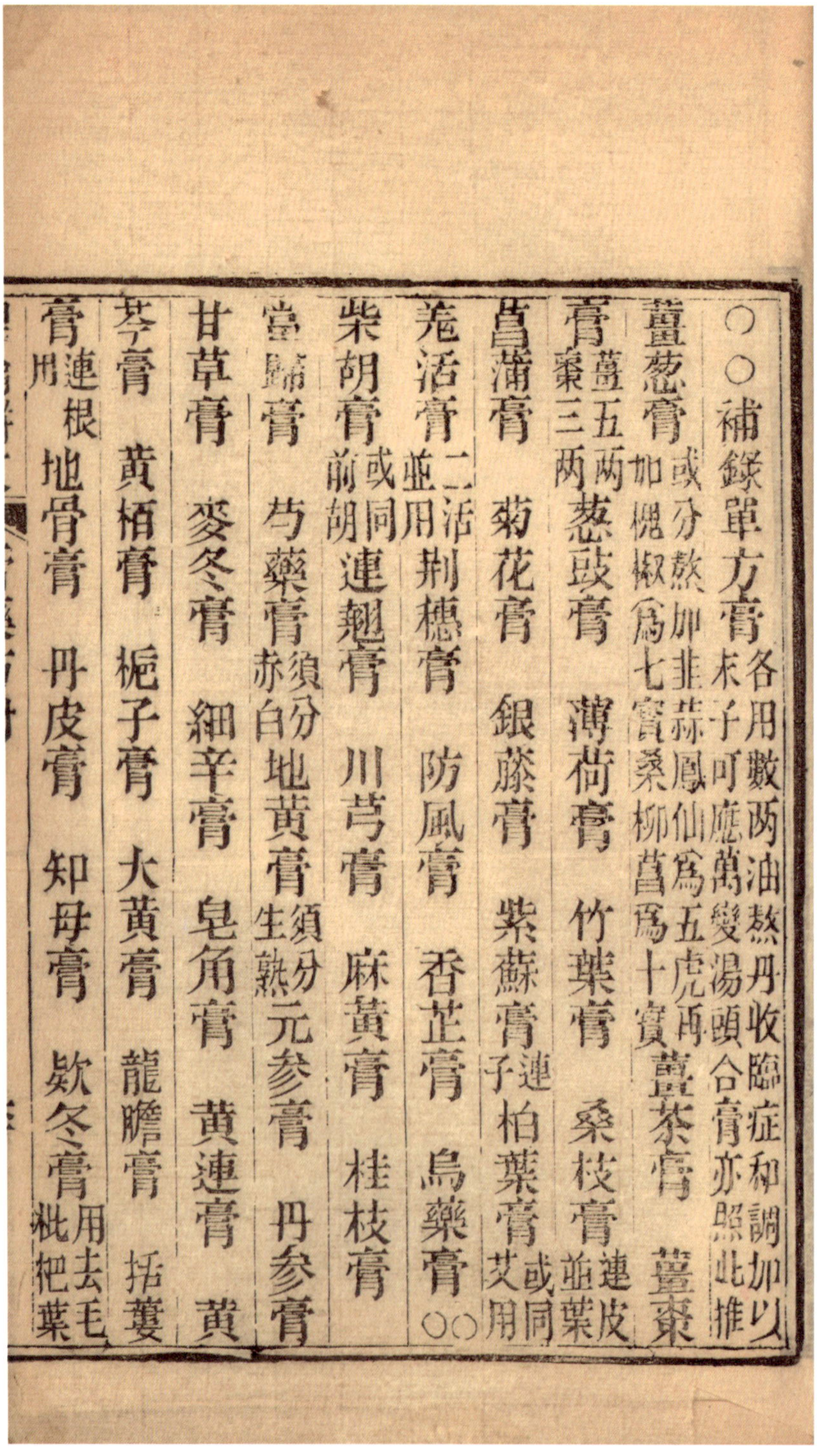
〇〇補錄單方膏各用數兩油熬丹收臨症和調加以末子可應萬變湯頭合膏亦照此推

薑葱膏或分熬加韭蒜鳳仙爲五虎再加槐椒爲七寶桑柳菖爲十寶　薑茶膏　薑棗膏薑五兩棗三兩　葱豉膏　薄荷膏　竹葉膏　桑枝膏連皮並葉

菖蒲膏　菊花膏　銀藤膏　紫蘇膏連子　柏葉膏或同艾用

羌活膏二活並用　荆穗膏　防風膏　香芷膏　烏藥膏〇〇

柴胡膏或同前胡　連翹膏　川芎膏　麻黃膏　桂枝膏

當歸膏　芍藥膏須分赤白　地黃膏須分生熟　元參膏　丹參膏

甘草膏　麥冬膏　細辛膏　皂角膏　黃連膏　黃芩膏　黃栢膏　梔子膏　大黃膏　龍膽膏　括蔞膏連根用　地骨膏　丹皮膏　知母膏　欵冬膏用去毛枇杷葉

《理瀹骈文》2 卷，清光绪十二年（1886）扬州存济堂补刻本。

連廣皮半夏桂枝乾薑生薑烏梅等可止**下利**用參朮薑草吳萸桂枝白芍附子小茴五味陳皮肉蔻仁半夏等有食加山查麥芽等**厥逆**中土衰而氣不布於四肢也先冷手者責在脾肺先冷足者責在脾腎用參麥味附桂半陳萸椒生薑等如抽掣者加木瓜**煩躁**陽上格則心煩陰先竭則腎躁此眞寒假熱也用川連附子麥冬白芍桂枝五味歸身乾薑甘草焦朮煅牡蠣等**口渴**此津液下拔所致用參連麥朮薑桂芍歸石斛烏梅甘桔等或但用薑梅**冷汗**眞陽外越也若周身汗氣喘則脫矣用參附者朮薑桂歸芍麥味茯甘煅牡蠣等**轉筋**寒主收故筋脉抽掣也熱症抽掣不甚痛而手足溫和寒症必大痛而手足大冷間有不抽者或寒輕或氣敗也氣敗者外象必重雖不抽必傷命**治法不外溫經通陽以祛寒邪以歸陰火遵仲景治三陰之旨而已**諸藥均可用以煎抹炒熨

○**熱膏心口皆忌**只可三分**如誤貼**鼻乾喉痛**清陽膏解之**

《理瀹骈文》又名《外治医说》，是清代医家吴师机于19世纪60年代撰写的一部中医外治法专著。作者取“医者理也，药者瀹也”之意，撰文采用“骈体文”，故刊成后题名《理瀹骈文》。吴氏吸取前人的外治经验及民间的外治法，加之自己20余年临床经验，先后十易其稿而成书。该书对中医外治法的发展做出了重大贡献。

吴师机（1806–1886），原名树杞，字尚先，又字安业，晚年自号潜玉老人，原籍浙江钱塘（今杭州）。道光十四年（1834）中举，为候选知县。金奎光在《理瀹骈文》跋中说，吴安业于“甲辰大挑不赴”，乃随父“寓居于扬（州），诗文之外，兼学为医。咸丰三年（1853）移居泰州俞家垛，专以外治法济人。同治四年（1865），重返于扬，在今观巷设存济医庐。所著《理瀹骈文》既成，因授诸梓”。自制膏药悬壶济世，吴氏医术高超，医德高尚。其外治疗法具有简、廉、验的特点，又可避免内服药的副作用，所以求诊者甚众，吴氏因此被称为外治法的创始人。其弟官业这样描述当时诊治盛况：“凡远近来者，日或一二百人，或三四百人，皆各以时聚。有舁有负、有扶掖、有提携、或倚或蹲、或立或跪、或瞻或望、或呼或叫、或呻或吟、或泣或涕，拥塞于庭。待膏之救，迫甚水火。斯时在旁观者，莫不慨息，以为绘流民图，赈饥之局不过如是”。吴师机受前人外治经验启发，通过反复临床实践验证，积累了丰富的个人经验，充分肯定外治法的可靠疗效。书中记述其临证20年间，“月阅症四五千人，岁约五六万人，出膏大小约十万余张”。因此，后世医家普遍认为《理瀹骈文》是对中医外治疗法广泛应用后的系统总结。

此书卷首总论外治之法，正文分别论述了伤寒、痹证等内、外、妇、儿、五官等各科多种病证的外治方，并详加注文阐述。书中详细记述膏药外治和温热疗法、水疗法、蜡疗法、泥疗法、发泡疗法等数十种外治方法的具体运用。它不仅仅用于痈疽疔肿、风湿痹痛、跌打损伤等外科诸证的治疗，还广泛用于内、妇、儿、外、五官等各种疾病的治疗。因此《理瀹骈文》被后世尊称为“外治之宗”。

书末附常用外治膏药方的配方与制法及《治心病方》一文。吴氏提出外治之膏药，是依据内治法的理论而运用于临床。强调外治膏药即取于内治法的汤丸剂型之方，且药物组成也以君臣佐使等方剂配伍理论为指导，以辨证论治为宗旨。凡汤丸之有效者，皆可熬膏。因此，香苏饮、神术散、黄连解毒汤、木香导滞丸、竹沥化痰丸等，以及理中丸、平胃散、六君子汤、六味地黄丸、养心汤、归脾汤、补中益气汤等内服汤丸，均可作为膏方使用。可以说《理瀹骈文》是我国第一部专门研究膏药的专著。

该书现存最早版本为清同治四年（1865）刻本，现藏中国中医科学院图书馆。另有清光绪元年（1875）杨城南皮市武林云蓝阁刻本，清光绪七年（1881）广州爱育堂刻本。内蒙古医科大学图书馆藏本为清光绪十二年（1886）扬州存济堂补刻本。

参考文献

1. 曾昭铎. 吴尚先《理瀹骈文》版本考[J]，广州中医药大学学报，1985 年.

2. 李超整理. 中医外治法简编[M]. 武汉：湖北人民出版社，1997 年.

3. 余丽.《理瀹骈文》应用膏药的理发[J]. 福建中医学院学报，2001 年.

4. 林良才.《理瀹骈文》外治法辨证规律探讨[J]. 辽宁中医学院学报，2006 年.

5. 张鸣钟. 中医名著书选择——《理瀹骈文》[J]，中医研究，2010 年.

（张明锐）

附录：特藏图书目录

中藏经（附内照法）　八卷　234
原题（汉）华佗（元化）撰
1. 清光绪六年庚辰(1880)上虞兰兰山房刻本徐氏藏板
2. 清光绪十一年乙酉(1885)吴县朱记荣槐庐家塾刻本（三卷）

(新刊)素问入式运气论奥　三卷　1099
（宋）刘温舒撰
1923年上海涵芬楼据明正统道藏本影印本

巢氏诸病源候论　五十卷　610
（隋）巢元方等撰
清嘉庆十四年己巳(1809)吴门经义斋胡益谦校刻本

伤寒论　十卷　219
（汉）张机（仲景）撰　（晋）王熙（叔和）编　（宋）林亿校
1923、1925、1927年恽铁樵据明万历赵开美刻本影印本

注解伤寒论　十卷　1144
（汉）张机（仲景）撰　（晋）王熙（叔和）编　（金）成无己注
1. 清同治九年庚午(1870)常郡陆氏双白燕堂刻本（附伤寒明理论四卷）
2. 清光绪二十二年丙申(1896)湖南书局刻本（附伤寒明理论四卷）
3. 清光绪二十二年丙申(1896)汉文书局刻本

尚论篇　四卷附后篇四卷卷首一卷　1648
（清）喻昌（嘉言、西昌老人）撰
1. 清乾隆二十八年癸未(1763)黎川陈守诚刻本嵩秀堂藏板
2. 清乾隆五十年乙巳(1785)步月楼刻本
3. 清嘉庆十三年戊辰(1808)同文堂刻本
4. 清光绪三十一年乙巳(1905)经元书室刻本
5. 清刻本
6. 1917年南昌刻豫章丛书本

伤寒论注　四卷　1669
（清）柯琴（韵伯）撰
1. 清金阊绿慎堂刻本
2. 清刻本

伤寒论三注　十六卷　1677
（清）周扬俊（禹载）编注
清光绪十三年丁亥(1887)刻本渔古山房藏板

伤寒论注来苏集　八卷　1706
（清）柯琴（韵伯）撰
清苏州扫叶山房刻本
(1) 伤寒论注四卷
(2) 伤寒论翼二卷
(3) 伤寒附翼二卷

伤寒贯珠集　八卷　1729
（清）尤怡（在泾、饲鹤山人）编注
1. 清苏州绿润堂刻本
2. 上海千顷堂书局石印本

舒氏伤寒集注　十卷附录五卷　1739
（清）舒诏（驰远、慎斋学人）撰
清渝城宏道堂刻本

百大名家合注伤寒论　十六卷　1924
吴考槃（隐亭）编
1924、1926年上海千顷堂书局石印本

伤寒论辑义按（章太炎先生霍乱论）　六卷　1927
恽铁樵（树珏）撰

1928、1929 年上海商务印书馆铅印本

曹氏伤寒发微　　四卷　　1931

曹颖甫(家达)撰

1931 年上海昌明医药学社铅印本

伤寒总病论　　六卷　　1100

(宋)庞安时(安常)撰

上海千顷堂书局据士礼居黄氏丛书本影印本

伤寒类证活人书　　二十二卷　　1107

(宋)朱肱(翼中)撰

1. 清光绪十年甲申(1884)江南机器制造总局刻本(附伤寒十劝)

2. 清刻本

伤寒发微论　　二卷　　1132

(宋)许叔微(知可)撰

清光绪七年辛巳(1881)吴兴陆氏刻本

伤寒明理论　　三卷方论一卷　1142

(金)成无己撰

清刻本

此事难知　　二卷附录一卷　1308

(元)王好古(进之、海藏)撰

清刻本

伤寒全生集　　四卷　　1445

(明)陶华(尚文、节庵)撰

清嘉庆二十四年己卯(1819)长州书业堂刻本

伤寒六书　　1445

(明)陶华(尚文、节庵)撰

明刻本

(1) 伤寒家秘的本一卷

(2) 伤寒明理续论一卷

(3) 伤寒琐言一卷

(4) 伤寒杀车槌法一卷

(5) 伤寒一提金启蒙一卷

(6) 伤寒证脉截江网一卷

伤寒准绳　　八卷　　1602

(明)王肯堂(宇泰、损庵、念西居士)辑

清刻本

伤寒缵论　　二卷　　1663

(清)张璐(路玉、石顽老人)撰

1. 清乾隆金阊书业堂刻本

2. 清嘉庆六年辛酉(1801)刻本

伤寒绪论　　二卷　　1665

(清)张璐(路玉、石顽老人)撰

清刻本

伤寒论翼　　二卷　　1674

(清)柯琴(韵伯)撰

清古香室刻本

伤寒大白　　四卷总论一卷　1714

(清)秦之桢(皇士)撰

1922 年吴门殷氏宁瑞堂石印本

伤寒悬解　　十四卷卷首一卷卷末一卷　　1748

(清)黄元御(坤载、研农、玉楸子)撰

清刻本

伤寒指掌　　四卷　　1796

(清)吴贞(坤安)撰

1918 年上海鸿宝斋石印陆懋修重订本

伤寒医诀串解　　六卷　　1803

(清)陈念祖(修园)撰

清刻本味根斋藏板(附十药神书)

伤寒广要 **十二卷** **1825**
（日）丹波元坚（亦柔、茝庭）撰
日本文政十年丁亥(1827)聿修堂刻本

余注伤寒论翼 **四卷** **1888**
（清）柯琴（韵伯）原撰　余景和（听鸿）重订　能静居士评
清光绪十九年癸巳(1893)会稽扫闲居士孙思恭刻本

伤寒论研究 **四卷** **1923**
恽铁樵（树珏）撰
1924、1935年恽氏铅印本

伤寒真方歌括 **六卷** **1803**
（清）陈念祖（修园）撰
清咸丰九年己未(1859)三山林氏味根斋校刻本

伤寒三字经 **1932**
刘懋勋撰
1932年上海千顷堂书局石印本

伤寒第一书 **四卷附余二卷** **1780**
（清）车宗辂（质中）　胡宪丰（骏宁）撰
1. 清光绪十一年乙酉(1885)刻本浙绍奎照楼藏板
2. 1917年上海大德书局石印本

金匮玉函经二注（附补方一卷、十药神书一卷） **二十二卷** **1687**
（元）赵以德（良仁）衍义　（清）周扬俊（禹载）补注
1921年苏州萃芬书屋校刻本养恬斋藏板

金匮心典 **三卷** **1729**
（清）尤怡（在泾、饲鹤山人）集注
1. 清同治八年己巳(1869)刻本常郡陆氏双白燕堂藏板
2. 清光绪七年辛巳(1881)刻本崇德书院藏板
3. 清刻本

高注金匮要略 **1872**
（清）高学山（汉峙）注
抄本

金匮要略今释 **八卷** **1934**
陆渊雷（彭年）撰
1934、1935年上海陆氏医室铅印本

伤寒杂病论金匮指归 **十卷** **1885**
（清）戈颂平（直斋）撰
抄本

金匮方歌括 **六卷** **1830**
（清）陈元犀（灵石）编
1. 清道光十六年丙申(1836)南雅堂刻本
2. 清光绪二十七年辛丑(1901)新化三味书局刻本
3. 清光绪二十七年辛丑(1901)刻本

四诊抉微（附管窥附余一卷） **八卷** **1723**
（清）林之翰（慎庵、苕东逸老）撰
清雍正四年丙午(1726)玉映堂刻本本衙藏板

脉经 **十卷** **280**
（晋）王熙（叔和）撰
1. 1935年上海商务印书馆据元广勤书堂刻本影印四部丛刊本
2. 民国上海进化书局影印本

玄白子西原正派脉诀 **1330**
（元）张道中（玄白子）撰　原题（宋）崔嘉彦（子虚）撰
抄本

删注脉诀规正 **二卷** **1693**
（清）沈镜（薇垣）删注
清刻本青藜阁藏板

濒湖脉学 1564

(明)李时珍(东璧、濒湖)撰

清刻本

石顽老人诊宗三昧 1665

(清)张璐(路玉、石顽老人)撰 张登(诞先)编

日本刻本1929年补刻本

三指禅 三卷 1827

(清)周学霆(荆威、梦觉道人)撰

清咸丰十一年辛酉(1861)三让堂刻本

脉法易知 1918

中华书局编

1923、1927、1931、1936年上海文明书局铅印本

脉学发微 四卷 1928

恽铁樵(树珏)撰

1928、1930年上海恽铁樵医寓铅印恽铁樵医书四种本

伤寒舌鉴 1665

(清)张登(诞先)编

清光绪三十年甲辰(1904)扫叶山房刻本

(彩图)辨舌指南 六卷 1916

曹炳章(赤电)撰

1928年集古阁石印本

针灸甲乙经 十二卷 282

(晋)皇甫谧(士安、玄晏先生)撰 (宋)林亿等校

清光绪十三年丁亥(1887)刻本行素草堂藏板

针灸择日编集 1447

择日编集 (朝)全循义 金义孙编 备急灸法 (宋)闻人耆年撰

清光绪十六年庚寅(1890)上杭罗氏刻本十瓣同心兰室藏板

针灸大成 十卷 1601

(明)杨继洲(济时)原撰 靳贤补辑重编

1. 明刻本
2. 清刻本
3. 清乾隆五十九年甲寅(1794)刻本晋祁书业堂藏板
4. 清京都善成堂刻本

针灸摘要 1911

著者佚名

抄本

针灸易知 1919

中华书局编

1919、1920、1922、1927、1929、1932、1936年中华书局铅印本

经络歌诀 1689

(清)汪昂(讱庵)撰

清刻本

腧穴折衷 二卷 1764

(日)安井元越撰

1937年上海医界春秋社据古本医学丛刊本影印本

针灸便用图考(附本草说约) 1856

(清)张希纯撰 苏元箴编

清刻本

推拿广意 三卷 1676

(清)熊应雄(运英)编 陈世凯(紫山)重编

1. 清刻本
2. 1912年上海江东书局铅印本

推拿易知 1919

中华书局编

1929、1936年上海文明书局铅印本

理瀹骈文（附膏药方） 1864
（清）吴师机（尚先、杖仙、安业）撰
清刻本

理瀹骈文摘要 1864
（清）吴师机（尚先、杖仙、安业）原撰　苏州官医局编
清光绪九年癸未(1883)江西书局刻本

神农本草经百种录 1736
（清）徐大椿（灵胎、洄溪老人）撰
清刻本

本经疏证 十二卷 1837
（清）邹澍（润安、闰庵）撰
清同治十二年癸酉(1873)反经堂刻本

本草三家合注（附神农本草经百种录） 六卷 1850
（清）郭汝骢（小陶）编
清刻本两仪堂藏板

神农本草经经释 1887
（清）姜国伊（尹人）撰
清刻本

经史证类大观本草 三十一卷 1180
（宋）唐慎微（审元）原撰　艾晟（叔来）校补
明万历二十八年庚子(1600)籍山书院刻本万历三十八年彭端吾重修本

重修政和经史证类备用本草 三十卷 1249
（宋）唐慎微（审元）原撰　曹孝忠校　（元）张存惠（魏卿）校补
明成化四年戊子(1468)山东原杰雷复等据平水许宅本重刻本

本草纲目 五十二卷卷首一卷　附图二卷 1578
（明）李时珍（东壁、濒湖）撰　李建中　李建元校正　李建元　李建木图
明刻本

本草原始 十二卷 1612
（明）李中立（正宇）纂辑
清咸丰一年辛亥(1851)文会堂刻本（书口题经余堂）

（镌补）雷公炮制药性解 六卷 1622
（明）李中梓（士材、念莪、尽凡居士）编　钱允治校订
清群玉山房刻本

本草述 三十二卷卷首一卷 1664
（清）刘若金（云密、蠡园逸叟）撰
清嘉庆十五年庚午(1810)武进薛氏还读山房校刻本

增订本草备要 四卷 1694
（清）汪昂（讱庵）撰
清光绪十一年乙酉(1885)宝兴堂刻本

增订本草备要 四卷 1694
（清）汪昂（讱庵）撰
清江左书林刻本

本经逢原 四卷 1695
（清）张璐（路玉、石顽老人）撰
清康熙三十四年乙亥(1695)长洲张氏隽永堂刻本

本草从新（附药性总义） 六卷 1757
（清）吴仪洛（遵程）编
民国上海锦章图书局石印本（十八卷）

本草问答 二卷 1884
（清）唐宗海（容川）撰
清光绪二十一年乙未(1895)上海书局石印本

药性易知 1918
中华书局编

1929、1930、1932 年上海文明书局铅印本

国药诠证　　四卷　　1939
王剑宾撰
1939 年上海万叶书店铅印本

珍珠囊指掌补遗药性赋　　四卷　　1622
原题(金)李杲(明之、东垣)撰
清光绪十三年丁亥(1887)、三十二年丙午(1906)苏州扫叶山房刻本(题雷公炮制论)

本草便读　　二卷　　1887
(清)张秉成(兆嘉)编
清光绪二十四年戊戌(1898)湖北武昌鄂渚刻本

古今图书集成草木典　　三百二十卷　　1723
(清)蒋廷锡(扬孙、西谷)等编
1934 年中华书局影印本

肘后备急方　　八卷　　315
(晋)葛洪(稚川、抱朴子)撰　(梁)陶弘景(通明、华阳居士、华阳真人、贞白先生)补阙　(金)杨用道增广
1926 年上海商务印书馆据明正统道藏本影印本

备急千金要方　　三十卷　　651
(唐)孙思邈撰　(宋)林亿校
1.1933、1935 年上海涵芬楼据明正统道藏本影印本(九十三卷)
2.1934 年上海千顷堂书局石印本(二十四卷)
3. 日本嘉永二年己酉(1849)江户医学据北宋本影刻本

千金翼方　　三十卷　　682
(唐)孙思邈撰
1. 清同治七年戊辰(1868)苏州扫叶山房刻本
2. 清光绪四年戊寅(1878)独山莫氏据日本影刻元大德梅溪书院刻本影印本

外台秘要　　四十卷　　752
(唐)王焘撰
1. 明崇祯十三年庚辰(1640)新安程衍道刻本歙西槐堂经余居藏板
2. 清同治十三年甲戌(1874)广东翰墨园刻本
3.1915、1916、1920 年上海鸿宝斋书局石印本

苏沈内翰良方　　十卷　　1075
(宋)苏轼(子瞻、东坡)　沈括(存中)等编
清刻本

圣济总录　　二百卷　　1117
宋徽宗赵佶敕撰
日本文化十年癸酉(1813)江户医学馆活字本

类证普济本事方　　十卷　　1132
(宋)许叔微(知可)撰
清抄本

洪氏集验方　　五卷　　1170
(宋)洪遵(景严)撰
民国石印本

三因极一病证方论　　十八卷　　1174
(宋)陈言(无择)撰
1920、1927、1930、1934、1935 年上海文瑞楼石印本

奇效良方　　六十九卷　　1449
(明)董宿原辑　方贤续纂　杨文翰校正
明刻本

摄生众妙方　　十一卷　　1550
(明)张时彻(惟静、芝园主人)编
明隆庆三年己巳(1569)衡王府增补刻本(附急救良方)

医方考(附脉语二卷)　　六卷　　1584
(明)吴崑(山甫、鹤皋山人、参黄子)撰
明万历刻本

类方准绳 八卷 1602
（明）王肯堂（宇泰、损庵、念西居士）撰
清光绪十八年壬辰(1892)上海图书集成印书局铅印本

本草万方针线 八卷 1655
（清）蔡烈先（茧斋）编
清康熙五十八年己亥(1719)武林山寿堂刻本

古今名医方论 四卷 1675
（清）罗美（澹生、东逸）编
清康熙十四年乙卯(1675)古怀堂刻本

古今名医方论 四卷 1675
（清）罗美（澹生、东逸）编
清刻本

医方集解 三卷 1682
（清）汪昂（讱庵）撰
1.清光绪十三年丁亥(1887)上海鸿文书局石印本
2.1922、1923年江阴宝文堂刻本（二十一卷）

千金方衍义 三十卷 1698
（唐）孙思邈原撰 （清）张璐（路玉、石顽老人）衍义
1.清嘉庆六年辛酉(1801)扫叶山房刻本
2.清扫叶山房刻本

绛雪园古方选注（附得宜本草） 1731
（清）王子接（晋三）注
清扫叶山房刻本

本事方释义 十卷
（宋）许叔微（知可）原撰 （清）叶桂（天士、香岩、南阳先生）释义
清嘉庆十九年甲戌(1814)姑苏扫叶山房刻本

景岳新方砭 四卷 1802
（清）陈念祖（修园）撰
清光绪九年癸未(1883)仁和葛氏刻本

良朋汇集经验神方（附急救仙方） 五卷 1711
（清）孙伟（望林）编
1.清善成堂刻本
2.清刻本

种福堂公选良方（附温热论） 三卷 1775
（清）叶桂（天士、香岩、南阳先生）撰
清乾隆四十年乙未(1775)刻本

普济应验良方 八卷 1799
（清）德轩氏编
清咸丰七年丁巳(1857)序刻本

验方录要 七卷 1813
（清）方容斋编
清刻本

应验简便良方 二卷 1816
（清）孙克任（莘臣）编
清嘉庆二十一年丙子(1816)由我书屋刻本

四科简效方 四卷 1838
（清）王士雄（孟英、潜斋、随息居士）编
清光绪十一年乙酉(1885)越州徐氏刻铸学斋丛书本

卫生鸿宝 六卷 1844
（清）祝补斋（西溪外史）编
1.清咸丰七年丁巳(1857)刻本上海宝贤堂藏板
2.1911、1912年上海江东书局石印本
3.上海扫叶山房石印本

验方新编 十六卷 1846
（清）鲍相璈（云韶）编
清咸丰十一年辛酉(1861)崇仁谢氏刻本

（增广）验方新编 十八卷 1846
（清）鲍相璈（云韶）编 张绍棠（又堂）增辑
1924、1925年上海启新书局石印本

医方易简新编　　六卷　　1851

（清）龚自璋（月川）　黄统（伯垂）合编

抄本

（增订）医方易简　　十卷　　1851

（清）龚自璋（月川）编　黄统（伯垂）校补　吴辉模（焕庭）增订

清光绪九年癸未(1883)扬州宗德成刻字铺刻本

易简方便医书　　六卷　　1861

（清）周茂五（青亭）编

清光绪二十九年癸卯(1903)上海文海书局石印本

急救应验良方　　1867

（清）费山寿（友堂）编

清宣统三年辛亥(1911)铅印本

千金不易简便良方　　1871

原题·华祖仙师遗稿　（清）了因子编

清同治十年辛未(1871)刻本

验方便用　　1874

（清）白玉竹编

清同治十三年甲戌(1874)刻本

立命验方拣编　　1881

（清）初醒子编

清光绪七年辛巳(1881)刻本

急救易知　　1918

中华书局编

1919、1920、1926、1927、1930、1936年上海中华书局铅印本

良方汇选　　二卷　　1918

中华书局编

1.1919、1921、1922、1938年中华书局铅印本

2.1928、1931、1932、1933、1938年文明书局铅印本

吉人集验方　　1924

周吉人（济平）编

1924、1937年无锡美文印刷公司铅印本

内外科验方　　1938

著者佚名

抄本

钱存济堂丸散膏丹全集（附续集）　　1914

钱立缙编

1914、1915年钱存济堂石印本

扁鹊心书（附扁鹊心书神方一卷）　　三卷卷首一卷　　1146

（宋）窦材撰

清刻本浙江衢州三余堂藏板

儒门事亲　　十五卷　　1228

（金）张从正（子和、戴人）撰

明万历二十九年辛丑(1601)新安吴勉学校步月楼刻古今医统正脉全书本映旭斋藏板

慎斋遗书　　十卷　　1573

（明）周之干（慎斋）撰

清刻本

订补明医指掌（附诊家枢要）　　十卷　　1579

（明）皇甫中（云州）撰　王肯堂（宇泰、损庵、念西居士）订补

1922年上海广益书局石印本

万病回春　　八卷　　1587

（明）龚廷贤（子才、云林、悟真子）编

清聚锦堂刻本

医门法律　　六卷　　1658

（清）喻昌（嘉言、西昌老人）撰

1.清光绪三十一年乙巳(1905)经元书室刻本

2. 清同文堂刻本
3. 清竹秀山房刻本

医宗说约 六卷 1662
(清)蒋示吉(仲芳、自了汉)撰
1. 民国上海广益书局石印本
2. 清康熙宝翰楼刻本
3. 清光绪十四年戊子(1888)刻本上洋江左书林昌记藏板

石室秘录 六卷 1687
(清)陈士铎(敬之、远公、大雅堂主人)撰
1. 清道光三年癸未(1823)文光堂刻本
2. 清雍正八年庚戌(1730)马弘儒刻本绿荫堂印本萱永堂藏板
3. 上海锦章书局石印本

张氏医通 十六卷 1695
(清)张璐(路玉、石顽老人)撰
1. 清康熙四十八年己丑(1709)宝翰楼刻本
2. 清嘉庆六年辛酉(1801)刻本

医学心悟(附外科十法一卷) 五卷 1732
(清)程国彭(钟龄、普明子)撰
1. 清嘉庆二十四年己卯(1819)上海扫叶山房刻本
2. 清光绪六年庚辰(1880)扫叶山房刻本

医方一盘珠全集 十卷 1749
(清)洪金鼎(玉友)撰
清光绪四年戊寅(1878)福锦堂刻本(五卷)

医方一盘珠全集 十卷 1749
(清)洪金鼎(玉友)撰
1915年广益书局石印本

妇婴至宝 八卷 1796
(清)徐恜杠(尚慧)编
清同治十二年癸酉(1873)刻本昆山周文墨斋藏板
(1)达生编四卷/(清)亟斋居士编
(2)种痘法一卷/(清)毓兰居士辑
(3)福幼编一卷/(清)庄一夔撰
(4)遂生编痘科治法一卷/(清)庄一夔撰
(5)推拿摘要辨证指南一卷/(清)王兆鳌重校

时方妙用 四卷 1803
(清)陈念祖(修园)撰
清光绪二十七年辛丑(1901)新化三味书局校刻本

医学从众录 八卷 1820
(清)陈念祖(修园)撰
清南雅堂刻本

笔花医镜 四卷 1824
(清)江涵暾(笔花)撰
1. 清光绪十一年乙酉(1885)田氏刻本
2. 清刻本

类证治裁 八卷附一卷 1839
(清)林佩琴(羲桐)撰
清光绪十年甲申(1884)刻本丹阳林晋卿研经堂藏板

医学金针 八卷 1877
原题(清)陈念祖(修园)撰 潘霨(伟如、韡园居士)增辑
清光绪四年戊寅(1878)潘氏敏德堂刻本

詿礼堂医学举要 四卷 1886
(清)戴绪安(筱轩)编
清光绪十五年己丑(1889)刻本

医悟 十二卷 1893
(清)马冠群(良伯)撰
清光绪十九年癸巳(1893)木活字本

知医捷径 1901
(清)钱荣国(缙甫)编
抄本

朱氏利人集 1918

朱觉省(莘岩)撰

1918、1927年上海朱氏安社医室石印本

温热暑疫全书 四卷 1679

(清)周扬俊(禹载)编 薛雪(生白、一瓢) 吴蒙(正功)校

1.清光绪十五年己丑(1889)扫叶山房刻本

2.上海千顷堂书局石印本

温病条辨 六卷卷首一卷 1798

(清)吴瑭(鞠通)撰

1.清刻本

2.清宁波群玉山房刻本

3.石印本

四时病机(附温毒病论一卷、女科歌诀六卷) 十四卷 1815

(清)邵登瀛(步青)编

清抄本

温热赘言 1824

(清)寄瓢子撰

清道光十一年辛卯(1831)吴氏贮春仙馆刻本灵鹤山房藏板

温热经纬 五卷 1852

(清)王士雄(孟英、潜斋、随息居士)编

1.清江阴宝文堂刻本

2.清刻本

3.民国上海千顷堂书局石印本

时病论 八卷 1882

(清)雷丰(少逸)撰

清光绪三十年甲辰(1904)石印本

增订时病论 八卷 1882

(清)雷丰(少逸)撰 何筱廉增订

1926、1934、1936年上海大东书局铅印本

加批时病论 八卷 1882

(清)雷丰(少逸)撰 陈莲舫(秉钧、乐余老人)批

1912、1923、1931、1932年上海广益书局石印本

感证辑要 四卷 1921

严鸿志(痴孙)辑

1921年宁波汲绠书庄石印本

温病明理 四卷 1928

恽铁樵(树珏)撰

1928、1936年上海民友印刷公司铅印本

新伤寒证治庸言 四卷 1946

罗止园(文杰、亦才、未若)撰

1947年北京庆记京城印书局铅印本

温疫论 二卷 1642

(明)吴有性(又可)撰

清刻本

瘟疫论补注 二卷 1707

(明)吴有性(又可)撰 (清)郑重光(在辛、素圃)补注

1.清同治三年甲子(1864)刻本樊川文成堂藏板

2.清光绪二十一年乙未(1895)扬州文富堂刻本

瘟疫明辨 四卷附方一卷 1750

(清)戴天章(麟郊)撰 郑奠一编

清末南京李光明庄刻本

补注瘟疫论 四卷 1784

(明)吴有性(又可)撰 (清)洪天锡(吉人)补注

清咸丰四年甲寅(1854)晚翠堂刻本

伤寒瘟疫条辨(附温病坏症) 六卷 1784

(清)杨璿(栗山、玉衡)撰

1.清同治九年庚午(1870)万邑卫永丰刻本

2.清光绪十四年戊子(1888)三义堂刻本

3.清光绪十九年癸巳(1893)江右醉芸轩刻本

松峰说疫 六卷 1789
（清）刘奎（松峰、文甫）撰
清刻本

温疫析疑 四卷 1878
（清）唐戴庭（毓厚）撰
抄本

疫证集说（附补遗一卷） 四卷 1911
（清）高愈明（骏轩）撰 余德壎（伯陶）编辑
清宣统三年辛亥(1911)素庵铅印本

温热病问答 1922
郝植梅撰
1922年山西中医改进研究会铅印本

痢疾论 四卷 1751
（清）孔毓礼（以立）编
1933、1936年上海千顷堂书局石印本（附小儿急惊风证论、白喉论）

痢症汇参 十卷补遗一卷 1773
（清）吴道源（本立）编
清经纶堂刻本

疟疾 1911
王趾周撰
抄本

疟痢金针 1926
葛荫春（廉夫、绿萝庵主）撰
1926年天津华泰印书馆铅印本

痧胀玉衡 三卷卷末一卷 1675
（清）郭志邃（右陶）撰
1921年益世报馆铅印本

痧症全书 三卷 1686
（清）林森（药樵）传授 王凯（养吾）编
清光绪四年戊寅(1878)北京慈幼堂刻本

霍乱论 二卷 1838
（清）王士雄（孟英、潜斋、随息居士）撰
清刻本

（随息居）重订霍乱论（附霍乱括要） 四卷 1862
（清）王士雄（孟英、潜斋、随息居士）撰
清光绪十八年壬辰(1892)上海醉六堂校刻本

鼠疫约编 1895
（清）吴宣崇（子存）编 罗汝兰（芝园）增辑 郑奋扬（肖岩）重编
清光绪二十八年壬寅(1902)双江袖海庐校刻本

痧胀撮要 1916
汪欲济编
1918年太仓汪氏铅印本

傅青主男科 二卷 1684
（清）傅山（青主、公它、朱衣道人）撰
清光绪十三年丁亥(1887)湖北官书处刻本

金匮翼 八卷 1768
（清）尤怡（在泾、饲鹤山人）编
1.清刻本宏道堂藏板
2.1913、1914、1936年上海文瑞楼石印本

医醇賸义（附医方论四卷） 四卷 1863
（清）费伯雄（晋卿、砚云子）撰
清光绪三年丁丑(1877)刻本

痰火点雪 四卷 1630
（明）龚居中（应园、如虚子、寿世主人）撰
清嘉庆九年甲子(1804)鄞江书林星聚楼刻本

理虚元鉴 二卷 1644
(明)汪绮石撰
清同治六年丁卯(1867)刻本

中风论 1821
(清)熊庆笏(叔陵)编
清光绪十年甲申(1884)醉经阁校刻本

中风斠诠 三卷 1919
张寿颐(山雷)撰
1922、1932、1933年兰溪中医学校石印本

妇人大全良方 二十四卷 1237
(宋)陈自明(良甫)撰
1.明刻本
2.清渔古山房刻薛氏医案本

济阴纲目(附保生碎事十四卷) 十四卷 1620
(明)武之望(叔卿)撰
1.明天启一年辛酉(1621)关中王槚刻本(五卷)
2.清上洋江左书林刻本
3.1928年上海千顷堂刻本

女科经纶 八卷 1681
(清)萧壎(赓六、慎斋)撰
清康熙文渊堂刻本

傅青主女科(附产后编二卷) 二卷 1684
(清)傅山(青主、公它、朱衣道人)撰
1.清同治八年己巳(1869)湖北崇文书局刻本
2.1920、1932年吴兴沈氏刻本

妇科秘方 1786
(清)竹林寺僧撰
1.清道光十年庚寅(1830)刻本
2.清同治五年丙寅(1866)秀水杜文澜刻本

女科要旨 四卷 1803
(清)陈念祖(修园)撰　陈元犀(灵石)注
清刻本

妇科易知 1918
中华书局编
1915、1919、1920、1927、1931、1936年上海文明书局铅印本

女科精华 三卷 1920
严鸿志(痴孙)编
1920、1921年上海千顷堂书局石印本

女科证治约旨 四卷 1920
严鸿志(痴孙)编
1920、1921年上海千顷堂书局石印本

女科医案选粹 四卷 1920
严鸿志(痴孙)编
1920、1921年上海千顷堂书局石印本

达生编 1715
(清)亟斋居士撰
清宣统元年己酉(1909)石印本

达生编 二卷 1715
(清)亟斋居士撰
1920年上海锦章书局石印本

胎产心法 三卷 1730
(清)阎纯玺(诚斋)撰
1.清同治十年辛未(1871)武林刻本杭省有容斋藏板
2.清光绪四年戊寅(1878)长沙刻本

产科心法 二集 1780
(清)汪喆(朴斋)撰
1.清光绪十八年壬辰(1892)浙湖王文光斋刻本
2.1919年翰墨林书局铅印本

胎产秘书（附保婴要诀、经验名方）　三卷　1795
(清)陈笏庵传　何荣(杏园)编
清光绪十三年丁亥(1887)长沙陈聚德堂刻本

产孕集（附补遗一卷）　二卷　1830
(清)张曜孙(仲远)撰
1.1916年李春谢宝树堂石印本
2.1930年天津积善堂石印本得心堂藏板

达生胎产心法验方合编　三卷　1879
著者佚名
清光绪五年己卯(1879)三省书屋刻本

钱氏小儿药证直诀（附钱仲阳传、阎氏小儿方论、董氏小儿斑疹备急方论）　三卷　1119
(宋)钱乙(仲阳)撰　阎孝忠辑
清刻本

小儿卫生总微论方　二十卷　1156
著者佚名
1924年黄冈萧氏兰陵堂刻本

婴童百问　十卷　1403
(明)鲁伯嗣撰
明刻本

幼科医学指南　四卷　1661
(清)周震(慎斋)撰
1936年上海千顷堂书局石印本

幼科铁镜　六卷　1695
(清)夏鼎(禹铸)撰
1.清光绪二十五年己亥(1899)闻鹤堂刻本
2.清光绪二十九年癸卯(1903)经元书室刻本
3.清刻本
4.1914年刘氏唐石簃汇刻贵池先哲遗书本
5.1919年江阴源德堂刻本

幼幼集成　六卷　1750
(清)陈复正(飞霞)编　刘勷校正
1.清乾隆十六年辛未(1751)广州登云阁初刻本
2.清紫英仙馆刻本

保婴易知录　二卷　1812
(清)吴溶堂(宁澜)撰
清刻本

保婴要言　八卷卷首一卷　1866
(清)夏鼎(禹铸)等原撰　王德森(严士、鞠坪)重编
清宣统二年庚戌(1910)苏州笪锦和刻本

保赤汇编　1879
(清)朱之榛编
清光绪四年戊寅(1878)至五年己卯(1879)苏州刻本
(1)锡麟宝训四卷/(清)金玉相编
(2)达生编二卷/(清)亟斋居士撰
(3)产宝一卷/(清)倪枝维撰
(4)福幼编一卷/(清)庄一夔撰
(5)保婴易知录二卷/(清)吴宁澜撰
(6)钱氏小儿药证直诀三卷/(宋)钱乙撰
(7)童蒙训三卷/(宋)吕本中撰

幼科三种　1904
编者佚名
1914、1929、1946年上海锦章书局石印本
(1)幼儿痘疹玉髓金镜录四卷卷首一卷/(明)翁仲仁撰
(2)小儿推拿广意三卷/(清)熊应雄编
(3)幼科铁镜二卷/(清)夏鼎撰

中西合纂幼科大全　十二卷　1917
顾鸣盛编
1918、1923、1925、1926、1928、1929、1931、1936年上海大东书局石印本

叶天士幼科医案　1920
原题(清)叶桂(天士、香岩、南阳先生)撰　陆士谔

(守先)编
1920、1921、1923、1924、1933年世界书局石印本

保赤新书　八卷　1924
恽铁樵(树珏)撰
1924、1926、1928、1930、1936、1941年武进恽氏铅印本

保赤登寿集　1928
傅守德撰
1928年著者铅印本

增补痘疹玉髓金镜录　四卷　1579
(明)翁仲仁(嘉德)撰　陆道元补遗　陆道光参补
清宣统二年庚戌(1910)上海萃英书局石印本

痘疹精义　四卷　1579
(明)翁仲仁(嘉德)撰
清刻本

痘疹活幼心法　八卷卷末一卷　1616
(明)聂尚恒(久吾、惟贞)撰
1.清同治八年己巳(1869)刻本韩文焕斋藏板
2.民国上海千顷堂书局石印本
3.清同治八年己巳(1869)刻本韩文焕斋藏板
4.清宣统三年辛亥(1911)槐荫书屋刻本
5.1931年无锡日昇山房刻本

摘星楼治痘全书　十八卷　1619
(明)朱一麟(应我)撰
清道光六年丙戌(1826)上海耕乐堂刻本

救偏琐言(附备用良方)　十卷　1659
(清)费启泰(建中、德葕)撰
清刻本

痘疹正宗　二卷　1695
(清)宋麟祥(钟岳)撰
1.清乾隆八年癸亥(1743)弘晙刻本
2.清乾隆四十六年辛丑(1781)文盛堂刻本

痘疹定论　四卷　1713
(清)朱纯嘏(玉堂)编
清宏道堂刻本

种痘新书　十二卷　1740
(清)张琰(逊玉)撰
1.1919年上海广益书局石印本
2.上海锦章书局石印本
3.清聚星堂刻本

(增订)痘疹辑要　四卷　1786
(清)白振斯(之纪)撰
清抄本

痘疹精详　十卷　1794
(清)周冠(甄陶)编
民国上海广益书局石印本

种痘真传　三卷　1805
(清)方灿撰
清道光二十三年癸卯(1843)信元堂刻本

痘科补缺　1885
(清)刘登俊撰
清光绪十一年乙酉(1885)刻本

麻瘖必读　二卷　1903
(清)林月函　郑启寿(卜年)合撰
1926、1936年上海千顷堂书局石印本

舟仙瘖述　三卷　1924
刘舟仙撰
1938年陈春阳铅印本

麻痘蠡言 1933
陈伯坛(英畦)撰
1933年石印本

疹科心法 1934
王功镇(静斋、逸民)撰
1934、1935年逸民医庐铅印本

(绘图)痧惊合璧 四卷 1911
(清)陈汝銈撰
1917年上海天宝书局石印本

卫济宝书 二卷 1170
(宋)董琎(东轩居士)撰
清光绪四年戊寅(1878)钱塘丁氏当归草堂刻本

外科精义 二卷 1335
(元)齐德之撰
清刻本

外科精要 三卷 1508
(宋)陈自明(良甫)编 (明)薛己(新甫、立斋)校注
1920年天津德文书局石印本

外科理例 七卷附方一卷 1519
(明)汪机(省之、石山居士)撰
明嘉靖二十年辛丑(1541)序刻本

疮疡经验全书 十三卷 1569
原题(宋)窦杰(子声、汉卿)撰 (明)窦梦麟续增
清宣统二年庚戌(1910)上海扫叶山房石印本(六卷)

(重订)外科正宗 十二卷 1617
(明)陈实功(毓仁、若虚)撰 (清)张鹭翼(青万、乐山)重订
1. 清光绪三十一年乙巳(1905)经元书室刻本
2. 清同元堂刻本

(徐评)外科正宗 十二卷附录一卷 1617
(明)陈实功(毓仁、若虚)撰 (清)徐大椿(灵胎、洄溪老人)评注
清咸丰十年庚申(1860)海宁许氏刻本

外科大成 四卷 1665
(清)祁坤(广生)撰
清善成堂刻本

洞天奥旨(附十二经络图) 十六卷 1694
(清)陈士铎(敬之、远公、大雅堂主人)撰
清乾隆五十五年庚戌(1790)山阴陈氏大雅堂刻本

外科证治全生集(附金疮铁扇方) 四卷 1740
(清)王维德(洪绪、林屋山人、定定子)编
1. 清道光二十五年乙巳(1845)瓶花书屋校刻本(不分卷)
2. 清光绪四年戊寅(1878)潘氏敏德堂刻本
3. 清咸丰十一年辛酉(1861)武昌节署刻本(不分卷)
4. 清光绪十六年庚寅(1890)刻本都门河南结局藏板(二卷)
5. 清光绪三十三年丁未(1907)扫叶山房刻本
6. 1914年上海铸记书局石印本
7. 1931年铅印本

疡医大全(附内经纂要) 四十卷 1760
(清)顾世澄(练江、静斋)撰
1. 清同治九年庚午(1870)敦仁堂刻本
2. 清乾隆三十八年癸巳(1773)艺古堂刻本
3. 清刻本

外科图说 六卷 1834
(清)高文晋(梅溪)编
清咸丰六年丙辰(1856)扫叶山房刻本

外科心法真验指掌 四卷卷首一卷 1887
(清)刘济川(荷桥)撰
清光绪十三年丁亥(1887)刘氏刻本天津全顺堂藏板

外科易知 1918
中华书局编
1919、1927、1931、1935、1937、1939年上海文明书局铅印本

外科十三方考（附红蓼山馆经验方） 三卷 1947
张觉人编
小凤篁馆主人抄本

（增订）治疗汇要 三卷附补遗一卷 1896
（清）过铸（玉书）撰
1.清刻本
2.1924年上海大成书局石印本

徽疮秘录 二卷 1632
（明）陈司成（九韶）撰
1.石印本
2.上海会文堂据户仓屋喜兵卫刻本影印本

花柳易知 1918
李公彦撰
1927、1930、1932、1937年上海文明书局铅印本

银海精微 二卷 682
原题（唐）孙思邈撰
1.清光绪大文堂刻本
2.1911、1914年上海江东书局石印本

原机启微 二卷附录一卷 1370
（元）倪维德（仲贤、敕山老人）撰 （明）薛己（新甫、立斋）校补
明刻本

审视瑶函 六卷卷首一卷 1642
（明）傅仁宇（允科）撰 林长生校补
清刻本

眼科百问 二卷 1657
（清）王子固（文之）编
上海江东书局石印本

歙西槐塘松崖程正通先生眼科家传秘本 1796
（明）程正通（松崖）撰
抄本

秘传眼科纂要 1819
（清）黄岩（峻寿、耐庵）撰
1921、1925年上海千顷堂书局石印本

眼科秘旨 1904
著者佚名
清光绪三十年甲辰(1904)红杏山房刻本

眼科易知 1918
中华书局编
1918、1919、1920、1922、1927、1931、1939年上海中华书局铅印本

重楼玉钥 二卷 1768
（清）郑宏纲（纪原、梅涧）撰
1.1915年天津同仁书局刻本
2.1917年上海大成书局石印本

图注喉科指掌 四卷 1815
（清）包永泰（镇鲁）撰
1926年上海中原书局石印本

喉牙口舌各科秘旨 1879
清广东藩署编
清光绪五年己卯(1879)广东藩署刻本

喉科方论 1899
（清）赵振沅（丰泉）编
清光绪二十五年己亥(1899)聚文斋刻本

喉科金钥 二卷 1911
（清）袁仁贤（润斋）编
1911、1923年华丰印刷铸字所铅印本

喉科易知 1918
中华书局编
1919、1922、1937年上海中华书局铅印本

白喉治法忌表抉微 1891
（清）耐修子（休子）撰
1.清光绪二十五年己亥(1899)铅印本
2.清光绪保定刻本
3.1926年李钰林铅印本

白喉治法摘要（附各种救急良方） 1891
著者佚名
1920年周孝友堂铅印本（书口题天津华新印刷局承印）

疫痧草
（清）陈耕道（继宣）撰
1.清光绪七年辛巳(1881)同善堂刻本 1801
2.清宣统元年己酉(1909)文明书局铅印本

养性延命录 二卷 536
（梁）陶弘景（通明、华阳居士、华阳真人、贞白先生）编
1926年上海涵芬楼据明正统道藏本影印本

延寿新法 1914
伍廷芳撰
1914、1918年上海商务印书馆铅印本

名医类案 十二卷 1549
（明）江瓘（民莹）撰 江应宿增补
清同治十年辛未(1871)藏修堂重刻知不足斋本

孙文垣医案 五卷 1573
（明）孙一奎（文垣、东宿、生生子）撰
明万历二十四年丙申(1596)刻本
(1)三吴治验二卷
(2)新都治验二卷
(3)宜兴治验一卷

寓意草 1643
（清）喻昌（嘉言、西昌老人）撰
1.清乾隆二十八年癸未(1763)黎川陈守诚刻本嵩秀堂藏板
2.清光绪三十一年乙巳(1905)经元书屋刻本

临证指南医案（附种福堂公选温热论医案一卷、种福堂公选良方三卷） 十卷 1746
（清）叶桂（天士、香岩、南阳先生）撰 华岫云（南田）编 徐大椿（灵胎、洄溪老人）评
1.清乾隆三十一年丙戌(1766)序刻本
2.清道光三十年庚戌(1850)吴郡宝善堂刻本
3.清光绪十年甲申(1884)文富堂刻本
4.清光绪十年甲申(1884)古吴扫叶山房刻本

洄溪医案 1757
（清）徐大椿（灵胎、洄溪老人）撰 王士雄（孟英、潜斋、随息居士）编
清咸丰七年丁巳(1857)海昌蒋氏衍芬草堂刻本（附洄溪论医札、许辛农木部札）

名医类案 十二卷 1770
（明）江瓘（民莹）编 （清）魏之琇（玉璜、柳洲）续编
1.清光绪二十二年丙申(1896)耕余堂铅印本
2.1914、1916年上海鸿文书局石印本

三家医案合刻（附医效秘传三卷温热赘言一卷） 1831
（清）吴金寿（子音）编
清道光十二年壬辰(1832)刻本
(1)叶氏医案/（清）叶桂撰
(2)薛氏医案/（清）薛雪撰
(3)缪氏医案/（清）缪遵义撰

王氏医案（附霍乱论二卷）　二卷　1850

（清）王士雄（孟英、潜斋、随息居士）撰　周鑅（光远）张鸿（柳吟）辑

清咸丰元年辛亥(1851)吟香书屋初刻本

问斋医案　五卷　1850

（清）蒋宝素（问斋）撰

清道光三十年庚戌(1850)镇江蒋氏快志堂刻本

北行日记　1880

（清）薛宝田（心农）撰

清光绪六年庚辰(1880)刻本

治验论案　二卷　1885

（清）杨毓斌（爵臣）撰

清光绪十八年壬辰(1892)南京王吉源石印本

药盦医案全集　八卷　1925

恽铁樵（树珏）撰

1936年上海民友印刷公司铅印药盦医学丛书本

医贯　六卷　1617

（明）赵献可（养葵、医巫闾子）撰

1.1926年上海大德书局石印本

2.抄本

吴医汇讲　十一卷　1792

（清）唐大烈（笠山）编

1.清嘉庆十九年甲戌(1814)刻本

2.清乾隆五十七年壬子(1792)刻本

冷庐医话　五卷　1858

（清）陆以湉（敬安、定圃）撰

1916、1934年上海千顷堂书局石印本

医学求是（附医案）　初集一卷二集二卷　1879

（清）吴达（东旸）撰

1921年上海大成书局石印本

陆氏论医集　四卷　1933

陆渊雷（彭年）撰　沈本琰编

1933年上海民光印刷公司铅印本

勉斋医话　1937

许勉斋（勤勋）撰

1937年杭州中国印书馆许氏铅印勉斋医学丛书本

释名病释　1938

余岩（云岫）编

1938年上海华丰出版社铅印本

读医随笔　六卷　1891

（清）周学海（澂之）撰

1928、1933、1934年上海广益书局石印本

医门索源　1949

何茂庭撰

稿本

医学入门　七卷卷首一卷　1575

（明）李梴（健斋）编

清光绪十八年壬辰(1892)粤东佛镇翰宝楼刻本

东医宝鉴　二十三卷目录二卷　1611

（朝）许浚等撰

清嘉庆二年丁巳(1797)刻本书业堂藏板

医宗必读　十卷　1637

（明）李中梓（士材、念莪、尽凡居士）撰

清乾隆二十七年壬午(1762)聚兴堂刻本

嵩崖尊生书　十五卷　1696

（清）景日昣（冬阳）撰

清宏道堂刻本

古今图书集成医部全录　1723

（清）蒋廷锡（扬孙、西谷）等纂

1934 年中华书局影印本

景岳全书发挥 1746

原题(清)叶桂(天士、香岩、南阳先生)撰

清光绪五年己卯(1879)吴氏醉六堂刻本(书口题眉寿堂)

顾氏医苑 1936

顾培玺(宝初)编

1937 年上海千顷堂书局铅印本

丹溪心法 五卷 1536

(明)吴中珩辑校

清尚德堂刻本

附余子目

(1)医学发明/(金)李杲撰

(2)脉诀指掌/(元)朱震亨撰

(3)金匮钩玄三卷/(元)朱震亨撰

(4)证治要诀十二卷/(明)戴原礼撰

(5)活法机要/(元)朱震亨撰

(6)证治要诀类方四卷/(明)戴原礼撰

著园医药学合刊 1919

杨熙龄(铸园)撰

1923 年京津印书局铅印本

(1)著园医话五卷

(2)著园药物学三卷

刘河间伤寒三书 1368

(金)刘完素(守真、河间居士、通玄处士)撰

1. 明怀德堂刻本清重印本

(1)黄帝素问宣明论方十五卷/(金)刘完素撰

(2)(新刊)注释素问玄机原病式/(金)刘完素撰 (元)薛时平注

(3)素问病机气宜保命集三卷/(金)刘完素撰

2. 清宣统元年己酉(1909)上海千顷堂书局石印本

(1)黄帝素问宣明论方十五卷/(金)刘完素撰

(2)(新刊)注释素问玄机原病式/(金)刘完素撰 (元)薛时平注

(3)素问病机气宜保命集三卷/(金)刘完素撰

刘河间医学六书 1373

(金)刘完素(守真、河间居士、通玄处士)等撰

1. 清宣统元年己酉(1909)上海千顷堂书局石印本

(1)黄帝素问宣明论方十五卷/(金)刘完素撰

(2)素问玄机原病式/(金)刘完素撰

(3)素问病机气宜保命集三卷/(金)刘完素撰

(4)伤寒直格论方三卷/(金)刘完素撰

(5)伤寒标本心法类萃二卷/(金)刘完素撰

(6)刘河间伤寒医鉴/(元)马宗素撰

附

(1)伤寒心要/(明)镏洪编

(2)张子和伤寒心镜别集/(金)张从正撰 (元)常德编

2. 清同德堂刻本

(1)黄帝素问宣明论方十五卷/(金)刘完素撰

(2)素问玄机原病式/(金)刘完素撰

(3)素问病机气宜保命集三卷/(金)刘完素撰

(4)伤寒直格论方三卷/(金)刘完素撰

(5)伤寒标本心法类萃二卷/(金)刘完素撰

(6)刘河间伤寒医鉴/(元)马宗素撰

附

(1)伤寒心要/(明)镏洪编

(2)张子和伤寒心镜别集/(金)张从正撰 (元)常德编

3. 清刻本

(1)黄帝素问宣明论方十五卷/(金)刘完素撰

(2)素问玄机原病式/(金)刘完素撰

(3)素问病机气宜保命集三卷/(金)刘完素撰

(4)伤寒直格论方三卷/(金)刘完素撰

(5)伤寒标本心法类萃二卷/(金)刘完素撰

(6)刘河间伤寒医鉴/(元)马宗素撰

附

(1)伤寒心要/(明)镏洪编

(2)张子和伤寒心镜别集/(金)张从正撰 (元)常德编

图注难经脉诀 1510

(明)张世贤(天成、静斋)图注

1.清光绪三十年甲辰(1904)成文堂刻本

(1)图注八十一难经辨真四卷

(2)图注脉诀辨真四卷

2.清文渊堂刻本

(1)图注八十一难经辨真四卷

(2)图注脉诀辨真四卷

东垣十书 1529

辑者佚名

1.清刻本

(1)脉诀/(宋)崔嘉彦撰

(2)局方发挥/(元)朱震亨撰

(3)脾胃论三卷/(金)李杲撰

(4)格致余论/(元)朱震亨撰

(5)兰室秘藏三卷/(金)李杲撰

(6)内外伤辨惑论三卷/(金)李杲撰

(7)此事难知二卷/(元)王好古撰

(8)汤液本草三卷/(元)王好古撰

(9)医经溯洄集/(元)王履撰

(10)外科精义二卷/(元)齐德之撰

附

(1)医垒元戎/(元)王好古撰

(2)癍论萃英/(元)王好古撰

2.明新安吴勉学校步月楼刻本映旭斋藏板

(1)脉诀/(宋)崔嘉彦撰

(2)局方发挥/(元)朱震亨撰

(3)脾胃论三卷/(金)李杲撰

(4)格致余论/(元)朱震亨撰

(5)兰室秘藏三卷/(金)李杲撰

(6)内外伤辨惑论三卷/(金)李杲撰

(7)此事难知二卷/(元)王好古撰

(8)汤液本草三卷/(元)王好古撰

(9)医经溯洄集/(元)王履撰

(10)外科精义二卷/(元)齐德之撰

附

(1)医垒元戎/(元)王好古撰

(2)癍论萃英/(元)王好古撰

3.清文奎堂刻本

(1)脉诀/(宋)崔嘉彦撰

(2)局方发挥/(元)朱震亨撰

(3)脾胃论三卷/(金)李杲撰

(4)格致余论/(元)朱震亨撰

(5)兰室秘藏三卷/(金)李杲撰

(6)内外伤辨惑论三卷/(金)李杲撰

(7)此事难知二卷/(元)王好古撰

(8)汤液本草三卷/(元)王好古撰

(9)医经溯洄集/(元)王履撰

(10)外科精义二卷/(元)齐德之撰

附

(1)医垒元戎/(元)王好古撰

(2)癍论萃英/(元)王好古撰

六科证治准绳 1602

(明)王肯堂(宇泰、损庵、念西居士)辑

1.明万历三十年壬寅(1602)至三十六年戊申(1608)刻本

(1)杂症准绳八卷

(2)伤寒准绳八卷

(3)类方准绳八卷

(4)外科准绳六卷

(5)幼科准绳九卷

(6)女科准绳五卷

2.清光绪十八年壬辰(1892)上海图书集成印书局铅印本

(1)杂症准绳八卷

(2)伤寒准绳八卷

(3)类方准绳八卷

(4)外科准绳六卷

(5)幼科准绳九卷

(6)女科准绳五卷

3.清旧学山房刻本

(1)杂症准绳八卷

(2)伤寒准绳八卷

(3)类方准绳八卷

(4)外科准绳六卷

(5) 幼科准绳九卷
(6) 女科准绳五卷

景岳全书　　六十四卷　　1624

(明)张介宾(景岳、会卿、通一子)撰
1. 清刻本
(1) 传忠录三卷
(2) 脉神章三卷
(3) 伤寒典二卷
(4) 杂证谟二十九卷
(5) 妇人规二卷
(6) 小儿则二卷
(7) 痘疹诠四卷
(8) 外科铃二卷
(9) 本草正二卷
(10) 新方八略
(11) 新方八阵
(12) 古方八阵八卷
(13) 妇人规古方一卷
(14) 小儿则古方一卷
(15) 痘疹诠古方一卷
(16) 外科铃古方一卷
2.1914、1917、1935年上海广益书局石印本
(1) 传忠录三卷
(2) 脉神章三卷
(3) 伤寒典二卷
(4) 杂证谟二十九卷
(5) 妇人规二卷
(6) 小儿则二卷
(7) 痘疹诠四卷
(8) 外科铃二卷
(9) 本草正二卷
(10) 新方八略
(11) 新方八阵
(12) 古方八阵八卷
(13) 妇人规古方一卷
(14) 小儿则古方一卷
(15) 痘疹诠古方一卷
(16) 外科铃古方一卷
3. 清大文堂刻本
(1) 传忠录三卷
(2) 脉神章三卷
(3) 伤寒典二卷
(4) 杂证谟二十九卷
(5) 妇人规二卷
(6) 小儿则二卷
(7) 痘疹诠四卷
(8) 外科铃二卷
(9) 本草正二卷
(10) 新方八略
(11) 新方八阵
(12) 古方八阵八卷
(13) 妇人规古方一卷
(14) 小儿则古方一卷
(15) 痘疹诠古方一卷
(16) 外科铃古方一卷
4. 民国上海会文堂书局石印本
(1) 传忠录三卷
(2) 脉神章三卷
(3) 伤寒典二卷
(4) 杂证谟二十九卷
(5) 妇人规二卷
(6) 小儿则二卷
(7) 痘疹诠四卷
(8) 外科铃二卷
(9) 本草正二卷
(10) 新方八略
(11) 新方八阵
(12) 古方八阵八卷
(13) 妇人规古方一卷
(14) 小儿则古方一卷
(15) 痘疹诠古方一卷
(16) 外科铃古方一卷

士材三书　　1667

(明)李中梓(士材、念莪、尽凡居士)撰

（清）尤乘（生洲、无求子）增辑
1916年上海广益书局石印本
(1) 诊家正眼三卷
(2) 本草通玄二卷
(3) 病机沙篆二卷

冯氏锦囊秘录 **1694**

（清）冯兆张（楚瞻）撰
1. 清乾隆四十九年甲辰(1784)刻本
(1) 内经纂要二卷/（清）顾世澄撰
(2) 杂症大小合参十四卷/（清）冯兆张撰
(3) 脉诀纂要一卷/（清）冯兆张撰
(4) 女科精要三卷/（清）冯兆张撰
(5) 外科精要一卷/（清）冯兆张撰
(6) 药按一卷/（清）冯兆张撰
(7) 痘疹全集十五卷/（清）冯兆张撰
(8) 杂症痘疹药性主治合参十二卷/（清）冯兆张撰
2. 清英华书局刻本
(1) 内经纂要二卷/（清）顾世澄撰
(2) 杂症大小合参十四卷/（清）冯兆张撰
(3) 脉诀纂要一卷/（清）冯兆张撰
(4) 女科精要三卷/（清）冯兆张撰
(5) 外科精要一卷/（清）冯兆张撰
(6) 药按一卷/（清）冯兆张撰
(7) 痘疹全集十五卷/（清）冯兆张撰
(8) 杂症痘疹药性主治合参十二卷/（清）冯兆张撰

（御纂）医宗金鉴 **1742**

（清）吴谦（六吉）等辑
1. 清光绪三十二年丙午(1906)上海锦章书局石印本
(1) 订正伤寒论注十七卷
(2) 订正金匮要略注八卷
(3) 删补名医方论八卷
(4) 四诊心法要诀一卷
(5) 运气要诀一卷
(6) 伤寒心法要诀三卷
(7) 杂病心法要诀五卷
(8) 妇科心法要诀六卷
(9) 幼科杂病心法要诀六卷
(10) 痘疹心法要诀六卷
(11) 幼科种痘心法要旨一卷
(12) 外科心法要诀十六卷
(13) 眼科心法要诀二卷
(14) 刺灸心法要诀八卷
(15) 正骨心法要旨四卷
2. 清光绪三十二年丙午(1906)上海有益斋石印本
(1) 订正伤寒论注十七卷
(2) 订正金匮要略注八卷
(3) 删补名医方论八卷
(4) 四诊心法要诀一卷
(5) 运气要诀一卷
(6) 伤寒心法要诀三卷
(7) 杂病心法要诀五卷
(8) 妇科心法要诀六卷
(9) 幼科杂病心法要诀六卷
(10) 痘疹心法要诀六卷
(11) 幼科种痘心法要旨一卷
(12) 外科心法要诀十六卷
(13) 眼科心法要诀二卷
(14) 刺灸心法要诀八卷
(15) 正骨心法要旨四卷
3. 清乾隆刻本
(1) 订正伤寒论注十七卷
(2) 订正金匮要略注八卷
(3) 删补名医方论八卷
(4) 四诊心法要诀一卷
(5) 运气要诀一卷
(6) 伤寒心法要诀三卷
(7) 杂病心法要诀五卷
(8) 妇科心法要诀六卷
(9) 幼科杂病心法要诀六卷
(10) 痘疹心法要诀六卷
(11) 幼科种痘心法要旨一卷
(12) 外科心法要诀十六卷
(13) 眼科心法要诀二卷
(14) 刺灸心法要诀八卷

(15) 正骨心法要旨四卷
4. 清刻本
(1) 订正伤寒论注十七卷
(2) 订正金匮要略注八卷
(3) 删补名医方论八卷
(4) 四诊心法要诀一卷
(5) 运气要诀一卷
(6) 伤寒心法要诀三卷
(7) 杂病心法要诀五卷
(8) 妇科心法要诀六卷
(9) 幼科杂病心法要诀六卷
(10) 痘疹心法要诀六卷
(11) 幼科种痘心法要旨一卷
(12) 外科心法要诀十六卷
(13) 眼科心法要诀二卷
(14) 刺灸心法要诀八卷
(15) 正骨心法要旨四卷

徐氏医书六种 1764
(清)徐大椿(灵胎、洄溪老人)撰
清同治十二年癸酉(1873)湖北崇文书局刻本
(1) 难经经释二卷/(战国)秦越人撰（清)徐大椿释
(2) 神农本草经百种录一卷/(清)徐大椿撰
(3) 医贯砭二卷/(清)徐大椿撰
(4) 医学源流论二卷/(清)徐大椿撰
(5) 伤寒论类方/(清)徐大椿辑
(6) 兰台轨范八卷/(清)徐大椿撰

徐灵胎医略六书
(清)徐大椿(灵胎、洄溪老人)撰
清光绪二十九年癸卯(1903)上海赵翰香居铅印本
(1) 内经诠释
(2) 脉诀启悟二卷附经络诊视图
(3) 药性切用六卷
(4) 伤寒约编八卷（附舌鉴图）
(5) 杂病证治九卷
(6) 女科指要六卷（附女科治验）

徐氏医书八种 1764
(清)徐大椿(灵胎、洄溪老人)撰
1. 清光绪十八年壬辰(1892)湖北官书处刻本
(1) 难经经释二卷
(2) 神农本草经百种录
(3) 医贯砭二卷
(4) 医学源流论二卷
(5) 伤寒论类方
(6) 兰台轨范八卷
(7) 慎疾刍言
(8) 洄溪医案
2. 清刻本
(1) 难经经释二卷
(2) 神农本草经百种录
(3) 医贯砭二卷
(4) 医学源流论二卷
(5) 伤寒论类方
(6) 兰台轨范八卷
(7) 慎疾刍言
(8) 洄溪医案
3.1913 年上海中华图书馆铅印本(附杂著四种、外科正宗)
(1) 难经经释二卷
(2) 神农本草经百种录
(3) 医贯砭二卷
(4) 医学源流论二卷
(5) 伤寒论类方
(6) 兰台轨范八卷
(7) 慎疾刍言
(8) 洄溪医案

徐灵胎十二种全集 1764
(清)徐大椿(灵胎、洄溪老人)撰
清文奎堂刻本
(1) 难经经释二卷
(2) 神农本草经百种录
(3) 伤寒论类方
(4) 医学源流论二卷

(5) 医贯砭二卷
(6) 兰台轨范八卷
(7) 慎疾刍言
(8) 洄溪医案
(9) 洄溪道情
(10) 阴符经注
(11) 乐府传声
(12) 老子道德经二卷

沈氏尊生书 1773

(清)沈金鳌(芊绿、汲门、尊生老人)撰
1. 清同治十三年甲戌(1874)湖北崇文书局刻本
(1) 杂病源流犀烛三十卷卷首二卷
(2) 伤寒论纲目十六卷
(3) 幼科释迷六卷
(4) 妇科玉尺六卷
(5) 要药分剂十卷
2. 清同治十三年甲戌(1874)湖北崇文书局刻本
(1) 杂病源流犀烛三十卷卷首二卷
(2) 伤寒论纲目十六卷
(3) 幼科释迷六卷
(4) 妇科玉尺六卷
(5) 要药分剂十卷

黄氏医书八种 1795

(清)黄元御(坤载、研农、玉楸子)撰
1. 清咸丰十年庚申(1860)长沙徐树铭燮和精舍刻本
(1) 四圣心源十卷
(2) 素灵微蕴四卷
(3) 四圣悬枢五卷
(4) 伤寒悬解十四卷
(5) 伤寒说意十卷卷首一卷
(6) 金匮悬解二十二卷卷首一卷卷末一卷
(7) 长沙药解八卷
(8) 玉楸药解八卷
2. 清同治七年戊辰(1868)成都彭汝琮刻本
(1) 四圣心源十卷
(2) 素灵微蕴四卷
(3) 四圣悬枢五卷
(4) 伤寒悬解十四卷
(5) 伤寒说意十卷卷首一卷
(6) 金匮悬解二十二卷卷首一卷卷末一卷
(7) 长沙药解八卷
(8) 玉楸药解八卷
3.1921 年上海锦章书局石印本
(1) 四圣心源十卷
(2) 素灵微蕴四卷
(3) 四圣悬枢五卷
(4) 伤寒悬解十四卷
(5) 伤寒说意十卷卷首一卷
(6) 金匮悬解二十二卷卷首一卷卷末一卷
(7) 长沙药解八卷
(8) 玉楸药解八卷

陈修园医书四十种 1820

题(清)陈念祖(修园)撰
1. 清光绪三十年甲辰(1904)上海商务印书馆铅印本
(1) 灵素节要浅注十二卷/(清)陈念祖注
(2) 金匮要略浅注十卷/(清)陈念祖注
(3) 金匮方歌括六卷/(清)陈念祖撰
(4) 伤寒论浅注六卷/(清)陈念祖注
(5) 长沙方歌括六卷/(清)陈念祖撰
(6) 医学实在易八卷/(清)陈念祖撰
(7) 医学从众录八卷/(清)陈念祖撰
(8) 女科要旨四卷/(清)陈念祖撰
(9) 神农本草经读四卷/(清)陈念祖撰
(10) 医学三字经四卷/(清)陈念祖撰
(11) 时方妙用四卷/(清)陈念祖撰
(12) 时方歌括二卷/(清)陈念祖撰
(13) 景岳新方砭四卷/(清)陈念祖撰
(14) 伤寒真方歌括六卷/(清)陈念祖撰
(15) 伤寒医诀串解六卷/(清)陈念祖撰
(16) 十药神书注解一卷/(清)陈念祖注
(17) 急救异痧奇方一卷/(清)陈念祖评
(18) 瘟疫明辨四卷/(清)郑奠一撰
(19) 经验百病内外方一卷/著者佚名

(20) 白喉治法忌表抉微一卷/(清)耐修子录
(21) 福幼编一卷/(清)庄一夔撰
(22) 咽喉脉证通论一卷/著者佚名
(23) 救迷良方一卷/(清)何其伟撰
(24) 太乙神针方一卷/(清)范培兰传
(25) 霍乱论二卷/(清)王士雄撰
(26) 吊脚痧方论一卷/(清)徐子默撰
(27) 烂喉痧痧辑要一卷/(清)金德鉴撰
(28) 痉疾论一卷/(清)韩善征撰
(29) 喉痧正的一卷/(清)曹心怡撰
(30) 外科证治全生集一卷/(清)王维德编
(31) 伤寒舌鉴一卷/(清)张登撰
(32) 眼科捷径一卷
(33) 养生镜一卷/(清)陆乐山撰
(34) 达生编一卷/(清)亟斋居士撰
(35) 春温三字诀一卷/(清)张子培撰
(36) 痢症三字诀一卷/(清)唐宗海撰
(37) 保婴要旨一卷/(清)毓兰居士编
(38) 引痘略一卷/(清)邱熺撰
(39) 湿热条辨一卷/(清)薛雪撰
(40) 急治喉痧要法一卷/(清)著者佚名

2. 上海萃文书局石印本

(1) 灵素节要浅注十二卷/(清)陈念祖注
(2) 金匮要略浅注十卷/(清)陈念祖注
(3) 金匮方歌括六卷/(清)陈念祖撰
(4) 伤寒论浅注六卷/(清)陈念祖注
(5) 长沙方歌括六卷/(清)陈念祖撰
(6) 医学实在易八卷/(清)陈念祖撰
(7) 医学从众录八卷/(清)陈念祖撰
(8) 女科要旨四卷/(清)陈念祖撰
(9) 神农本草经读四卷/(清)陈念祖撰
(10) 医学三字经四卷/(清)陈念祖撰
(11) 时方妙用四卷/(清)陈念祖撰
(12) 时方歌括二卷/(清)陈念祖撰
(13) 景岳新方砭四卷/(清)陈念祖撰
(14) 伤寒真方歌括六卷/(清)陈念祖撰
(15) 伤寒医诀串解六卷/(清)陈念祖撰
(16) 十药神书注解一卷/(清)陈念祖注
(17) 急救异痧奇方一卷/(清)陈念祖评
(18) 瘟疫明辨四卷/(清)郑奠一撰
(19) 经验百病内外方一卷/著者佚名
(20) 白喉治法忌表抉微一卷/(清)耐修子录
(21) 福幼编一卷/(清)庄一夔撰
(22) 咽喉脉证通论一卷/著者佚名
(23) 救迷良方一卷/(清)何其伟撰
(24) 太乙神针方一卷/(清)范培兰传
(25) 霍乱论二卷/(清)王士雄撰
(26) 吊脚痧方论一卷/(清)徐子默撰
(27) 烂喉痧痧辑要一卷/(清)金德鉴撰
(28) 痉疾论一卷/(清)韩善征撰
(29) 喉痧正的一卷/(清)曹心怡撰
(30) 外科证治全生集一卷/(清)王维德编
(31) 伤寒舌鉴一卷/(清)张登撰
(32) 眼科捷径一卷
(33) 养生镜一卷/(清)陆乐山撰
(34) 达生编一卷/(清)亟斋居士撰
(35) 春温三字诀一卷/(清)张子培撰
(36) 痢症三字诀一卷/(清)唐宗海撰
(37) 保婴要旨一卷/(清)毓兰居士编
(38) 引痘略一卷/(清)邱熺撰
(39) 湿热条辨一卷/(清)薛雪撰
(40) 急治喉痧要法一卷/(清)著者佚名

3. 清光绪三十四年戊申(1908)上海章福记书局石印本

(1) 灵素节要浅注十二卷/(清)陈念祖集注
(2) 金匮要略浅注十卷/(清)陈念祖集注
(3) 金匮方歌括六卷/(清)陈念祖撰
(4) 伤寒论浅注六卷/(清)陈念祖注
(5) 长沙方歌括六卷/(清)陈念祖撰
(6) 医学实在易八卷/(清)陈念祖撰
(7) 医学从众录八卷/(清)陈念祖撰
(8) 女科要旨四卷/(清)陈念祖撰
(9) 神农本草经读四卷/(清)陈念祖撰
(10) 医学三字经四卷/(清)陈念祖撰
(11) 时方妙用四卷/(清)陈念祖撰
(12) 时方歌括二卷/(清)陈念祖撰
(13) 景岳新方砭四卷/(清)陈念祖撰

(14) 伤寒真方歌括六卷/(清) 陈念祖撰
(15) 伤寒医诀串解六卷/(清) 陈念祖撰
(16) 十药神书注解一卷/(清) 陈念祖注
(17) 急救异痧奇方一卷/(清) 陈念祖撰
(18) 经验百病内外方一卷/(清) 著者佚名
(19) 霍乱论二卷/(清) 王士雄撰
(20) 绞肠痧证/(清) 王士雄撰
(21) 吊脚痧证/(清) 王士雄撰
(22) 眼科捷径一卷
(23) 伤寒舌诊/(元) 杜本增订
(24) 咽喉脉证通论一卷
(25) 白喉治法忌表抉微一卷/(清) 耐修子录
(26) 急救喉诊要法一卷
(27) 喉痧正的一卷/(清) 曹心怡撰
(28) 春温三字诀一卷/(清) 张子培撰
(29) 痢症三字诀一卷/(清) 唐宗海撰
(30) 湿热条辨一卷/(清) 薛雪撰
(31) 温热赘言一卷/(清) 寄瓢子撰
(32) 疟疾论三卷/(清) 韩善征撰
(33) 达生编一卷/(清) 亟斋居士撰
(34) 妇科杂症一卷/(清) 文晟编
(35) 引痘略一卷/(清) 邱熺撰
(36) 救迷良方一卷/(清) 何其伟撰
(37) 太乙神针方一卷/(清) 范培兰传
(38) 福幼编一卷/(清) 庄一夔撰
(39) 本草经百种录注解一卷/(清) 徐大椿撰
(40) 增补食物秘书一卷
(41) 平辨脉法歌诀一卷/(清) 黄钰撰
(42) 本经便读一卷/(清) 黄钰撰
(43) 名医别录一卷/(清) 黄钰撰
(44) 局方发挥一卷/(元) 朱震亨撰
(45) 医垒元戎一卷/(元) 王好古撰
(46) 医法心传一卷/(清) 程芝田撰
(47) 古今医论一卷
(48) 刺疔捷法一卷/(清) 张镜撰
4.1917、1929、1935 年上海三星书店石印本
(1) 灵素节要浅注十二卷/(清) 陈念祖集注
(2) 金匮要略浅注十卷/(清) 陈念祖集注
(3) 金匮方歌括六卷/(清) 陈念祖撰
(4) 伤寒论浅注六卷/(清) 陈念祖注
(5) 长沙方歌括六卷/(清) 陈念祖撰
(6) 医学实在易八卷/(清) 陈念祖撰
(7) 医学从众录八卷/(清) 陈念祖撰
(8) 女科要旨四卷/(清) 陈念祖撰
(9) 神农本草经读四卷/(清) 陈念祖撰
(10) 医学三字经四卷/(清) 陈念祖撰
(11) 时方妙用四卷/(清) 陈念祖撰
(12) 时方歌括二卷/(清) 陈念祖撰
(13) 景岳新方砭四卷/(清) 陈念祖撰
(14) 伤寒真方歌括六卷/(清) 陈念祖撰
(15) 伤寒医诀串解六卷/(清) 陈念祖撰
(16) 十药神书注解一卷/(清) 陈念祖注
(17) 急救异痧奇方一卷/(清) 陈念祖撰
(18) 经验百病内外方一卷/(清) 著者佚名
(19) 霍乱论二卷/(清) 王士雄撰
(20) 绞肠痧证/(清) 王士雄撰
(21) 吊脚痧证/(清) 王士雄撰
(22) 眼科捷径一卷
(23) 伤寒舌诊/(元) 杜本增订
(24) 咽喉脉证通论一卷
(25) 白喉治法忌表抉微一卷/(清) 耐修子录
(26) 急救喉诊要法一卷
(27) 喉痧正的一卷/(清) 曹心怡撰
(28) 春温三字诀一卷/(清) 张子培撰
(29) 痢症三字诀一卷/(清) 唐宗海撰
(30) 湿热条辨一卷/(清) 薛雪撰
(31) 温热赘言一卷/(清) 寄瓢子撰
(32) 疟疾论三卷/(清) 韩善征撰
(33) 达生编一卷/(清) 亟斋居士撰
(34) 妇科杂症一卷/(清) 文晟编
(35) 引痘略一卷/(清) 邱熺撰
(36) 救迷良方一卷/(清) 何其伟撰
(37) 太乙神针方一卷/(清) 范培兰传
(38) 福幼编一卷/(清) 庄一夔撰
(39) 本草经百种录注解一卷/(清) 徐大椿撰
(40) 增补食物秘书一卷

(41) 平辨脉法歌诀一卷/(清) 黄钰撰
(42) 本经便读一卷/(清) 黄钰撰
(43) 名医别录一卷/(清) 黄钰撰
(44) 局方发挥一卷/(元) 朱震亨撰
(45) 医垒元戎一卷/(元) 王好古撰
(46) 医法心传一卷/(清) 程芝田撰
(47) 古今医论一卷
(48) 刺疔捷法一卷/(清) 张镜撰

陈修园医书六十种 1820

原题(清) 陈念祖(修园) 撰
1.1919 年上海鸿宝斋书局石印本
(1) 灵素节要浅注十二卷/(清) 陈念祖集注
(2) 金匮要略浅注十卷/(清) 陈念祖集注
(3) 金匮方歌括六卷/(清) 陈念祖撰
(4) 伤寒论浅注六卷/(清) 陈念祖撰
(5) 长沙方歌括六卷/(清) 陈念祖撰
(6) 医学实在易八卷/(清) 陈念祖撰
(7) 医学从众录八卷/(清) 陈念祖撰
(8) 女科要旨四卷/(清) 陈念祖撰
(9) 神农本草经读四卷/(清) 陈念祖撰
(10) 医学三字经四卷/(清) 陈念祖撰
(11) 时方妙用四卷/(清) 陈念祖撰
(12) 时方歌括二卷/(清) 陈念祖撰
(13) 景岳新方砭四卷/(清) 陈念祖撰
(14) 伤寒真方歌括六卷/(清) 陈念祖撰
(15) 伤寒医诀串解六卷/(清) 陈念祖撰
(16) 十药神书注解一卷/(清) 陈念祖注
(17) 急救异痧奇方一卷/(清) 陈念祖撰
(18) 瘟疫明辨四卷/(清) 郑奠一撰
(19) 经验百病内外方一卷/著者佚名
(20) 白喉治法忌表抉微一卷/(清) 耐修子录
(21) 福幼编一卷/(清) 庄一夔撰
(22) 咽喉脉证通论一卷
(23) 救迷良方一卷/(清) 何其伟撰
(24) 太乙神针方一卷/(清) 范培兰传
(25) 霍乱论二卷/(清) 王士雄撰
(26) 吊脚痧方论一卷/(清) 徐子默撰
(27) 烂喉病痧辑要一卷/(清) 金德鉴撰
(28) 疟疾论一卷/(清) 韩善征撰
(29) 喉痧正的一卷/(清) 曹心怡撰
(30) 外科证治全生集一卷/(清) 王维德撰
(31) 伤寒舌鉴一卷/(清) 张登撰
(32) 眼科捷径一卷
(33) 养生镜一卷/(清) 陆乐山撰
(34) 达生编一卷/(清) 亟斋居士撰
(35) 春温三字诀一卷/(清) 张子培撰
(36) 痢症三字诀一卷/(清) 唐宗海撰
(37) 保婴要旨一卷/(清) 毓兰居士编
(38) 引痘略一卷/(清) 邱熺撰
(39) 湿热条辨一卷/(清) 薛雪撰
(40) 急治喉疹要法一卷
(41) 喉症要旨一卷/(清) 陈根儒撰
(42) 本经便读一卷/(清) 黄钰撰
(43) 温热赘言一卷/(清) 寄瓢子撰
(44) 本草经百种录一卷/(清) 徐大椿撰
(45) 妇科杂症一卷/(清) 文晟辑编
(46) 医垒元戎一卷/(元) 王好古撰
(47) 名医别录一卷/(清) 黄钰撰
(48) 平辨脉法歌括一卷/(清) 黄钰撰
(49) 局方发挥一卷/(元) 朱震亨撰
(50) 医法心传一卷/(清) 程芝田撰
(51) 增补食物秘书一卷
(52) 内科简效方一卷/(清) 王士雄撰
(53) 外科简效方一卷/(清) 王士雄撰
(54) 女科简效方一卷/(清) 王士雄撰
(55) 幼科简效方一卷/(清) 王士雄撰
(56) 古今医论一卷
(57) 颅囟经二卷
(58) 刺疔捷法一卷/(清) 张镜撰
(59) 医学论十种一卷
(60) 急救经验良方一卷/(清) 竹梅居士编

医门棒喝 1825

(清) 章楠(虚谷) 撰
1. 清道光刻本

(1) 医论四卷
(2) 伤寒论本旨九卷
2. 清同治六年丁卯(1867) 聚文堂刻本
(1) 医论四卷
(2) 伤寒论本旨九卷
3. 清宣统元年己酉(1909) 蠡城三友斋石印本
(1) 医论四卷
(2) 伤寒论本旨九卷
4.1929 年绍兴墨润堂书苑石印本
(1) 医论四卷
(2) 伤寒论本旨九卷

世补斋医书 1866

(清) 陆懋修(九芝、勉旃、林屋山人) 撰
1. 稿本
前集
(1) 文集十六卷
(2) 不谢方一卷
(3) 伤寒论阳明病释四卷
(4) 内经运气病释九卷附内经遗篇病释一卷
(5) 内经运气表一卷
(6) 内经难字音义一卷
后集
(7) 重订傅青主女科九卷/(清) 傅山撰
(8) 重订戴北山广温热论五卷/(清) 戴天章撰
(9)(重订) 绮石理虚元鉴五卷/(清) 绮石先生撰
(10) 校正王朴庄伤寒论注六卷/(清) 王丙撰
附
伤寒论附余二卷/(清) 王丙撰
伤寒例新注一卷/(清) 王丙撰
读伤寒论新法一卷/(清) 王丙撰
回澜说一卷/(清) 王丙撰
时节气候决病法一卷/(清) 王丙撰
2.1912-1914 年上海江东书局石印本
前集
(1) 文集十六卷
(2) 不谢方一卷
(3) 伤寒论阳明病释四卷
(4) 内经运气病释九卷附内经遗篇病释一卷
(5) 内经运气表一卷
(6) 内经难字音义一卷
后集
(7) 重订傅青主女科九卷/(清) 傅山撰
(8) 重订戴北山广温热论五卷/(清) 戴天章撰
(9)(重订) 绮石理虚元鉴五卷/(清) 绮石先生撰
(10) 校正王朴庄伤寒论注六卷/(清) 王丙撰
附
伤寒论附余二卷/(清) 王丙撰
伤寒例新注一卷/(清) 王丙撰
读伤寒论新法一卷/(清) 王丙撰
回澜说一卷/(清) 王丙撰
时节气候决病法一卷/(清) 王丙撰
3. 清光绪十年甲申(1884) 刻本
前集
(1) 文集十六卷
(2) 不谢方一卷
(3) 伤寒论阳明病释四卷
(4) 内经运气病释九卷附内经遗篇病释一卷
(5) 内经运气表一卷
(6) 内经难字音义一卷
后集
(7) 重订傅青主女科九卷/(清) 傅山撰
(8) 重订戴北山广温热论五卷/(清) 戴天章撰
(9)(重订) 绮石理虚元鉴五卷/(清) 绮石先生撰
(10) 校正王朴庄伤寒论注六卷/(清) 王丙撰
附
伤寒论附余二卷/(清) 王丙撰
伤寒例新注一卷/(清) 王丙撰
读伤寒论新法一卷/(清) 王丙撰
回澜说一卷/(清) 王丙撰
时节气候决病法一卷/(清) 王丙撰
4. 清光绪十年甲申(1884) 刻本光绪十二年山左书局重印本
前集
(1) 文集十六卷
(2) 不谢方一卷

(3) 伤寒论阳明病释四卷
(4) 内经运气病释九卷附内经遗篇病释一卷
(5) 内经运气表一卷
(6) 内经难字音义一卷
后集
(7) 重订傅青主女科九卷/(清)傅山撰
(8) 重订戴北山广温热论五卷/(清)戴天章撰
(9)(重订)绮石理虚元鉴五卷/(清)绮石先生撰
(10) 校正王朴庄伤寒论注六卷/(清)王丙撰
附
伤寒论附余二卷/(清)王丙撰
伤寒例新注一卷/(清)王丙撰
读伤寒论新法一卷/(清)王丙撰
回澜说一卷/(清)王丙撰
时节气候决病法一卷/(清)王丙撰

聿修堂医学丛书 1884

(日)丹波元简(廉夫)等撰
(清)杨守敬辑
1.1935年上海中医书局皇汉医学编译社铅印本
(1) 素问识八卷/(日)丹波元简撰
(2) 难经疏证二卷/(日)丹波元胤撰
(3) 伤寒论辑义七卷/(日)丹波元简撰
(4) 伤寒论述义五卷/(日)丹波元坚撰
(5) 伤寒广要十二卷/(日)丹波元坚撰
(6) 金匮要略辑义六卷/(日)丹波元简撰
(7) 金匮述义三卷/(日)丹波元坚撰
(8) 药治通义十二卷/(日)丹波元坚撰
(9) 脉学辑要三卷/(日)丹波元简撰
(10) 救急选方二卷/(日)丹波元简撰
(11) 医賸三卷/(日)丹波元简撰
(12) 医略抄/(日)丹波雅忠撰
(13) 经穴纂要五卷/(日)小阪元祐撰
2. 清光绪十年甲申(1884)杨守敬据日本文化三年至天保十年刻本汇印本
(1) 素问识八卷/(日)丹波元简撰
(2) 难经疏证二卷/(日)丹波元胤撰
(3) 伤寒论辑义七卷/(日)丹波元简撰
(4) 伤寒论述义五卷/(日)丹波元坚撰
(5) 伤寒广要十二卷/(日)丹波元坚撰
(6) 金匮要略辑义六卷/(日)丹波元简撰
(7) 金匮述义三卷/(日)丹波元坚撰
(8) 药治通义十二卷/(日)丹波元坚撰
(9) 脉学辑要三卷/(日)丹波元简撰
(10) 救急选方二卷/(日)丹波元简撰
(11) 医賸三卷/(日)丹波元简撰
(12) 医略抄/(日)丹波雅忠撰
(13) 经穴纂要五卷/(日)小阪元祐撰

中西汇通医书五种 1884

(清)唐宗海(容川)撰
清光绪三十四年戊申(1908)上海千顷堂书局石印本
(1) 中西汇通医经精义二卷
(2) 金匮要略浅注补正九卷
(3) 伤寒论浅注补正七卷卷首一卷
(4) 血证论八卷
(5) 本草问答二卷

潜斋医书五种 1892

(清)王士雄(孟英、潜斋、随息居士)撰
1. 清光绪十八年壬辰(1892)上海醉六堂刻本
(1) 王氏医案二卷/(清)周鑅编
(2) 王氏医案续编八卷/(清)张鸿编
(3) 随息居重订霍乱论四卷/(清)王士雄撰
(4) 温热经纬五卷/(清)王士雄撰
(5) 随息居饮食谱八卷/(清)王士雄撰
2. 清光绪二十二年丙申(1896)上海图书集成印书局铅印本
(1) 王氏医案二卷/(清)周鑅编
(2) 王氏医案续编八卷/(清)张鸿编
(3) 随息居重订霍乱论四卷/(清)王士雄撰
(4) 温热经纬五卷/(清)王士雄撰
(5) 随息居饮食谱八卷/(清)王士雄撰
3. 民国上海锦章书局石印本
(1) 王氏医案二卷/(清)周鑅编
(2) 王氏医案续编八卷/(清)张鸿编
(3) 随息居重订霍乱论四卷/(清)王士雄撰

(4) 温热经纬五卷/(清) 王士雄撰
(5) 随息居饮食谱八卷/(清) 王士雄撰

潜斋医学丛书十四种 1892

辑者佚名
1918、1928 年集古阁石印本
(1) 重庆堂随笔二卷/(清) 王学权撰　王国祥注
(2) 慎疾刍言/(清) 徐大椿撰　张鸿注
(3) 言医一卷/(清) 裴一中撰　王士雄评
(4) 愿体医话良方一卷/(清) 史典撰　俞世贵补
(5) 柳洲医话良方一卷/(清) 魏之琇撰　王士雄编
(6) 潜斋简效方一卷附医话/(清) 王士雄撰
(7) 四科简效方四卷/(清) 王士雄撰
(8) 霍乱论二卷/(清) 王士雄撰
(9) 女科辑要二卷/(清) 沈尧封撰　徐政杰　王士雄注
(10) 古今医案按选四卷/(清) 俞震撰　王士雄选 杨照藜评
(11) 王氏医案二卷/(清) 周鑅编
(12) 王氏医案续编八卷/(清) 张鸿编
(13) 王氏医案三编三卷/(清) 徐然石编
(14) 归砚录(节录) 四卷/(清) 王士雄撰

回澜社医书 1929

汪绍达辑
1929 年上海回澜社影印本
(1) 叶天士家传秘诀一卷/(清) 叶桂撰
(2) 慎疾刍言一卷/(清) 徐大椿撰
(3) 李翁医记二卷/(清) 焦循撰
(4) 医事启源一卷/(日) 今邨亮撰

孙氏医学丛书 1932

孙鼎宜编
1936 年中华书局铅印本
(1) 伤寒杂病论章句十六卷
(2) 伤寒杂病论读本三卷
(3) 难经章句三卷卷末一卷
(4) 明堂孔穴一卷(附针灸治要一卷)
(5) 脉经钞二卷卷末一卷
(6) 医学三言